湖北大学新闻传播学省级重点学科经费
及新闻传播学学位点建设经费资助

长江中游区域发展与
大众传媒

张瑜烨 著

中国社会科学出版社

图书在版编目（CIP）数据

长江中游区域发展与大众传媒/张瑜烨著 . —北京：中国社会
科学出版社，2017.5
ISBN 978 - 7 - 5203 - 0510 - 5

Ⅰ.①长…　Ⅱ.①张…　Ⅲ.①长江流域—中游—大众
传播—传播媒介—研究　Ⅳ.①G206.2

中国版本图书馆 CIP 数据核字（2017）第 134142 号

出 版 人	赵剑英
责任编辑	刘志兵
特约编辑	张翠萍等
责任校对	李　斌
责任印制	李寡寡

出　　版	中国社会科学出版社
社　　址	北京鼓楼西大街甲 158 号
邮　　编	100720
网　　址	http://www.csspw.cn
发 行 部	010 - 84083685
门 市 部	010 - 84029450
经　　销	新华书店及其他书店

印　　刷	北京明恒达印务有限公司
装　　订	廊坊市广阳区广增装订厂
版　　次	2017 年 5 月第 1 版
印　　次	2017 年 5 月第 1 次印刷

开　　本	710×1000　1/16
印　　张	23.25
字　　数	417 千字
定　　价	98.00 元

凡购买中国社会科学出版社图书，如有质量问题请与本社营销中心联系调换
电话：010 - 84083683

目　　录

第一部分　长江中游城镇化社会流动与大众传媒

第一章　区域城镇化社会流动宣传覆盖的可能 ……………（3）
 一　城镇化与社会流动基本内涵 …………………………（3）
 二　区域城镇化社会流动宣传覆盖的价值和意义 ………（6）
 三　城镇化进程中湖北省人口社会流动新特征 …………（11）
 四　农村社会流动与宣传思想工作的关联度 ……………（13）

第二章　社会流动强区域宣传思想工作的状况 …………（26）
 一　研究方法和样本选取说明 ……………………………（26）
 二　区域发展理论与社会流动理论观照 …………………（28）
 三　密度强区域社会流动人口的特征 ……………………（31）
 四　社会流动人口宣传的形式 ……………………………（35）

第三章　密度强区域人群社会流动宣传思想工作个案访谈 ……（44）
 一　调查样本选取及说明 …………………………………（44）
 二　调查采访过程 …………………………………………（45）
 三　调查采访发现 …………………………………………（53）

第四章　宣传思想工作对社会流动密度强区域的影响 …………（55）
 一　流动人口的政治意识 …………………………………（56）
 二　流动人口的参与意愿 …………………………………（59）

　三　流动人口的社会行为 ………………………………（62）

　四　流动人口的主流价值观 ……………………………（62）

第五章　密度强区域社会流动宣传思想工作存在的漏洞及其
　　　　原因 …………………………………………………（64）

　一　社会流动宣传思想工作存在的漏洞 ………………（64）

　二　社会流动宣传思想工作存在漏洞的原因 …………（70）

第六章　密度强区域社会流动宣传思想工作策略 …………（76）

　一　社会流动宣传思想工作方式和途径 ………………（76）

　二　社会流动宣传思想工作具体内容 …………………（81）

　三　社会流动宣传思想工作的策略 ……………………（88）

第二部分　长江中游区域文化发展与大众传媒

第七章　长江中游区域文化传播主导权原则 ………………（95）

　一　自觉性 ………………………………………………（96）

　二　规律性 ………………………………………………（97）

　三　服务性 ………………………………………………（98）

　四　创新性 ………………………………………………（99）

　五　竞争性 ………………………………………………（101）

第八章　文化体制改革与区域文化思想道德传播 …………（103）

　一　区域化文化思想道德建设栏目的必要性 …………（103）

　二　区域化文化思想道德建设栏目的挑战与机遇 ……（106）

　三　区域化文化思想道德建设栏目的基本内容 ………（109）

第九章　城市广电与长江中游区域文化优势传播 …………（111）

　一　城市区域文化的优势分析 …………………………（111）

　二　城市广电把握长江中游区域文化优势的路径 ……（113）

第十章　电视剧与长江中游地域精神文化传播 ……………（120）
　　一　红色文化对长江中游地域精神文化的作用 …………（121）
　　二　《铁血红安》红色文化对长江中游地域精神文化的
　　　　凝聚与引领 ……………………………………………（122）
　　三　《铁血红安》红色文化对长江中游地域精神文化的
　　　　艺术借鉴 ………………………………………………（126）

第十一章　动漫"萌文化"与长江中游区域青年亚文化
　　　　　传播 …………………………………………………（129）
　　一　"萌"的起源
　　　　——日本动漫 …………………………………………（129）
　　二　青年亚文化与电视动漫"萌文化" ……………………（130）
　　三　电视动漫"萌文化"传播群体分析 ……………………（132）
　　四　电视动漫"萌文化"跨文化传播 ………………………（134）
　　五　"萌文化"传播渠道 ……………………………………（135）
　　六　"萌文化"传播功能 ……………………………………（137）

第十二章　电视剧与长江中游受众社会核心价值规范
　　　　　建构 …………………………………………………（139）
　　一　环境认知与中产阶级"焦虑"的拟态环境 …………（140）
　　二　价值形成与受众正确价值观的维护和引导 …………（143）
　　三　社会行为示范与受众现实行动模板建构 ……………（146）

第三部分　长江中游区域城市发展与大众传媒

第十三章　和谐社会经济发展与大众传媒 …………………（153）
　　一　和谐社会经济发展的内涵与要素 ……………………（153）
　　二　现代传媒与现代经济发展的普遍价值 ………………（155）
　　三　社会经济对新闻传媒的制约和影响 …………………（156）
　　四　大众传媒业对社会经济的整合与推动 ………………（160）

第十四章 大众传媒对武汉市城市形象定位与建构 ……………（164）

一 文献综述及研究问题的提出 …………………………（164）

二 研究方法 ………………………………………………（166）

三 研究内容 ………………………………………………（169）

四 研究发现与讨论 ………………………………………（174）

五 研究结论 ………………………………………………（179）

第十五章 大众传媒对长江中游城市群建设的舆论作用 ………（181）

一 长江中游城市群舆论关键节点：从《武汉共识》

到《长沙宣言》 …………………………………………（181）

二 长江中游城市群大众传媒发展指数分析 ……………（182）

三 大众传媒对长江中游城市群舆论上的推动作用 ……（184）

四 大众传媒对长江中游城市群政治上的协调作用 ……（186）

五 大众传媒对长江中游城市群经济上的拉动作用 ……（187）

六 大众传媒对长江中游城市群文化上的引领作用 ……（189）

第十六章 电视问政节目的传播机制与武汉市城市发展

——以武汉市《电视问政》为例 …………………（191）

一 规范的传播制度与"红头文件" ……………………（191）

二 契合需求的传播内容与精准"四心"生产 …………（193）

三 "直播式"传播模式与核心"看点"场景的设置 ……（196）

四 多渠道传播与"品牌"传播 …………………………（197）

第十七章 电视剧与武汉市城市精神的契合 ……………………（199）

一 武汉城市精神与影视传播 ……………………………（199）

二 《汉阳造》与武汉城市精神的艺术代言 ……………（201）

三 《汉阳造》与武汉城市精神的塑造方法 ……………（205）

第十八章 "长江中游城市群"新闻报道与武汉市城市发展 ……（207）

一 绪论 ……………………………………………………（207）

二　"长江中游城市群"区域发展建设概况 …………… (214)

三　长江中游区域大众传媒的发展与合作 …………… (224)

四　"长江中游城市群"新闻报道对武汉市城市发展

作用 ……………………………………………… (230)

五　"长江中游城市群"新闻报道影响力评价调查

——以湖北卫视媒体报道为例 …………… (241)

六　"长江中游城市群"区域发展新闻报道策略 ………… (259)

第四部分　长江中游区域革命老区发展与大众传媒

第十九章　红色文化政治传播赋权对革命老区村民社会流动的影响

——基于大别山红安县"三村"线性分布的调查

分析 ………………………………………………… (273)

一　研究缘起与问题的提出 ……………………… (273)

二　红色文化政治赋权传播与社会流动 ………… (274)

三　田野调查开展情况 …………………………… (276)

四　红安县社会流动的历史渊源与现状 ………… (277)

五　红安县"三村"红色文化政治赋权传播现状 ………… (288)

六　红色文化传播对老区社会流动的影响 ……… (297)

七　结论 …………………………………………… (300)

第五部分　长江中游区域传媒发展改革

第二十章　"我是建设者"新闻理论实践的机制分析

第二十章　"我是建设者"新闻理论实践的机制分析 ………… (305)

一　长效机制 ……………………………………… (306)

二　激励机制 ……………………………………… (311)

三　创新机制 ……………………………………… (312)

四　路径机制 ……………………………………… (314)

五　结论 …………………………………………… (317)

第二十一章 长江中游区域省级新闻评论栏目改革
　　　　　——以湖北卫视《长江新闻号》和湖北日报
　　　　《东湖放评》为例 ……………………………（319）
　　一　省级卫视国际新闻评论栏目的现状 ……………（319）
　　二　湖北卫视《长江新闻号》栏目特色分析 …………（322）
　　三　《长江新闻号》选题娱乐化与评论同质化 ………（328）
　　四　《长江新闻号》区域化发展边界 …………………（330）
　　五　公众在党报评论中的话语空间
　　　　　——从《东湖放评》专栏评论看党报如何"抓住"
　　　　公众 ………………………………………（333）
　　六　网络新闻评论与大学生舆论阵地 ………………（336）

第二十二章 湖北传媒业和旅游业互动融合改革 …………（339）
　　一　湖北传媒业现状分析 ……………………………（339）
　　二　湖北旅游业现状分析 ……………………………（341）
　　三　湖北传媒业和旅游业互动融合现状 ……………（343）

参考文献 ……………………………………………………（349）

后记 …………………………………………………………（362）

第一部分

长江中游城镇化社会流动与大众传媒

第一章　区域城镇化社会流动宣传覆盖的可能

一　城镇化与社会流动基本内涵

（一）城镇化基本内涵

自 20 世纪 70 年代末 80 年代初以来，城镇化引起了许多学科的重视，由于不同研究视角而产生了多种不同定义。据统计，城镇化的定义有 30 种之多，如城镇化又可被称为"城市化""都市化"等。实际上，不论是以上哪种表达，它们都源于同一个英文单词"urbanization"，世界上"urbanization"一词最早出现在 1867 年西班牙巴塞罗那城市规划师、建筑师依勒德丰索·塞尔达（Ildefonso Cerda，1816—1876）所著的《城市化的理论问题》一书中，此书 20 世纪风行世界并在 70 年代被翻译成中文，传入中国。[①] 而在中国，城镇化最早出现于地理学家吴友仁 1979 年的《关于我国社会主义城镇化问题》一书中。国务院发展研究中心农村经济研究部研究员谢扬进一步分析指出："城镇化，或称城市化、都市化，是英文单词 Urbanization 的不同译法。Urban（城市）是 Rural（农村）的反义词，除农村居民点外，镇及镇以上的各级居民点都属 Urban，Place（城镇地区），它既包括 City，也包括 Town，因此将 Urbanization 译作'城镇化'可能更

---

① 参见刘国新《中国特色城镇化制度变迁与制度创新研究》，博士学位论文，东北师范大学，2009 年。

为全面，而不应是 Citify。"① 由此可看出城镇化最直观的表现形式是在地域上呈现出的人口不断的聚集，最终形成城市中心。

从社会学角度看，城镇化是非城市化的生活习惯、生活方式不断向城市性的生活方式发生着改变和移动，同时也因为这些改变，吸引着非城市居民不断向城市集中，并且伴随这种移动，城市化的生活方式不断被强化。中国地理学家许学强指出，人口和非农产业的集中，只是物化了的城市化。只有城市人在价值观念、生活方式上实现了现代化，才是完全的城市化。② 从人口学角度看，一般意义上的人口城镇化，就是非城市人口不断向城市或城镇聚集的过程，同时这个城镇一定是有相当的城市规模，并非小村落，人口必须为非农业人口，最终所形成的特殊的聚落。赫茨勒、威尔逊等著名学者也认为，城市化就是人口在城市的集中和城市居民比重上升的过程。③ 从经济学的角度来看，城镇化是非农业的资产、各种技术、农村生产力等各种非农业要素不断向城镇聚集的过程。英国经济学家 K. J. 巴顿认为："城市是一个坐落在有空间地区的各种经济市场——住房、土地、运输等等相互交织在一起的网状系统。"④ 除此之外，地理学、历史学、军事学、生态学等都有自己对城镇化这一概念的不一样认识，这也形成了城镇化概念在学术界的多样性。

在我国，国家建设部 1998 年颁布《城镇规划基本术语标准（中华人民共和国国家标准 GBn50280—98）》中对城镇化下了一个标准化定义，其解释是"城市化——人类生产和生活方式由乡村型向城市型转化的历史过程，表现为乡村人口向城市人口转化以及城市不断发展和完善的过程，又称城镇化"。我国国家建设部所做的这一定义，与弗里德曼所做的解释大致相同，都是以"城镇化"为词目，同时又将"城市化"和"城镇化"两种不同的说法都包含了进去，所以就本研究对象而言，我们相对更倾向于这种解释，同时我们也认为相比

① 谢扬：《中国城镇化战略发展研究》，《城市规划》2003 年第 2 期，第 35—41 页。
② 参见刘志军《论城市化定义的嬗变与分歧》，《中国农村经济》2004 年第 7 期，第 58—65 页。
③ 参见陈春《健康城镇化发展研究》，《国土与自然资源研究》2008 年第 2 期，第 7 页。
④ ［英］巴顿：《城市经济学：理论与政策》，商务印书馆 1984 年版，第 14 页。

"城市化"一词而言，"城镇化"一词更具有中国特色。

（二）社会流动基本内涵

对于社会流动基本内涵，国际学界普遍将索罗金视为研究社会流动的第一人，在他 1927 年出版的 *Social Mobility* 一书中，索罗金认为社会流动是："个人或社会的事务及价值，即由人类活动所创造或改变的一切事物从一个社会位置向其他的社会位置的移动。"[①]

但就目前而言，我国学术界对社会流动还没有一个明确概念。综合看，我国对社会流动的认识主要有如下两种具有代表性的观点：一种可以称之为"地位变动说"，持此种观点的人认为，社会流动是指"社会成员从某一种社会地位转移到另一种社会地位的现象"。由于社会流动主要是指社会成员地位的变动，那么"在一个既定的社会阶层结构里，如果转移流动的方向是由较低社会地位流动到较高社会地位，就可称为上升流动。反之，则称为下降流动，这两种流动统称为垂直流动，有些社会成员从一种职业转移到了另一种职业，但其收入、声望、社会地位却基本相同……是在同一水平线上流动，可称之为水平流动"。另一种观点则认为："在社会学中，社会流动通常被定义为社会个体与群体社会地位或活动场所的变化。"[②] 因而"人们改变自己社会地位的流动称为垂直流动，而那些只是变换活动或工作场所却不改变社会地位的流动叫做垂直流动"。[③]

中国社会科学院社会学所研究员李春玲认为："社会流动研究的目的是要解释个人是如何被分配到不同的社会地位和社会阶层当中去的，即社会分层系统是如何运作的。社会学家通过两种方式来研究社会流动现象，一种是代际流动，另一种是代内流动或职业流动。"[④] 迅猛的社会变迁常致使社会分层系统发生巨大变化，社会流动的产生正是来源于社会系统的变化。区域间经济发展不平衡，社会流动现象变得越发激烈。同时在体制转轨下，当代中国大量的非城市居民不断向发达城市聚

① 陆学艺主编：《当代中国社会流动》，社会科学文献出版社 2004 年版，第 1—2 页。
② 费孝通：《乡土中国》，上海人民出版社 2007 年版，第 24 页。
③ 罗教讲：《我国的社会流动与流动研究》，《武汉大学学报》1998 年第 5 期，第 78 页。
④ 李春玲：《城乡移民与社会流动》，《江苏社会科学》2007 年第 2 期。

集最终形成大量的流动人口现象。

但不论怎样阐述这两种观点，人类的生存都与空间有关，这个空间不仅仅是一种简单的地理概念，它有生产关系、社会关系的躯体，又同时被社会、历史等因素影响着，最终形成一个完整的空间。这种空间回到社会就是一种结构，社会的结构由社会阶层分化表征出来，社会阶层中每一个成员都有他们特定的社会地位，也就意味着社会成员身份地位（包括职业）必定会由一个阶层向另一个阶层发生转变。当然社会流动不会仅仅局限在社会地位的变动范畴中。社会流动除了社会成员的地位变迁含义之外，同时它还承载着与此相关的各种社会因素，即社会成员及其社会所处在的处境中的整体流动，这里我们认为，处境与环境相比更强调了人对这个空间所产生的作用。费孝通先生认为："在任何处境中，个人可能采取的行为很多，但是他所属的团体却准备下一套是非的标准，价值的观念，限制了个人行为上的选择。大体上说，人类行为是被团体文化所决定的。"[1] 所以，结合以上理论，以及当前社会流动的环境，我们认为社会流动是社会成员的阶层，以及与此相关的社会因素发生了空间上改变，其中社会成员的阶层改变是整个社会流动中最为核心与主要的部分，而在中国所呈现出来社会流动最为明显的现象就是城镇化现象。

二 区域城镇化社会流动宣传覆盖的价值和意义

城镇化是现代化必由之路，是解决农业、农村、农民问题的重要途径，是推动区域协调发展的有力支撑，是扩大内需和促进产业升级的重要抓手，但城镇化也带来了人口大量流动，并且人口的社会流动将成为社会常态存在。2015 年 11 月 1 日零时（以下简称 2015 年），湖北的常住人口为 5851.5 万人。同 2010 年第六次人口普查（以下简称 2010 年）的 5723.77 万人相比，5 年共增加 127.73 万人，增长 2.23%，年平均增长率为 0.45%，低于全国 0.5% 的年平均增长率。武汉的常住人口为 1060.77 万人，在全省总人口数中所占比重，从 5

---

① 费孝通：《乡土中国》，上海人民出版社 2007 年版，第 24 页。

年前的 17.1% 提升到了 18.13%。同时，武汉未来几年人口流动规模会加大，每年会以 30 万—40 万人口流入，社会流动现象在武汉乃至湖北省都很值得我们重视。①

所以，将湖北省作为城镇化过程中社会流动与思想宣传的研究点，是非常具有代表意义的。大量人口流动在为城市经济发展创造价值的同时，也对城市管理和服务提出了更高要求，特别是对城市的宣传思想工作增加难度。新华社高级记者杨继绳认为，社会流动通畅使处于底层的人们有进入上层的机会，有希望，有盼头，因而化解阶层矛盾，有利于社会和谐。如果下层的人们看不到上升的希望，不满情绪就会增加，就会产生一种社会张力，张力积累到一定程度，就会造成社会震荡。② 因此，加快地区经济发展，把握社会稳定高度，把流动人口的宣传思想工作纳入整体工作布局和区域经济发展、党建和精神文明建设的总体目标已刻不容缓。

鉴于此，本研究目标致力于探寻在城镇化与社会流动性显著增强背景下宣传思想工作的有效覆盖问题。总体研究目标是：从理论上探讨通过市场实现城镇化与社会流动性显著增强背景下宣传思想工作有效覆盖的可能路径，以重构"城镇化与社会流动性"背景下宣传思想工作的布局，变革现行宣传思想工作局面，最终消除宣传思想工作死角，促进宣传思想工作健康高效服务社会经济发展。其课题研究的价值和意义体现在以下几个方面。

（一）城镇化社会流动宣传思想工作有效覆盖，是争夺国际舆论权的必然选择

"全球化和信息化时代，国际传播能力是一个国家综合国力的重要组成部分，没有国际传播能力提供舆论支持，一个国家不仅难以和平崛起，甚至维护正当利益都会非常艰难。"③ 在面对复杂的国际

① 参见长江商报网《2016 年湖北各地区常住人口数量排行 武汉排第一》，2016 年 11 月，长江商报网（http：//sm. cnhubei. com/index/show/id/151920. html）。
② 参见杨继绳《警惕社会阶层的固化》，《新京报》2011 年 11 月 26 日。
③ 刘志富、赵和伟：《国际舆论斗争是综合国力竞争的重要战线》，《求是》2013 年第 3 期。

舆论环境下，一个国家如果连新闻话语权都抓不住，连宣传思想工作都不保，不但会影响国家政局稳定和社会发展，甚至会亡国。同时，西方一些强势国家，总是凭借媒体的国际传播力，主导世界舆论。用媒体舆论干预其他国家，用媒体舆论实现西方战略意图，已成为西方某些国家惯用伎俩。西方媒体更习惯于戴着"有色眼镜"看待中国改革开放取得的巨大成绩，包括中国经济发展取得的成就。当前，国际舆论的生态环境异常复杂，国际传播实力对比严重失衡。"绝大多数发展中国家在国际舆论中难有作为，而西方媒体拥有'绝对'话语权。美联社、路透社、法新社三大通讯社占据全球国际新闻发稿量的80%，全世界的国际新闻供稿量90%以上由西方媒体提供。"[①] "按传播基础、国内传播、国际传播和传媒经济四大指标衡量，现阶段中国的国际传播实力仅相当于美国的14%，而传媒经济实力只相当于美国的6.5%；意识形态对立的长期存在，决定了西方媒体涉华舆论的主基调；中国的快速发展打击了西方唯我独尊的优越感，西方媒体用负面报道吸引受众的习惯特征，都导致西方媒体无法客观、理性看待中国。"[②] 更为紧迫的是，西方网络技术和网络媒体打破了媒体的国际界限，可以零距离接触中国公众，可以轻易影响中国民意，可以频繁地干扰中国舆论。"国际舆论传播能力强弱直接影响一个政党和政权对民心和民意走向的掌控，进而也深刻影响一国政局稳定和社会发展方向的选择。"[③] 所以，探寻在城镇化与社会流动性显著增强背景下宣传思想工作的有效覆盖问题，是争夺国际舆论权的必然选择。

（二）城镇化社会流动宣传思想工作有效覆盖，是树立中国民信的有效之举

信仰是指对圣贤的主张、主义，是一种行为准则；信仰是一个国家、民族和民众的合力。"一个国家的强盛，离不开精神的支撑；

---

① 刘志富、赵和伟：《国际舆论斗争是综合国力竞争的重要战线》，《求是》2013 年第 3 期。

② 同上。

③ 同上。

一个民族的进步，有赖于文明的成长。"① "历史证明，一个国家和民族，贫弱落后固然可怕，但更可怕的是精神空虚。失去了理想信仰，内心没有约束，行为没有顾忌，再多的外部要求，也会'法令滋彰，盗贼多有'；丢失了主导价值，没有了明确准则，冲破了道德底线，再丰裕的物质生活，也难免'金玉其外，败絮其中'。"② 十八大明确提出"富强、民主、文明、和谐，自由、平等、公正、法治，爱国、敬业、诚信、友善"，成为我国社会主义核心价值观，并勾绘出一个国家的价值内核、一个社会的共同理想、亿万国民的精神家园。所以，探寻在城镇化与社会流动性显著增强背景下宣传思想工作有效覆盖问题，将社会主义核心价值观的教育宣传活动，融入国民教育和精神文明建设全过程，不断地在越来越多的流动人口中形成更加广泛的价值和信仰认同，不仅为国家发展助力，更为民族进步铸魂。

（三）城镇化社会流动宣传思想工作有效覆盖，是重拾中国民心的关键路径

当前，中国面临的首要问题是人心问题，中国有一句名言"君舟民水，水能载舟亦能覆舟"，当今中国人心向背又是如何呢？不可否认的是改革开放改善了中国经济发展状况，但贫富不均问题依旧存在，市政建设做得很好、很漂亮，可是为何老百姓怨言却越来越多，我们调查组出去做问卷调查时，发现许多流动人口说得最多的是："填这个问卷有钱吗？没有钱我填这个有什么用。"农业大国，对农民来说，"耕者有其田"就能调动他们的积极性，对民众来说，"居者有其屋"，就能保障他们的安全。如今我们该怎样从思想上调动他们的积极性，让他们的安全得到保障，是值得我们思考和研究的。

---

① 人民日报评论员：《人民有信仰，国家才有力量——论弘扬社会主义核心价值观》，《人民日报》2014 年 2 月 12 日第 1 版。

② 同上。

（四）城镇化社会流动宣传思想工作有效覆盖，是消除"杂音"和"噪声"，加强意识形态控制的有力保障

城镇化是中国当前改革开放的关键节点。在社会流动显著加强的情况下，面临各种文化的挑战，特别是西方社会思潮和文化价值观的入侵。在城镇化过程中，西方文化资本、文化产品和文化价值观念随着社会流动的加快，对中国流动人群的影响越来越大。同时，城镇化的发展使我们迎来了社会发展的黄金期，但也迎来了社会矛盾凸显期，思想文化领域面临各种复杂局面，各种文化思潮互相冲突，各种非马克思主义"杂音"和"噪声"开始出现，"非毛化""非红化""非党化""非战化"和"非政治化"五种错误思潮，对马克思主义干扰严重。因此，强化意识形态、抵制歪门邪道、弘扬新风正气迫在眉睫。

（五）城镇化社会流动宣传思想工作有效覆盖，是解决文化供需矛盾、提高文化生产力、实现社会盲区覆盖的当务之急

虽然我国在建设现代公共文化服务体系上取得较大成效，但在公共文化服务上的供需矛盾问题依然存在。一些地方和单位对文化建设重要性、必要性、紧迫性认识不够；一些领域道德失范、诚信缺失，一些社会成员人生观、价值观扭曲；舆论引导能力需要提高，网络建设和管理亟待改进；有影响的精品力作还不够多，文化产品创作生产引导力度需要加大；公共文化服务体系不健全，城乡、区域文化发展不平衡；文化产业规模不大、结构不合理，束缚文化生产力发展的体制机制问题尚未根本解决；文化走出去较为薄弱，中华文化国际影响力需要进一步增强；文化人才队伍建设急需加强，等等。2014年10月15日，习近平主持北京文艺界座谈会指出，改革开放以来，我国文艺创作迎来了新的春天，产生了大量脍炙人口的优秀作品。同时，也不能否认，在文艺创作方面，也存在着有数量缺质量、有"高原"缺"高峰"的现象，存在着抄袭模仿、千篇一律的问题，存在着机械化生产、快餐式消费的问题。文艺不能在市场经济大潮中迷失方向，不能在为什么人的问题上发生偏差，否则文艺就没有生命力。低俗不是通俗，欲望不代表希望，单纯感官娱乐不等于精神快乐。① 同时，在我国流动人口是当前宣传思想教育工作的一个典型盲区，只有解决了这个盲区的宣传覆盖问题，正视社会文化的矛盾所在，流动人口舆论这块阵地才能真正坚守好。

三 城镇化进程中湖北省人口社会流动新特征

作为长江中游核心省份，湖北省 2015 年社会流动人口 1035 万，流动人口规模继续增加，流向发生明显变化。2015 年流动人口占常住人口的比重为 17.69%，迁移人口流向由"输出"转向"回流"，湖北省向省外流出人口 503 万人，外省流入湖北省人口 145 万人，湖北省委、省政府高度重视人口城镇化发展。2011 年末，湖北省城镇人口首次超过农村人口，城镇化率达到 51.8%，超过全国城镇化水平，城镇常住人口达到 2984.32 万人，农村常住人口为 2773.68 万人。② 2012 年 9 月，湖北省召开全省会议，在全国率先编制了《湖北省城镇化与城镇发展战略规划（2012—2030）》，对湖北省在新形势下城镇化进行了全面部署和推动。

国内大多数学者对我国人口普查数据的分析，集中在研究全国流动人口的整体水平上，针对湖北省人口流动特点的相对较少。课题组结合相关文献综合分析了不同观点并总结如下几点。

（一）人口流动规模大，城镇人口数量增加，城镇化水平稳步推进

根据第四次至第六次人口普查数据得出，1995—2000 年，湖北省人口流动跨省迁出量为 254.5 万人，2005—2010 年则上升到 380.4 万人次。谭云霞在文章中提到，"截至 2011 年 12 月 31 日，湖北省全年外出农民工 1045.37 万人，较上年增加 35.85 万人，增长 3.55%"。③ 湖北

---

① 《文艺不能在市场经济大潮中迷失方向》，2014 年 10 月，新华网（http://news.xinhuanet.com/politics/2014-10/15/c_1112840544.htm）。

② 参见肖艳勇《湖北人口城镇化发展相关问题研究》，硕士学位论文，华中师范大学，2014 年。

③ 杜旻：《我国流动人口的变化趋势、社会融合及其管理体制创新》，《改革》2013 年第 8 期，第 148—149 页。

省的人口规模不断扩大，流动量在 10 年间大幅上升，成为全国人口流动大省，人口大量流向东部沿海城市及经济发达地区。

在人口外流的情况下，湖北省的城镇人口也在不断增加，城镇化水平在稳步推进中。2011 年城镇人口首次超过农村人口，2012 年湖北省城镇人口数量达到 3091.77 万人，农村人口数量为 2687.23 万人，城镇率达到 53.5%，城镇化水平高于全国平均水平 0.93 个百分点，居中部地区首位。2012 年比上年增长 1.67 个百分点，增长速度超过全国平均水平和湖北历史平均水平。[①] 湖北省的城镇化水平随着经济的发展在稳步前进，成为中部地区的"领头羊"。

（二）人口向发达地区聚集，城镇空间布局失衡

湖北省目前的省内流动人口主要向武汉市集中，造成了武汉市人口不断增加，而中等城市以及小城市城镇的发展滞缓。截至 2012 年，武汉市常住人口为 1012 万，户籍人口为 821.71 万人，全省只有武汉市达到全国特大城市水准。全省的各级城镇人口比重呈现"两头大、中间小"的特点，根据全省各级城镇人口规模，特大城市人口比重为20%，而小城市（含建制镇）则达到了 50.5%。[②]

湖北的城镇大体上具有东密西疏的特点，主要受到了地理的影响。在经济方面，东部地区也占据了经济优势，因此城市化更加明显。西部地区则与之相反。武汉市的人口密度是神农架林区的 40.5倍，武汉市人口密度达到了 972 人/平方公里。[③] 城市人口分布不平衡，城镇化水平与速度差距较大，不利于全省的协调可持续发展。

（三）流动方式向家庭迁移式转变

在 2011 年"流动人口动态监测调查"的抽样中，人口流动的家

---

① 参见肖艳勇《湖北人口城镇化发展相关问题研究》，硕士学位论文，华中师范大学，2014 年。

② 参见谭云霞《湖北人口流动、聚居及城镇体系空间布局——基于湖北省的调查研究》，《城市观察》2013 年第 3 期，第 87 页。

③ 参见肖艳勇《湖北人口城镇化发展相关问题研究》，硕士学位论文，华中师范大学，2014 年。

庭化趋势显现。杜丽红在她的论文中提到，在调查对象中，已婚人口占63%，其中有85%与配偶居住在一起，并且配偶随迁的比例与调查对象在流入地居住时间增长成正比，中部地区已婚调查对象配偶随迁比例最高。在针对当前的流动人口调查中，夫妻同时流动的比率有较大的上升，其形式也由过去的个体流动逐渐向家庭式流动与个体流动同时进行转变。杨传林也在文章中提到，在他的调查中，未婚和已婚的比例大约为3∶7，夫妻同时出去务工的情况也比较普遍。杜旻在论文中根据调查数据得出观点，认为就家庭来说，配偶跟随户主迁移的比率在持续增长，但是子女随迁的比例并没有如同配偶随迁一样不断增长。在调查对象中，未成年子女有1/3比例居住在原户籍地。究其原因，与学习教育有较大的关系。跨区域就学有一定的难度，成本高，因此子女随迁的比例没有配偶随迁的高。[①]

四 农村社会流动与宣传思想工作的关联度

（一）社会流动引发的社会问题

城镇化过程中，流动人口远离户籍地来到城镇，其生活方式、环境都已改变，城市与农村生活的巨大落差，以及城市社会管理与农村管理的差异产生的二元化，多种因素使得流动人口在城镇中引发了越来越多的社会问题。目前各部门已经将社会流动引发的特定社会问题作为城市管理的重点，多数城市已经开始城市管理创新，以期解决这些问题。根据国内大多数学者的研究，我们将社会流动引发的社会问题总结为以下几个方面：（1）流动人口在现居地参保情况不乐观；（2）流动人口管理无序，违法犯罪率较高；（3）流动人口融入社会困难；（4）流动人口未成年子女学前教育及高中教育问题；（5）少数民族流动人口问题。而这些问题频发也与思想工作不到位有关，流动人口缺乏信仰，人心不齐等，很多流动人口不知道有些事情应该如何做、怎么做，这些问题的产生也说明必须做好

---

① 参见杜旻《我国流动人口的变化趋势、社会融合及其管理体制创新》，《改革》2013年第8期，第149页。

流动人口的宣传工作。

（二）社会问题与宣传思想工作关联度

1. 参保情况与宣传思想工作

社会保障体系虽然在努力扩宽保障范围，但是大多数流动人口仍然难以享受到社会保障福利。农民工作为流动人口的一大群体，对劳动保险这一基础险种知之甚少，更不说有没有享受到，2005 年全国 1% 人口抽样调查数据显示，全国流动人口中没有参加任何社会保险的占 72.82%（段成荣、杨舸，2009b）。根据 2011 年全国流动人口动态监测调查，75% 流动人口仍未参加工伤保险，95% 未参加失业保险，85% 未参加城镇基本养老保险（国家人口和计划生育委员会流动人口服务管理司，2012）。[①] "据 2010 年 4 月国家统计局河南调查总队的调查，在被调查的新生代农民工中，与劳动单位签订合同的仅占了 43.7%，由单位或雇主缴纳养老保险、工伤保险、医疗保险、失业保险和生育保险的比重分别是 5.2%、13.5%、13.5%、7.1%、2.9%、1.1%。"[②] 总结王利文和朱筱凯的论文我们得出，农民工参保程度低有四个原因：第一是农民工自身的保险意识较弱，不愿意将自己的工资补贴到以后的保险上，生存的压力让他们不得不放弃保险；第二是参保的成本太高，相较于其基本工资水平，农民工无力负担；第三是社会对流动人口的保障意识不足，大多数企业为了利益考虑忽略了外来务工者的社会保障需求；第四是社会保障暂时无法跨省转接，一些年轻农民工流动性强，稳定性差，退保现象较为普遍，这些低层次的社会保障也就无法落实。

维护社会和谐稳定就必须落实社会保障制度，保障公平。有些保障和福利直接与户籍挂钩，如此不公平现象就会造成社会治安不稳定、社会问题频发。正是由于宣传工作不到位，导致最庞大流动人口群体农民工不清楚社会保障体系的优点，因而不愿意参与社会保障。

---

① 参见段成荣、吕利丹、邹湘江《当前我国流动人口面临的主要问题和对策——基于 2010 年第六次全国人口普查数据的分析》，《人口研究》2013 年 3 月第 2 期，第 21 页。

② 夏丽霞：《新生代农民工进城就业问题与市民化的制度创新》，《农业现代化研究》2011 年 1 月第 1 期，第 42—43 页。

只有加强对流动人口参保的宣传，才能让他们接受社会保险，保障他们的利益，稳定他们的人心，维护社会和谐。

2. 流动人口违法犯罪率与宣传思想工作

城市的流动人口数量不断增加、流动频繁，人口流动失衡，使得城市治安压力增大、治安问题频发，造成了社会无序。流动人群在城市中有很多失范行为，流动人口犯罪极大地影响了城乡社会结构的调整和城市社会的稳定。

流动人口在城市中的失范行为大致分为四种：犯罪、扰乱社会治安、不规范、伦理失范行为。城市流动人口的失范行为由多方原因造成，原因之一就是社会监管力度不足。城市流动人口脱离了原有地区的监管，进入新的城市，许多人并没有去政府部门登记自己的户口，许多人也不知道需要去登记，因此监管部门就很难对他们进行监管。法制与社会规范的约束在这样的情况下逐渐削弱，传播的途径也极大地削减，因此城市流动人口就成了"边缘人"，既不属于原有的地区，也没有被新的城市所完全接受。

孔凡义在文章中也提到了城镇外来人口引发城市治安问题的原因：农民工流入城市，脱离了乡村中政党和国家的控制，而流入城市的政府部门的管理范围却并没有很好地覆盖他们，这样就导致他们成为"边缘人"。在户籍制度方面，二元化管理方式成了管理流动人口的一大难题，这就进一步加深了农民工的边缘状态。在城市的农民工实际已处于管理"真空"状态。市民在城市间流动的过程中，由于工作与住所的变更，他们逐渐摆脱了政党组织和国家的控制，导致大量游离于社会控制之外的自由人出现。

流动人口问题频发还由于其社会保障等权益难以保障，一时难以找到出路不得不铤而走险。麻国安提到了一个新的观点——社会流动性理论，他认为，一个国家的社会流动程度越高，这个社会就越不平等，而这就会导致民众产生较强的"被剥夺感"，从而导致更大的犯罪可能性。[①] 长期处于边缘状态，没有党和政府的引导，思想宣传工作无法覆盖到这些流动人口群体，他们失去了思想上的正确导向，他

---

① 参见麻国安《中国的流动人口与犯罪》，中国方正出版社 2000 年版，第 7 页。

们不知道自己有哪些权利，怎么样去维护自己的权益，从而走向违法犯罪的道路。只有加强对流动人口的思想宣传和法制教育，保障思想宣传工作在流动人口的大力开展，才能减少这样的失范现象发生。

3. 流动人口融入社会与宣传思想工作

流动人口社会参与的渠道较少，与现居住地的其他组织群体和群众交流不多，仍局限于亲戚和同乡，参加社会活动的频率较低。但是他们的融入愿望非常强烈，希望能够真正成为市民，作为城市建设者的一部分。超过 80% 的流动人口的工作是通过家人、亲戚、同乡、同学等社会关系找到的，35% 的流动人口从未参加现居住地举办的任何活动。只有不到 10% 的流动人口参加过选举、评先进以及业主委员会的活动。① 根据朱利民和彭元的论文我们注意到，由于已经形成了固定的生活方式，外来流动人口与本地人交流、达成共识非一日之功。外来人口难以融入当地人群。农民工的社会参与情况也不容乐观，在新一代农民工当中，他们参与社会的意识强烈，更期望加入属于他们自己的合法组织，但是只有少数人加入了工会。

农村流动人口难以融入的主要原因是社会身份具有双重性，他们价值观念上倾向于城市人，但是户籍身份却又是农村人，这使得农民工对其社会身份认同产生怀疑。农民工在对其"城市人"社会身份的建构上，缺少社会制度的支持，而农民工本身的文化素质和习惯没有被城市居民接受，·加剧了其边缘化。

流动人口融入城市的关键层面就是要让流动人口真切感受到自己是城市人，也要让城市居民接纳流动人口。因此必须通过思想宣传工作的开展、举办各种社区活动等，让流动人口切实感受到城市的亲切感，让他们产生归属感。同时也要在城市居民中开展思想宣传工作，弱化流动人口、农民工这样的概念，强调这些群体是城市建设必不可少的一部分，加强城市对其接纳度。

4. 少数民族流动人口与宣传思想工作

尹映锡在论文中讨论少数民族城市流动人口时总结了其在城市的

① 参见段成荣、吕利丹、邹湘江《当前我国流动人口面临的主要问题和对策——基于 2010 年第六次全国人口普查数据的分析》，《人口研究》2013 年 3 月第 2 期，第 21 页。

融合问题。除了上述共同的问题之外，少数民族流动人口在很多方面遭受到了城市的排斥，这些排斥涵盖了许多方面，如就业、报酬和社会福利、执法、日常生活与社会交往。而他们所遭受的社会排斥实质上有两种：一种是社会拒入，以及城市人口对其冷漠甚至歧视，是心理上的排斥；另一种是制度在地区上的差异，包括户籍壁垒、社会保障缺失等。这两种不同类型的行为可以概括为主观拒入和客观拒入两个方面。

杨健吾在实证调研中发现，少数民族流动人口很少与主管民族工作的部门市民委联系，只有在发生问题之后，才会主动向有关部门反映。作为城市中主流力量的汉族群众，对于与自己种族不同的民族，由于不了解和各方面原因，少部分人尚存偏见。甚至有人有比较严重的民族偏见，在一定程度上增加了少数民族的管理难度。另外，一部分少数民族流动人口的法制意识并不强，流入城市的法制法规也不甚了解，就很容易产生纠纷和摩擦，从而导致社会失范现象。

少数民族流动人口产生的问题不仅仅与流动人口本身有关，也与城市对少数民族的接纳度有关。而流动人口本身由于文化和宗教背景等问题，在城市中的归属感也不够。要改善这种情况，就必须加大思想宣传工作的广度和深度，重视少数民族流动人口问题，不仅仅要在城市居民中进行宣传，更要通过宣传工作让他们消除隔阂，自觉参与到建设城市中来。

5. 思想宣传工作与流动人口之间的关联度

国内学者在研究问题产生的原因时，多分析了流动人口自身素质以及政府的政策制度，而没有提到宣传工作开展不到位对于流动人口问题频发的影响。在研究解决流动人口的对策时，片面地强调政策与制度的改善，注重于要转变管理理念，变管理为服务，改革户籍制度，保障农民工的工作与住宿条件。只有部分的学者在论文中提到了党组织以及思想宣传工作对于流动社会治理的作用，完善制度的同时也要打破传播壁垒，不仅关注传播者和受传者，也要关注传播过程的通畅以及传播效果的好坏与评估。让党和政府出台的各种规章政策制度、思想宣传能够及时有效地覆盖到流动人口，不再让流动人口继续游离于政府和党的视线之外。

创新是一个国家进步的灵魂，是治理流动人口的必要理念，只有不断用创新的管理方式进行治理，加强宣传工作，才能让党的政策方针、政府的规章制度深入人心，才能使流动人口充分了解到那些有利于他们的制度，从而通过这些制度拥有更好的生活。同时也要在外来人口中建立党组织，把流动人口纳入党的"视线"之内，发挥党组织作用，关心农民工信仰与人生观，将他们团结引导到党的周围，为他们排忧解难。

孔凡义在文章中研究 S 市流动社会治理，总结了 S 市创新流动治理的理念。其中提到了实行党组织和党工作的覆盖。党组织和党员是我国人才的中坚力量，同时，党组织也是宣传思想工作的良好平台，通过党和党组织将流动人口纳入管理范围中，只有充分发挥党组织的作用，促进组织成员间的联系，才能使流动人口得到更好的管理。

宣传思想工作在流动人口管理中居于重要位置，不仅是解决问题的一个对策，更有提纲挈领的作用，是在流动人口管理工作过程中必须遵循的一个理念。思想宣传工作与流动人口之间有很强的关联度，宣传工作越到位、越科学、越全面，流动人口对社会的认可度越高、流动越有序。只有保证思想宣传管理到位，才能够预防流动人口的社会问题，促进社会和谐，让党和政府的政策方针顺利实施。

（三）当前宣传思想工作的基本形势和任务

1. 当前宣传思想工作的基本形势

意识形态安全对于确保国家和执政党的主流意识形态的主导地位不动摇具有决定性作用。而我国宣传思想工作最主要的任务是保护意识形态的安全，让民众坚持对中国特色社会主义理论体系的认同和信仰。而中国国内目前宣传思想工作的基本形势，对外，受到西方资本主义思想的影响；对内，社会主义核心价值观建设亟待加强，而普通大众也需要国家宣传思想工作的教育，从而坚持对中国主流文化的认同。

（1）新媒体环境下资本主义意识形态渗透严重。

放眼全球，资本主义国家在占据全球经济制高点的同时，拥有了更多的对外话语权，因此将其对发展中国家的文化渗透不断向深度和广度发展。赵英臣在《全球化背景下的中国文化安全——西方文化霸权主义对中国文化安全的冲击和挑战》一文中指出，中国目前的文化安全受到了西方文化霸权主义的强烈冲击和挑战。尤其是在当前新媒体的大时代下，信息的传播速度较传统媒体时代快了许多，资本主义意识形态对中国的文化呈合围之势。

（2）公众信仰缺失。

目前我国经济体制、社会结构、思想观念日益发展，不同阶层、群体之间的成员关系更加复杂，人们的思想观念也日趋多元化。吴晓义等人在《转型时期的信仰缺失及其对个体心理健康的影响》一文中认为，中国处于社会转型时期，多元文化进行着强烈的交锋与冲突，导致广大人民群众在这样的环境下，容易在价值观上迷惘，以至民心涣散，无信仰主义者大行其道。

（3）健全社会主义核心价值体系势在必行。

2013年12月23日，中国共产党新闻网公布中共中央办公厅印发的《关于培育和践行社会主义核心价值观的意见》。2014年1月4日，培育和践行社会主义核心价值观座谈会在北京召开。中共中央政治局常委、中央书记处书记刘云山在会议中指出，我国当前的社会主义核心价值体系建设面临许多挑战。

田海舰、舒民等人在《社会主义核心价值体系建设面临的思想挑战及对策》说："西方资产阶级的主流意识形态——新自由主义思潮，其根本在于否定马克思主义以及社会主义意识形态，主张以自由主义代替马克思主义。民主社会主义、历史虚无主义思潮，乃至极端个人主义、实用主义、拜金主义、享乐主义、后现代主义的某些流派等思想，对社会主义核心价值体系的建设形成了极大的威胁，如果我们不大力加强社会主义核心价值体系的建设，我国的核心价值观就有丢失阵地的危险。"[1]

2. 当前宣传思想工作的基本任务

2013年8月19日，中共中央总书记习近平在全国宣传思想工作

---

[1]　田海舰、舒民等：《社会主义核心价值体系建设面临的思想挑战及对策》，《邯郸学院学报》2008年第1期。

会议上强调，宣传思想工作一定要把围绕中心、服务大局作为基本职责，胸怀大局、把握大势、着眼大事，找准工作切入点和着力点，做到因势而谋、应势而动、顺势而为。①

（1）领导干部应系统学习马列毛邓等基本理论思想。

习近平在全国宣传思想工作会议上指出，宣传思想工作的重要任务，其重点之一就是要将马克思主义放在第一位，作为指导思想的大旗。党内干部不论资深或年轻，都应牢记马列毛邓等有利于当代思想的信仰。初级干部作为长江后浪，更应该将理论学习作为第一位，学习是进步的源泉，只有不断学习，才能不断学到解决问题的方法。

（2）在全面对外开放的条件下狠抓宣传思想工作。

"随着对外开放步伐的加快和国内改革的不断深化，我们所面对的世情、国情、党情都发生了深刻而重大的变化，这给人们的思想观念、思维方式甚至生活习惯都带来了很大的冲击。"② 中国作为一个拥有五千年源远流长文化的大国，作为一个独具民族特色的国家，宣传阐释中国特色、国家和民族的历史传统、其发展道路的自身特色，具有重要意义。

在世界范围，不同国家、不同民族有着不同文化产物，我国在纷繁复杂的国际形势中，更应该在广泛学习各国文化的同时，去粗取精，去伪存真。在这样的基础上，再有机地与我国的思想文化结合，形成适合我国的、具有中国特色的思想文化，打造新概念和表述。对于不符合我国形势的思想内容，要进行教育疏导，严防一些不良思想在人民群众中蔓延。

（3）积极发挥宣传部门职责。

领导班子在宣传部门中占据重要作用，只有领导的思想端正起来，才能带领好宣传部门，才能进行更好的宣传。因此各领导班子要加强学习，同时注重实践，将学习与实践进行良好统一，最终才能使宣传部门成为令人信服的部门。各个党委作为领导者应该尽到领导义

---

① 《意识形态工作是党的一项极端重要的工作》，2013 年 8 月，新华网（http://news. xinhuanet. com/politics/2013 - 08/20/c_ 117021464. htm）。

② 李荣启：《谈谈宣传思想工作的新意识》，《群众》2002 年第 12 期。

务，带领各自部门行动起来，使宣传思想工作深入到社会各个方面。

在本课题研究中，社会流动集中发生在从农村流动到城市里，因此，对于基层的思想宣传尤为重要。在复杂的世界形势中，我国面临的形势也更加严峻，如何做好宣传思想工作，尤其是基层的宣传思想工作就更为重要。只有始终坚持和不断学习中央精神，才能不断引领着文化工作不断推陈出新。①

刘云山在就努力开创基层宣传思想文化工作新局面的讲话中，从当前的形势和任务出发，总结了以下几点：

一是从基层群众的角度去做好党的理论创新成果的宣传普及。基层群众大部分并没有很高的学术素养，宣传传播党的思想文化，应该从大众的角度出发，关注大众需求、回应大众需要。多运用通俗易懂的语言和喜闻乐见的形式进行宣传。

二是应当将基础性宣传思想工作长期不断坚持下去。宣传思想工作应置于文化工作的核心地位，这也是我党所擅长的。而做到这一点，就要将广大人民放在首位，想其所想，思其所思。时代变化下人民群众所关注的重点时常发生变化，这就更加需要我们时刻关注人们所思所想，根据人民关注点变化去进行核心宣传教育。

与此同时，作为一个拥有 56 个民族的国家，不同民族的思想不同，关注的热点也不同，这需要宣传工作者根据不同民族的情况，去有针对性地进行思想工作，从而更好地使民族进行融合，增加其对于我国特色社会主义文化的认同感。

三是基层硬件设施对于公共文化服务体系的良好发展发挥重要作用。基层在社会公众中占据很大比例，基层的文化宣传工作做不好，全民的文化宣传工作体系就岌岌可危，只有将一砖一瓦搭建好，才能打造好人民的思想建设。随着时代与社会的发展，逐渐从追求温饱中脱离出来的民众，对于精神层次的需求慢慢加大，如何抓住群众的关注点，抓住广大人民都在乎的、息息相关的文化需求点，丰富人民的文化活动，是我国应该着重注意的方面。同时，要掌握好新闻宣传工

---

① 参见赵金山、王彦坤、杜永明等《新阶段宣传思想工作应对机遇挑战的战略思考》，2006 年 10 月，人民网（http://theory. people. com. cn/GB/49150/49152/4904571. html）。

作。新闻宣传作为党的喉舌、群众的直接接受媒介，应当增强舆论引导能力，做到"善待媒体、善用媒体、善管媒体"①，切实发挥媒体在思想文化宣传工作中的重要作用。

我国对思想文化工作十分重视，当前国际国内形势复杂多变，人民思想观念与价值取向也在多变文化背景下随之产生变化。我国的思想宣传工作因此面临的考验也十分严峻。党的十八大对于宣传思想工作提出了更高的要求，只有在坚持主流思想的基础上，聆听民众的声音，不断找出问题，解决问题，革故鼎新，才能在不断发展的时代下做好宣传思想工作。

（四）宣传思想工作对人口社会流动产生的作用

1. 宣传思想工作与少数民族流动

在少数民族地区，因其地理位置、历史、经济、文化、人口等诸多因素的影响，具有发展的特殊性、不平衡性和滞后性。因此在少数民族聚集区，宣传思想工作对其作用主要体现在促进民族融合、消除矛盾等方面。

杨平在《做好少数民族地区宣传思想工作的思考》中指出，少数民族本身就有其独特性，宣传工作在其流动人口中，就更加与普通的流动人口不同。李捷理在《社会网络与族裔经济的发展》一书中指出，少数民族文化深深植根中少数民族同胞心中，他们流入另一个城市后，也不会轻易地放弃自己本身的文化传统，而是继续坚守自己的文化习俗。就算其本身对自己的民族意识感并没有那么强，当其流入另一个城市时，环境的转变会激发这一意识，也就是说，他的民族认同意识会更加强烈。这就意味着我党宣传思想工作的进行更加具有挑战性，也更加体现了宣传思想工作对于促进民族融合、消除文化隔阂具有重要作用。

对于少数民族的宣传思想工作，存在一些困难。例如：宗教的普遍性。一部分少数民族族群中，宗教信仰往往是胜于其他的存在，而

---

① 郑保卫：《善待媒体　善用媒体　善管媒体——政府部门如何与媒体打交道》，《新闻与写作》2010 年第 3 期。

某些宗教如果受到某些不怀好意的人的操控，就有可能成为损人利己的工具。这往往导致某些人生病也不找医生，而是采取请巫医、算命、占卜等迷信行为。这类思想的盲区，常常导致歪门邪教乘虚而入，造成不可估量的损失。

思想文化工作应该有针对性地加大宣传力度，宣传有利于少数民族流动人口的政策，从而使他们充分运用政策解决自身问题，提升自我文化水平作用。

2. 宣传思想工作与经济发展

促进流动人口聚居区的经济发展，使之共同为了当地的建设而奋斗。宁波市北仑区委常委、宣传部部长在其《让 40 万新市民融入和谐新北仑——从徐义胜典型宣传看北仑区流动人口宣传思想工作的探索与实践》一文中，介绍了一系列宣传手段，极大地促进了流动人口在经济方面的发展。

北仑区作为宁波市第一个流动人口超过本地居民的市辖区，采取了一系列宣传措施：（1）以新的理念指导流动人口宣传思想工作。北仑区将流动人口的宣传思想工作纳入整体的工作布局和区域经济社会发展、党建、精神文明建设的总体目标中。同时在全市建立起流动人口服务管理联席会议制度及其办公室，建立起覆盖全区城乡的管理网络。这就在制度上给流动人口的宣传思想工作提供了硬性保障。（2）以人为本、积极创新、与时俱进，做好流动人口宣传思想工作。其一是在较高水平上实现流动人口的自我管理，将宣传教育作为切入点和突破口。其二是让流动人口生活在各类组织中，通过组织传播进行宣传思想教育。其三是推行以外管外模式。在外来人口聚居区，针对流动人口重乡情的特点，选择有思想、有能力、有道德、有权威的外来人员作为教育和管理骨干。（3）不断提高为流动人口服务的层次和水平。其一是建立供其居住的家园，解决其住宿问题。其二是解决其子女读书问题。

通过一系列针对流动人口的宣传思想工作，北仑区 2007 年全区地区生产总值达 370 亿元，比上年增长 15%，财政一般预算收入 70 亿元，比上年增长 27%。在社会治安方面，2007 年全区全部刑事案件中，"两抢"同比分别下降 7.4% 和 14.2%。

由此可见，积极的宣传思想工作对于人口社会流动的经济发展起着极大的促进作用，这就对流动人口的宣传思想工作提出了更高的要求。

3. 宣传思想工作与流动人口的安全管理

某些城市社区由于建区时间短，基础设施薄弱，同时受到当地经济条件的制约，文化产业落后，人民日益增长的精神文化需求同落后的文化生产力产生矛盾，无法满足人们的文化需求。"宣传思想文化工作存在一些盲区。一是广大农民，特别是贫困地区农民；二是新经济组织，特别是'三资'企业和个体、私营企业从业人员；三是城市社区居民，特别是离退休人员、下岗失业人员；四是流动人口特别是进城务工经商人员。这些领域是中国社会的最基层，也是最基层群众的大部分，宣传思想工作如果延伸不到这里，就难以实现'三贴近'。有关人士指出，新时期宣传思想工作想要做到'三贴近'，覆盖四大盲区已成为当务之急。"①

在这些宣传盲区中，政府部门的覆盖触角难以触及，这既不利于宣传思想工作的完成，也不利于国家对流动人口的管理。这样的情形还会导致影响社会稳定的事件得不到较好的掌控，因此加强对城市宣传盲区的宣传思想工作势在必行。流动人口是宣传盲区中占较大比重的一部分，更应该着重加强流动人口的宣传思想教育。

4. 宣传思想工作与党组织内流动人口管理

在流动人口中，党员占据一定比例，随着流动人口数量急剧增加，流动党员数量也逐步上升。中组部副部长王秦丰在中央外宣办2011 年 6 月 24 日举行新闻发布会上介绍说，在中国目前 2.4 亿农民工中，流动党员约有 300 万人，为全国党员的 1/27。高巍在《以加强流动党员管理引领流动人口管理》一文中指出，我们党最大的政治优势就是与群众保持密切联系，通过与群众的接触中，想群众所想。党员作为高素质人群，是连接党组织和人民群众的桥梁。为了在流动

①　张小平：《用项目化培育宣传思想工作"增长点"——新形势下提高宣传思想文化工作科学化水平初探》，2011 年 8 月，人民网（http://theory.people.com.cn/GB/40537/15356337.html）。

群体中较好地开展党的工作，就必须加强对流动党员的管理，从而发挥出流动党员对流动人员的引领作用。虽然党中央对管理流动党员十分重视，但各级党组织对流动党员管理不完全到位，尚存在一些管理误区和盲区；在思想上也不够重视，导致某些流动党员在流入另一地区后，与党组织脱轨。流动党员如果接受不到党内的思想教育，对于我国宣传思想工作的建设会有较大影响。

第二章　社会流动强区域宣传
思想工作的状况

一　研究方法和样本选取说明

（一）研究方法

"在城镇化与社会流动性显著增强背景下宣传思想工作的有效覆盖研究"是一个涉及多个学科领域、问题类型复杂的多维度问题。本章在研究过程中坚持以马克思辩证唯物主义和历史唯物主义为指导，在借鉴社会学、传播学等学科研究的基础上，坚持具体问题具体分析，结合湖北本地的情况，归纳演绎出在城镇化与社会流动性显著增强背景下宣传思想工作的有效覆盖的现状、问题及对策。本章具体采用的研究方法如下：

第一，调查法。本章综合运用问卷调查法、访谈法等具体调查方法进行研究，通过线上、线下的问卷发放得到大量数据，同时通过对相关管理和宣传部门的具体访谈实现了从宏观到微观的资料收集与信息掌控。在实际调查中以流动人口和流动人口管理部门为调查对象，对流动人口的基本信息、宣传工作的基本覆盖情况进行了全方位、多角度的调查。

第二，文献研究法。通过查阅收集传播学、社会学等学科文献，了解相关研究的历史及现状，掌握研究课题的全貌，确立调查研究的切入点，为本次调查问题的提出、分析、解决奠定一定的理论基础。

第三，定量分析与定性分析结合法。首先通过定量分析建立准确翔实的资料和数据，然后在此基础上运用定性分析的方法，对数据分析定性阐明问题，进而揭示在城镇化与社会流动性显著增强背景下宣传思想工作的有效覆盖这一问题的本质，提出相应的对策，提高宣传工作的实施效率和有效覆盖。

第四，交叉研究法。本章运用多个学科的理论、方法和成果从全局出发对本课题进行研究。具体运用了社会学、传播学、法学、经济学、管理学等不同学科的相关知识，实现了分化与统一，从多个维度阐释了宣传工作有效覆盖的问题和解决对策。最终在本章的研究过程中形成一个有机的整体，确保了研究结论的科学性。

第五，个案访谈法。本章坚持理论联系实际的马克思主义方法论，运用个人调查的研究方法。在个案访谈中，我们选取了关于流动人口党组织宣传管理访谈这一研究方向。选取典型个案进行访谈，通过个别到一般的研究思路探究党组织宣传这方面工作的现状、存在的问题，以及对应的解决方案。

（二）样本选取说明

在实践中由于受到时间、地点等多方面的限制，本章主要采取抽样调查法和个案访谈法。为保证调查结果合理有效，我们选取了大小适宜、具有代表性且构成比例合理的样本范围，具体操作如下：

首先，选点发调查问卷。问卷调查采用线上、线下两种方式，共发放问卷 500 张，回收有效问卷 433 张。前期试发放 60 张，证实信效度高于 0.8，为有效问卷。线下样本选取的地点为汉正街、汉阳工厂、光谷高新技术开发区、武汉火车站、武昌相关建筑工地等散点。共发放问卷 440 张，其中汉正街 200 张，汉阳工厂 100 张，光谷高新技术开发区 70 张，火车站、建筑工地等散点 70 张。问卷调查法选取的样本均是流动人口密集区，汉正街是本次调查的主体。汉正街位于武汉市硚口区，是汉口的商业繁华区，也是全国著名的小商品市场，因此在汉正街聚集了大量定居在此地的外来商人和务工人群，是武汉市极具代表性的流动人口集聚区。为弥补汉正街人口可能存在同质化现象，又选取了汉阳工厂。工厂内的工人以外来务工者居多，符合本次调查的样本需求。此外，课题组又选取了光谷高新技术开发区和火车站、建筑工地等散点。这几个地点，有着流动人口密集、人口异质化明显的特点，可以有效弥补汉正街和汉阳工厂人口特点趋同的劣势。线上问卷样本选取为在湖北工作的外来人口，共发放问卷 60 份。线上问卷发放由于目标明确，且本身存在技术门槛，因此发放对象多为教育背景较高的人群，与光谷高新技术开发区一起，确保了样本的多样性，避免了样本整体教育背景趋同的缺陷。问卷调查所选取的样本在年龄、职业、教育背景等方面均遵守异质化原则，整体范围适宜，内部构成比例合理，且信效度较高。因此调查结果具有可靠性。

其次，政府及相关部门抽样访谈。样本选取为汉正街市场管理委员会，硚口区政府宣传部，汉正街兴隆社区、劳动社区、竹排社区。为配合问卷调查的主题，本次访谈法样本选取集中在汉正街，采访目标人群为市场管理委员会、政府宣传部门相关负责人，社区居委会和宣传部门负责人。本次访谈从政府和相关责任部门入手，从宏观角度，把握宣传工作在理论上的实施情况。与问卷调查一起形成一个从宏观到微观的全方位宣传工作调查，有助于后期实现多维度的对宣传状况的分析、宣传漏洞的发掘和对策的提出。

最后，个案的针对性访谈。此次访谈的主题是关于流动人口党组织宣传管理，样本选取现居武汉江岸区丹水池街道江北社区的一名个体商户，男性，57 岁，定居武汉 9 年，共产党员，党龄 13 年，原户口所在地为黄冈麻城市。该样本符合本研究的调查对象要求，且为共产党员，具有代表性，可以作为考察流动人口党组织宣传管理的切入点。本次个案访谈所选取的样本与汉正街市场管理委员会、硚口区政府宣传部、汉正街部分社区，共同构成此次研究政府实施层面的资料，与问卷调查互补，形成了全方位的流动人口宣传工作覆盖情况调查，增强信息的完整性和研究结论的可靠性。

二 区域发展理论与社会流动理论观照

（一）区域发展理论主要学派及观点

区域发展带来一个地区经济、政治、文化等的进步，从而推动人口向发达地区流动，是人口流动过程中的重要推力之一。区域发展理论，兴起于第二次世界大战后，并在发展过程中形成不同的学派，本书将根据学派的不同，对区域发展理论进行一个大致的整理。

首先是历史经验学派的区域发展理论，该理论建立在欧美发达国家的历史发展经验总结上，代表人物主要有美国经济学家道格拉斯·诺斯等。其代表理论主要有部门理论、输出基础理论、区域发展的倒"U"字假说等。

其次是现代化学派区域发展理论，其产生与发展是在 20 世纪 50 年代中期至 60 年代末期，理论核心是中心化和城市化，代表理论主要有法国经济学家佩鲁的增长极理论和核心——外围理论。

再次是乡村学派区域发展理论，该理论产生于 20 世纪 70 年代，产生背景主要是发展中国家向满足基本需求的战略型转变，理论着眼点在于以乡村地区发展为内容，以空间均衡发展为核心，代表性观点主要有：施特尔和托德琳的选择性空间封闭理论，地域式发展理论等。

最后为主流经济学派区域发展理论，该理论发展于 20 世纪 80 年代，代表人物主要有波特、克鲁德曼等，代表理论主要是产业集群理论和新经济地理学等。

（二）社会流动理论主要代表人物及观点

伴随着工业革命在世界范围内的开展，社会流动这一研究主题开始进入学者的视野，中西方学者根据自己的国情，进行了不同的研究，本书将对社会流动的相关理论进行一个纵向的梳理。

最早进行社会流动相关理论研究的学者是英国的雷文斯坦，其在 1880 年发表的《人口迁移之规律》一文中提出了七条规律，大致从空间上总结了社会流动的规律。进入 19 世纪下半叶，西方学者在此研究领域取得了丰硕成果。首先，通过社会学视角，学者唐纳德·博格和李提出了"推—拉"理论，即人口流动的目的是改善生活条件。其后，学者梅森和瑞切特分别提出了移民关系网络理论和累计因果理论。其次，在经济学视角，学者刘易斯提出了两部门人口迁移理论，认为劳动力主要由传统农业部门流向现代工业部门。学者托达罗又提出了人口迁移预期收入理论，认为预期收入差距构成了迁移动机的主要方面。

19 世纪 70 年代，中国也展开了关于社会流动的一系列理论研究。主要有亦工亦农论、劳务输出论、内外部转移论、城市化论等十几种代表性理论。这些理论都从各自不同的视角分析了农村剩余劳动力的转移问题及对策，但由于缺乏定量分析的运用，没有大量可靠数据的支撑，说服力较弱。

1927 年，对社会流动理论起到奠基作用的社会学家索罗金出版了《社会流动》一书，在书中作者全面而系统地提出了社会流动的理论，并运用实证研究的方法，通过数据翔实地说明了社会流动的方式、分类、特点等，此书成为西方社会学研究社会流动最有权威和基础意义的著作。①

(三) 区域发展理论与社会流动理论观照

工业革命，带来了工业化和城市化的巨变，区域之间出现了发展不平衡，失去土地的大量剩余劳动力流入城市，在此基础上社会流动理论初步形成。根据学者唐纳德和李的"推—拉"理论，发达地区依托更多的就业机会、完善的公共设施、良好的受教育机会等"拉力"吸引大量剩余劳动力涌入，而欠发达地区则因其不具备经济方面的竞争优势，成为推动人口流入发达地区的"推力"，在"推力"和"拉力"的相互作用下，人力资源、政治资源等向发达地区聚集，从而带动发达地区经济总量提升，但与此同时地区发展不平衡加剧，社会矛盾日益尖锐，发达地区也因人口的超负荷出现一系列问题，区域发展理论应运而生。

根据区域发展理论中的增长极理论，经济增长多由一个或多个"增长中心"逐渐向其他部门或地区传导，因此若想取得经济的全面发展，必然要经历一个不平衡发展过程，由一个特定的地理空间作为增长极，带动经济发展。在此过程中，大量剩余劳动力便会由周边的外围区域，流入作为增长极的核心区域，人口流动的规模增大，频率扩大，由此加速"增长中心"快速发展，并带动周边区域经济发展，

---

① 参见罗祎楠《社会流动理论与历史研究——以美国宋代社会史的探讨为例》，2012年4月，豆丁网（http://www.docin.com/p-449476.html）。

产业结构也随之改变升级，流动人口同步发生结构性改变。以长江经济带为例，武汉作为长江经济带的核心，依托发展潜力巨大，高新人才聚集，小商品产业发达等优势，吸引外来人口的流入和定居，由此形成自身经济的核心竞争力，然后将此竞争力带来的经济增长辐射到周边区域，从而实现长江经济带的整体协调发展。

区域发展带来社会流动，社会流动加速区域发展，这两种理论在实践的运用中相互依存、密不可分。区域发展理论与社会流动理论相辅相成、互为前提。

三　密度强区域社会流动人口的特征

整体来说，社会人口流动基本遵守经济地理法则，即在流动过程中，人们往往转移到经济发展水平比较高、自然条件比较好、具有发展潜能的地区或经济收入较高的行业。[1] 由此导致社会流动密度强的区域人口呈现年轻化趋势、男性人口居多、劳动密集型产业发展迅速、定居人口增多、人口密度增大等特点。具体表现如下：

第一，社会人口流动密度强区域，经济发达，自然条件好，具有良好发展潜能。湖北省作为中部地区经济发展的翘楚，吸引了临近省份如河南、安徽、山东等外来人口前来务工或定居，其中武汉作为湖北的省会依托高校林立和汉正街小商品市场两大优势，吸引了大量的高素质人才，商业、服务业人员，个体私营业主前来工作、定居。武汉自然条件优越，地处平原，横跨长江，土地资源和水资源丰富，而这两种资源欠缺正是限制北京、上海、广州等超一线城市发展的原因，加之武汉水陆空枢纽的优越交通，因此武汉成为最具发展潜力的城市之一。这些优势吸引着外来人口的流入，使武汉成为社会流动密度较强的区域。

第二，社会人口流动密度强区域，流动人口呈年轻化趋势，且男性人口居多。在对433份有效问卷进行分析后我们可以看出，年龄位

---

① 参见王永进《转型时期社会流动的主要特征》，《中共济南市委党校学报》2006年第1期。

于18—25岁的所占比例最大，为36.26%，年龄25—35岁的次之，为24.71%，18—35岁的青壮年人口比例整体占到60.97%，是构成流动人口的主要部分。其中45岁以上的也占有一定比例，为19.86%，这与汉正街作为小商品市场吸引大量私营业主、个体户前来经商并定居有关。但整体来看，青壮年人口比例较大，人口整体呈现年轻化趋势。如表2—1所示。（注：以下图表数据若无特别说明，均为个人调查所得。）在男女比例上，调查的433份有效问卷中，男性为57.97%，女性为42.03%，男性人口多于女性，这与务工人群多从事劳动密集型产业有关。但同时武汉为轻工业基地，纺织业较发达，因此对女性劳动者有一定需求，加之汉正街等地区外来流动人口有一定的定居意愿，部分携伴偶一起搬迁，因此男女比例未出现严重失调。总体来看，以男性居多，如表2—2所示。

表2—1　　　　　　　　　　　受访流动人口年龄分布

选项	小计	比例
A. 18岁以下	12	2.77%
B. 18—25	157	36.26%
C. 25—35	107	24.71%
D. 35—45	71	16.40%
E. 45岁以上	86	19.86%
本题有效填写人次	433	

表2—2　　　　　　　　　　　受访流动人口性别情况

选项	小计	比例
A. 男	251	57.97%
B. 女	182	42.03%
本题有效填写人次	433	

第三，社会人口流动密度强区域，流动人口学历较低，多从事劳动密集型产业。在调查得出的结果中，教育背景为高中或中专，以及初中的所占比例最大，分别为36.03%和27.71%，共计63.74%。由

于外来务工人口从事的多为对学历要求较低的非智力密集型产业，汉正街所吸引的也多为从事商业、服务业的人员和私营业主、个体户，因此该区域整体学历较低。在教育背景调查中，大学学历者也占有一定比例，具体为 24.71%，这与武汉高校较多，近年来积极发展高新技术产业，以及光谷高新技术开发区为代表的企业为高素质人才提供了大量的就业岗位有关，由此也可以看出武汉市外来流动人口教育背景构成趋向合理。如表 2—3 所示。同时，根据调查结果我们可以发现，职业为私营业主、个体户的人口所占比例最大，为 28.87%，其次是农民工，为 15.47%，再次为商业、服务业人员，为 15.01%。由于汉正街是小商品市场，需要大量的运输货物人员和店内服务人员，因此这三项行业在此聚集。本调查中私营业主、个体户均从事小商品交易，商业、服务业人员多为店内员工，因此这三项行业均为劳动密集型产业。其他职业如：机关和事业单位管理人员，企业高中层管理人员，由于准入门槛较高，对学历等有一定要求，所以在外来人口中此类人员比例较少，如表 2—4 所示。总体来说，该区域流动人口学历较低，从事产业多为劳动密集型产业。

表 2—3　　　　　　　　　受访流动人口学历情况

选项	小计	比例
A. 小学	29	6.70%
B. 初中	120	27.71%
C. 高中或中专	156	36.03%
D. 大学或本科	107	24.71%
E. 研究生以上	21	4.85%
本题有效填写人次	433	

表 2—4　　　　　　　　　受访流动人口职业分布情况

选项	小计	比例
A. 机关和事业单位管理人员	14	3.23%
B. 私营业主、个体户	125	28.87%
C. 专业技术人员	52	12.01%

续表

选项	小计	比例
D. 企业高中层管理人员	16	3.70%
E. 商业、服务业人员	65	15.01%
F. 产业工人	38	8.78%
G. 农民工	67	15.47%
H. 无业	32	7.39%
I. 其他	24	5.54%
本题有效填写人次	433	

第四，社会人口流动密度强区域，流动人口多来自农村，且在流入地定居意愿较强。在对调查结果的分析中发现，原户籍所在地为农村的占较大比例，为 69.52%，高出城市户口 39.04 个百分点，是其两倍之多。而在流入地居住时间的调查中发现，居住时间为 3 年以上为51.73%，超出居住时间 1 月以上 1 年以下和 1 年以上 3 年以下两项的总和。由此可以看出，武汉较为发达的经济和小商品市场的繁荣，带来较多的就业机会，吸引大量农村外来人口流入。同时，由于武汉巨大的发展潜力和宜居的生活环境，吸引流动人口在此工作，并适应后在此地定居，外来人口在此地定居的意愿较强，如表 2—5、表 2—6 所示。

表 2—5　　　　　　　　　　受访流动人口户籍情况

选项	小计	比例
A. 城镇	132	30.48%
B. 农村	301	69.52%
本题有效填写人次	433	

表 2—6　　　　　　　　　　受访流动人口居住时间情况

选项	小计	比例
A. 1 个月以下	0	0%
B. 1 月以上 1 年以下	110	25.40%
C. 1 年以上 3 年以下	99	22.86%
D. 3 年以上	224	51.73%
本题有效填写人次	433	

四　社会流动人口宣传的形式

（一）以传统板报宣传为主，发放传单为辅

板报是以固定的或移动的展板作为载体，在上面张贴各种告示的一种宣传形式。因其具有易擦洗、修改、更换的优点，很容易受到青睐。在调查组统计的所有问卷中有 54.27% 的流动人口表示，他们在社区见到最普遍的宣传就是贴板报。另外还有 30.95% 的群众表示，发放传单也是政府和区委会宣传思想政策一个必不可少的手段。政府和社区平时会派遣一些学生在空闲时间到社区或工地发放一些传单。因为这种方式很灵活，每次有大事发生都能快速告知需要宣传的流动人群，如表 2—7 所示。

表 2—7　　　　政府与社区思想宣传活动的主要形式（多选）

选项	小计	比例
A. 讲座	54	12.47%
B. 培训教育	45	10.39%
C. 组织演讲	32	7.39%
D. 开展讨论	25	5.77%
E. 个别谈心	28	6.47%
F. 网上交流	49	11.32%
G. 文体活动	106	24.48%
H. 干群对话	48	11.09%
I. 板报宣传	235	54.27%
J. 发放杂志传单	134	30.95%
K. 广播电视宣传	78	18.01%
L. 其他	46	10.62%
本题有效填写人次	433	

1. 文体方面宣传活动占据比重大

在所有的宣传活动中，文体活动占据 24.48% 的比重。外出务工的流动人口大多数进入了城市的工厂、工地等地方。为了加强与职工

的联系，更好地贯彻党和国家的路线、方针、政策，一些政府部门和社区通过与工厂的合作，给工人提供一些运动器材，并举办相应的文体活动。在丰富他们业余生活的同时，提高思想宣传工作的效率。值得注意的是在对于流动人口的调查中发现，他们的空闲时间大多数用来看电视、电脑等，占到了50%以上的比重。还有就是和朋友一起去唱歌、跳舞以及与家人聚会等私人活动。而涉及公众参与方面的几乎是空白，如图2—1所示。大多数人还是希望政府在进行思想宣传工作时能够为他们尽可能多地举办文体活动。这样既能利用他们的空闲时间，又方便了解当前的形势政策内容，还能娱乐。

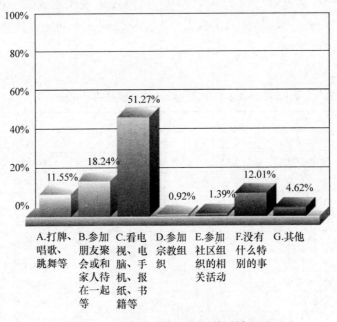

图2—1　流动人口空闲时间的活动项目

2. 广播电视等传统媒体在宣传中比例明显下降

在互联网普及之前，我国广播电视的普及率达到66%，它们是联系群众的重要纽带。一些重要事件都是通过它们来传播的。但是由于流动人口的移动性以及居住的不确定性，广播电视功效大为削弱。另外，现今的广播电视播放的大都是一些娱乐性的选秀节目或者是家长里短的言情剧，如《快乐大本营》和《离婚律师》。相对于流动人口而言，他们更加关注的是与自己的生活或者利益息息相关的问题，如住房、医疗、交通等。如果节目缺乏针对性，不在他们关注的范围，广播电视很容易丧失吸引力。

3. 一些独具针对性、深受流动人口欢迎的宣传方式较少

调查中发现，个别谈心和培训教育等富有针对性的宣传方式，只占了不足20%的比例，难以形成规模效应。但在流动人口的心目中，这些能够一对一地了解需求、帮助他们解决困难的宣传交流是很有效果的，并且受到多数人的支持。有超过50%的调查者希望政府以后的宣传能在这方面多下功夫。

4. 互联网等新兴媒体成为流动人口宣传教育的新宠

近些年，出门务工的流动人员呈现年轻化趋势，大多数都是80后，甚至90后。可以说，他们是伴随着互联网成长起来的一代。在调查流动人口与媒体接触的时间长度时，手机和电脑成了最受青睐的交流工具，如图2—2所示。在大多数受访者心目中，如果政府部门能通过网络进行宣传或者交流，无论是在思想上还是行动上，他们都是非常乐意和接受的。

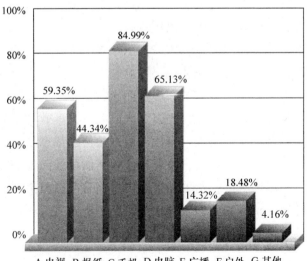

图2—2　流动人口经常接触到的媒体情况（多选）

（二）社会流动人口宣传的内容

1. 公共安全教育是宣传工作的重中之重

所谓公共安全，从管理学理论上分析，它由自然因素、公共环境、生态卫生、经济、社会、技术、信息等多重侧面所组成。它不仅仅局限于公共财产方面，还有意识形态的内容。[①] 课题组由于时间限制，在针对流动人口的公关安全研究中，主要放在公共环境安全上。

构建社会主义和谐社会，不仅是社会主义现代化建设的需要，也是坚持改革开放，推动科学发展，促进社会和谐，为夺取全面建成小康社会新胜利而奋斗的必然要求。推动科学发展，坚持以人为本，坚决把人民群众的根本利益放在工作第一位，最大限度地实现好、维护好和发展好最广大人民群众的根本利益，协助做好维护稳定工作，努力从源头上消除公共安全和稳定的各种问题。最大限度地减少不和谐因素，妥善处理人民内部矛盾，努力将其对社会和谐稳定的影响降到最低程度，防止其对社会和谐稳定大局造成冲击是当前政府宣传工作的要义。流动人口通常是社区的重要组成部分，他们掌握的公共安全知识直接关系到所在地的安全，所以政府的宣传内容中有55.89%涉及该项内容，在调查内容中，比例最高。

2. 与民众息息相关的生活服务信息成为宣传的核心内容

管子曰："仓廪实而知礼节，衣食足而知荣辱。民不足可治者，自古及今，未之尝闻。"人只有满足了低级需求，才有可能去追求高级需要，服务社会，追求远大理想。流动人口大多数属于社会的中下层人民，他们背井离乡出来打拼都是为了让自己甚至是下一代过上更加美好的生活。远离家乡的苦楚和生活的不便往往是他们需要面对的残酷现实。生活服务不仅给他们提供了一些帮助，更有利于更快地融入当地的社区生活。43.88%生活服务需求的比例是对这个问题重要性的最好阐释。

[①] 参见刘铁《公共安全与公共管理》，《学习与探索》2004年第5期，第79页。

3. 精神文明思想建设方面的宣传力度不够

一方面，人需要经常和他人进行情感交流，需要他人和社会对自己的情感给予关注、慰藉、认同。流动人口由于经常变动工作和生活，几乎始终在陌生的人际关系中工作、生活，身边缺少亲朋好友的关怀和家庭的温暖，很少同他人进行情感交流。面对压力、挫折、失意、困惑时，容易出现失落、无助、空虚、孤独、压抑等情感反应，特别需要别人来帮助分忧解愁、宽慰自己。由于情感长期难以发泄、排解，郁积心中，容易出现各种心理上的疾病和障碍，有的会变得脾气暴躁，有的心理严重失衡，有的则会情绪低迷、抑郁，导致行为失控，危害他人安全。"思想政治工作不仅是用理去说服人，而且更是用情去关心人、感化人，无微不至、春风化雨地温暖人的心田。通过思想政治工作，经常同那些处于情感饥渴状态的流动人口进行情感交流和人文关怀，充分体现了党对人民群众体贴入微的关心，也会极大地满足广大流动人口强烈的情感需要。"[1]

另一方面，思想宣传工作的推进还是塑造正确的世界观、人生观、价值观的重要手段。宣传思想战线一直是我党一条极其重要的战线，是我们克敌制胜的一大法宝。因此，我们党的历代领导集体核心一直都十分重视这项工作，特别注意发挥宣传思想工作的作用。特别是改革开放以后，针对人们容易忽视宣传思想工作的情况，邓小平及时提醒全党，在工作重心转移到经济建设以后，全党要研究如何适应新的条件，防止埋头经济工作、忽视思想工作的倾向。

江泽民在与出席全国宣传部长会议的同志座谈时，也曾经强调指出，宣传思想战线是十分重要的战线，宣传思想工作部门是十分重要的部门，宣传思想工作是全党的工作，事关改革、发展、稳定的大局，事关建设有中国特色社会主义事业的全局。善于做宣传思想工作，是马克思主义政治家必备的素质。各级党委要坚持"两手抓、两手都要硬"，切实加强对宣传思想工作的领导，充分发挥我们党的这一政治优势。我们党80年的奋斗史充分说明，革命也好，建设也好，要取得伟大的胜利，都离不开宣传思想工作。这是我们党的一条基本

---

① 陈方：《流动人口思想政治工作初探》，《求实》2002年第3期，第12页。

经验。① 当前的"中国梦""群众路线""核心价值观"等内容都应该纳入对流动人口的宣传中。政府在精神文明方面的投入，符合党的号召、人民的利益，对于流动人口来说是一剂很好的强心针。但是从抽样调查的结果来看，政府在精神文明的宣传方面，工作还有待加强。

（三）新闻宣传工作和文化建设工作方面宣传的比例较低

在政府宣传工作内容中，新闻宣传工作和文化建设工作内容偏低，分别为21.71%和21.25%。一方面，这与流动人口对于国家及省市近期的政策、信息了解状况有很大相关性。在众多受访者中，对于这类信息的关注度普遍偏低，每天定期关注的只占17.55%，大多数人都处于偶尔关注或不关心的状态。如图2—3所示。另一方面也显示了政府在这方面的工作还做得不够，在宣传时可以适当地增加这两项工作的比例。

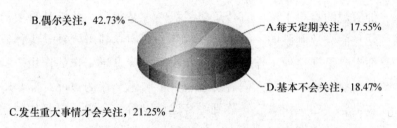

图2—3　流动人口对于政府政策的关注程度

（四）针对流动人口有关国家政策路线的宣传严重不足

一个国家的政策、方针、路线应该是其行动的总纲领。人民群众对政策的了解与否关系到整个改革开放的发展大局。流动人口作为全体公民的重要组成部分，对于我国的基础建设特别是城市建设具有不可替代的作用。这就需要政府的有关部门加大国家政策路线的宣传，把握宏观的思路，给流动人口以指引。而在调查问卷中，

---

① 《山东省关于做好2014年重点党报党刊发行工作的通知》，2013年11月，大众网（http://www.dzwww.com/shandong/sdnews/201311/t20131102_9110270.htm）。

对于这一部分的宣传比重最低只有17.09%，远远不符合国家相关单位的要求。

（五）社会流动人口思想宣传工作的效果

1. 政府宣传工作脱离流动人口生活实际

在所有调查的流动人口中，有41.57%的人认为政府宣传工作对自己的思想和生活没有什么实际影响，有和没有一个样，如图2—4所示。受访者认为，政府每次的宣传或者宣讲都是说一些纲领性和计划性的东西，比较偏向官方和书面化，而没有对相关政策进行解读。流动人口的知识水平基本跟不上宣传的步伐，这就造成了信息的传播无法达到应有的效果。值得注意的是，一些受访者表示，政府的宣传工作之所以成效不大的另一个重要原因，是宣传工作没有计划性，组织工作相对混乱。经常会出现一个星期内宣传两三次或者两三个月只宣传一次的现象。并且有时候宣传的内容前后不对称，出现让人无法适从的情况。

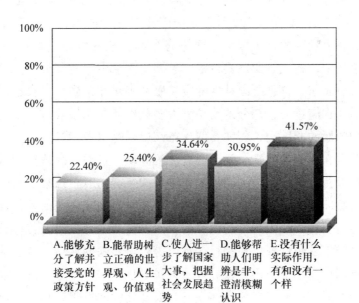

图2—4　接受思想宣传的效果（多选）

2. 宣传效果与受访者学历有关联

由数据交叉分析可知,有高中以上学历的流动人口对于思想宣传的效果比较看重。他们对于政府的宣传工作持积极态度,大部分人认为宣传有助于他们明辨是非,澄清模糊的认识。对于比较关心国家政治的人来说,宣传工作还有使人进一步了解国家大事和社会发展趋势的作用。而在流动人口中占据较大比重的初中或者是小学学历者,他们平时对于国家政策基本上持不关心的状态,这也是以后宣传攻坚的重要人群。

3. 空洞说教式宣传使宣传思想工作效果大打折扣

从前面分析可了解,政府的思想宣传方式基本集中在板报宣传和发放杂志传单上。这种方法虽然在某些地方可以起到一定作用,但是对于流动人口这个群体而言,他们普遍较年轻。通信工具大多集中于手机和电脑,传统的传播与宣传方式已经无法满足其需求。相对于空洞的说教宣传,这部分群体更加青睐新颖和具有针对性的传播方式。例如网上交流和个别谈心等。

4. 有针对性的思想宣传工作有利于规范流动人口社会行为

在调查流动人口对宣传工作满意程度时,接近50%受访者对"关于流动人口的安全卫生健康预防工作"比较满意,只有7.39%的受访者认为社区的宣传服务工作没有令其满意的方面。如图2—5所示。事实上,在调查团队进行的问卷调查活动中,有部分接受调查的流动人员表示,自己所处社区的宣传服务工作非常到位,自己对其宣传服务非常满意。这部分的受访者大多数生活在比较规范的社区或是有明确归属的社区内,例如在武汉市江岸区的六角亭社区,调查团队在进行问卷调查的时候,发现此社区的流动人口对社区进行的宣传思想工作都持有比较积极的评价。在进行调查问卷时,该社区正响应武汉市市政府的号召,进行精神文明卫生社区的创建宣传活动,且在此区域内接受调查的大部分受访者均表示,该基层社区的宣传思想活动让自己对于文明社区、保护社区环境等有了明确的认识,自己的行为习惯更加规范。并且也逐渐养成了爱护社区环境、"社区是我家"等的思维习惯。这从一个侧面体现了政府及社区的思想宣传活动确实是取得了明显的效果,这种有针对性的宣传思想活动对流动人口的社会行为习惯有了规范化、习惯化的影响。

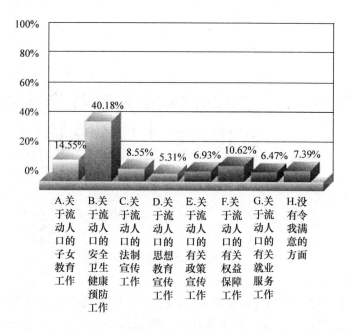

图2—5　流动人口对宣传工作满意的情况

　　文化是无处不在的，文化对人的影响是潜移默化、深远持久的。人们在一定的文化环境中生活，或多或少都会受到该环境中存在的文化的影响。政府以及基层社区的宣传思想工作是一种外显性比较强的文化传播行为，生活在这种文化环境中的人，不论是当地人还是外来人口，都会或多或少地受到这种文化传播行为的影响。当然，这种影响的强与弱，一是取决于传播者方面，即政府以及基层政府传播文化的方式、方法是否恰当，二是取决于受众，即流动人口自身因素的影响。这也提醒了宣传者在以后的工作中要多和宣传对象沟通，以达到最佳效果。

第三章　密度强区域人群社会流动宣传思想工作个案访谈

一　调查样本选取及说明

课题调查小组于 2014 年 10 月 23 日、24 日分别走访了位于武汉市硚口区汉中街老城区的兴隆社区、劳动社区和位于汉正街街心的竹牌社区三个社区，以及汉正街市场管理委员会（以下简称街委会）和硚口区政府宣传部门等地方。

（1）汉正街汇集大量商贩，是武汉市流动人口最密集的地区之一，选取汉正街为样本具有一定的代表性。汉正街是本次科研选取的样本地区，我们对该地区的宣传管理部门进行实地调查与科研问卷等调查的地区相吻合，调查结果更有说服力。

（2）社区是最接近民生的地方，社区与流动人口具有最直接的联系和接触，也是考察基层组织对流动人口进行思想宣传的理想样本。由于汉正街的务工人员有不少居住于汉中街老城区，该地区人口密度大、流动性强，故我们选取了汉中街老城区的两个社区和位于汉正街中心地带的一个社区为样本进行了访谈。

（3）由于汉正街流动人员主要是经商务工人员，且在店铺的时间比重非常大，故我们对汉正街街道办下的市场管理委员会进行了采访，以了解他们针对市场的宣传状况。

（4）由于区政府宣传部门对整个辖区的宣传管理有总体上的领导和管理作用，故我们亦采访了汉正街归属的硚口区宣传部，对政府领导部门的宣传导向有一个大致了解。

二　调查采访过程

调查组于 2014 年 10 月 23 日上午走访了汉中街老城区的兴隆社区、劳动社区以及汉正街街心的竹牌社区，下午走访了汉正街办事处（市场管委会），24 日上午走访了硚口区政府宣传部。

（一）兴隆社区

硚口区汉中街的兴隆社区是武汉市老城区的一个老社区，位于汉中街中西部，常住人口 6285 人。社区党支部成立于 2000 年 8 月，下设 6 个党小组，共有党员 194 名。近年来，社区党支部不断创新服务理念、优化服务质量，积极组织党员、群众成立学雷锋志愿者服务队，开展各类服务活动，并积极为辖区居民，包括流动人口，解决生活难题。社区党支部先后荣获硚口区"无毒社区"、"无邪教社区"、"五好社区党支部"、"先进基层党支部"、武汉市和谐社区建设"示范社区"等殊荣。

调查组于 10 月 23 日上午走访了汉中街老城区的兴隆社区。在靠近兴隆社区的道路两旁，我们看到栅栏上挂满了各种宣传牌，包括消防安全、环境卫生、疾病防范、打击邪教等多方面内容。走进兴隆社区办公场所，大门外的墙面上及里面的墙壁上也随处可见各种宣传单和宣传海报。调查组对工作人员说明了自己的来意后，一名中年男工作人员进行了接待，调查组对其进行了采访：

调查组：请问，你们社区的流动人口多吗？能否给出一个大概的数据？

工作人员：我们社区属于老城区，房租低，又和汉正街中心商业区靠得近，由于这些年的城镇化发展导致农村人员往城市流动，人员大增，汉正街的务工人员，包括农村到城市的务工人员到这里租住房屋的不少，流动人口肯定是多的。但具体的数据不好意思，我们没有上面的批准，不能给你们。

调查组：这些流动人口是否会主动到社区登记？你们社区一般采

用什么方式向流动人员宣传社区登记条例？

工作人员：一般来说，除非遇到要办驾驶证等需要居住证明的时候，他们一般不会主动到社区进行登记。由于这些流动人口流动性强，很难进行集中的宣传，我们社区一般只能一家一户巡查，就是进行上门宣传，但很多时候，有些住户不在家，上门宣传方式不太理想。

调查组：社区是否专门组织过宣传活动来加强对外来人口的宣传教育？主要宣传什么内容？是否有专门针对他们思想教育的宣传？

工作人员：社区的宣传活动是很多的，包括公告栏、宣传牌、小喇叭、宣传单……很多方式，同时，我们还组织消防安全演练和道德讲座等活动，但一般也不会专门对外来人口进行宣传。因为外来人口只要到了我们社区，只要登了记，那他就享受和城市居民一样的待遇，大家都是平等的、一样的，也不会去搞什么特殊化，要不然搞得好像你歧视他（外来人员）一样。但在宣传的过程中，我们一般会偏重对外来人员进行消防安全和环境卫生方面的宣传，因为不少外来人员都是来自农村，对安全和卫生方面的意识还是很薄弱的。但你说专门针对流动人口的思想教育宣传，很少。

调查组：在你们社区的流动人口中，你们对其中的党员人口有登记吗？是否针对这些流动党员有一些相应的组织管理？如在他们中设置一些临时党支部，以调动党员的积极性，发挥党员在流动人群中的模范作用？

工作人员：还没有针对流动人群中的党员进行专门登记管理，但对社区流动人员的登记中有是否是党员的信息条项。目前，在登记的流动人口中，党员的比例估计很少，但没有具体统计。所以，针对这些流动党员，没有对他们进行什么特殊管理，更没有设置一些临时党支部。

调查组：街道或上级部门是否有针对社区流动人员宣传工作的专项资金？在进行宣传活动时遇到了何种困难？如何应对？是否有效解决？有没有哪些困难觉得难以解决？原因是什么？

工作人员：肯定不会有什么专门针对外来人员宣传的专项资金，就看我们自己活动怎么分配资金了，钱够不够这个问题不好说，想把活动真正做好，那肯定是觉得钱不够用的。

进行宣传时主要的困难问题有两点：一是外来人员主要是外来经商人员，他们一心扑在生意上，早出晚归，一般人都很难碰到，谈什么宣传？二就是外来人员对我们工作宣传存在抵触心理，比如说外来人员的安全、卫生等方面的意识很薄弱，我们一再地告诉他们不要乱丢垃圾、乱拉电线，他们就是不听，我们也没有办法。

由于时间关系，兴隆社区工作人员只接受了调查组半小时采访。事后，调查组登录了武汉市硚口区汉中街兴隆社区网站，从网站资料和相关文件看，兴隆社区关于辖区内流动人口的思想宣传情况主要做了几个方面的工作。

一是开展了一些针对流动人口宣传的专题活动。如2013年社区配合卫计部门，认真开展以"暖在江城"为主题的流动人口计划生育服务宣传管理活动。认真落实《流动人口计划生育工作条例》《湖北省流动人口服务和管理条例》及《湖北省流动人口计划生育工作办法》，夯实基层基础，不断提升社区流动人口的计生思想认识水平。同时，社区还配合区政府和卫计部门积极推进流动人口公共卫生服务均等化，作为贯彻党的群众路线教育实践活动的着力点。

二是建立少数民族流动人口服务体系，确定少数民族流动人口实施方案。2013年，硚口区被确定为武汉市城市少数民族流动人口服务管理体系建设试点单位后，兴隆社区积极配合区民宗局建立少数民族人口信息资源系统、设立少数民族流动人口咨询服务窗口、开展民族团结进步宣传教育、开展少数民族权益保障工作、开展应急维稳工作、监督检查民族政策贯彻落实情况六项工作任务，明确了社区的职责分工，拟定了宣传动员、组建机构、组织培训、信息采集、检查验收五个工作步骤。

三是设置了一些针对社区人员的相关宣传志愿服务活动。如心理辅导、慰问探访、社区党群中心、社区党校和"如何转接党员关系"等服务。

四是建立了信息丰富的宣传服务网站。在兴隆社区网站上，可以查阅很多有关群众路线活动以及国家当前的一些大政方针政策的信息，武汉市和硚口区的有关主要政治与政策信息大部分也可获得。

调查组根据以上的采访内容和网站信息了解到，兴隆社区的宣传工作所涉及的内容比较丰富，包括计生、禁毒等多个部分，社区对流动人口宣传的重点主要还是在消防安全和环境卫生方面。但是，由于对流动人口的信息管理不够规范，甚至很多工作缺位，如对辖区内流动人口实施登记制度不到位，导致对流动人口的人数、年龄和学历等信息缺失，对流动人口中的党员人数没有查实，不能发挥党员在流动人口中的宣传示范作用。同时，由于流动人口对思想宣传工作的无视、抵触和不配合，社区的思想宣传教育工作存在困难。

（二）劳动社区

劳动社区位于汉正街 184 号，东与尚义社区相邻，西至唐家巷，南至沿河大道，北到长堤街，面积 10.7 万平方米，属地地道道的老城区。户籍数 3121 户，常住人口 7804 人。社区党支部成立于 2000 年 8 月，下设 5 个党小组，党员 215 人。近年来，社区党组织充分发挥社区党员的职业特长，引导社区党员围绕扶贫帮困、文娱活动、民事调解三个方面，主动为社区群众"解决一个小困难、调解一个小纠纷、处理一个小问题"，实现社区党员的自我价值和社会价值。

调查组在采访完兴隆社区后沿着老城区走，来到劳动社区进行采访。走进社区内，有醒目的坚持党的群众路线标语，公告栏内有一些关于计划生育的通知，但并未见到其他宣传展板。在说明来意后，一位中年女性接受了调查组简短的采访。

调查组：请问您所在社区内流动人口占总人口比例大吗？大概有多少人呢？近些年呈增长还是下降趋势？

工作人员：我们社区流动人口还是很多的，因为很多下面上来打工的人和汉正街经商的人，有三四千人。由于汉正街拆迁，近些年流动人口总数呈下降趋势。

调查组：请问社区是否及时对流动人口进行登记以便管理？

工作人员：有啊，经常会有人去巡逻，如果发现没登记的会劝其来登记，但主要是他们自己有办证需要的时候才会来主动登记，一般也很难碰到他们。

调查组：请问对流动人员是否有专门的宣传？主要有哪些内容？通过什么方式宣传？

工作人员：我们在多年的管理中发现，流动人员主要是在安全和卫生方面不太注意，比如会乱牵电线、煤气炉子乱放、乱扔垃圾等。所以我们的宣传主要是在这两方面，但是也不会专门对流动人员进行宣传，而是通过板报、宣传单和小喇叭进行宣传，如果在巡逻时发现有安全隐患，会上门进行劝导。街道内一年会举办两三次集体授课进行安全教育，也是针对全体居民的。

调查组：是否有针对流动人员的专项宣传资金和专门人员？在宣传过程中遇到什么困难？是否得以解决？宣传效果如何？

工作人员：我们并没有专项资金和专门工作人员，都是对所有的居民进行宣传。流动人口会不理解、抵触工作人员，并且很难见到他们，问题也没有办法解决。对于长期居住在社区内的流动居民宣传效果要比短期居住的好些，但也不是特别明显。

由于已到中午下班时间，所以对该社区工作人员只进行了几分钟简短的采访。事后，调查组登录了武汉市硚口区汉中街劳动社区网站，但是发现该网站基本处于闲置状态，各板块均显示暂无信息，所以并未得到辖区内关于流动人口的思想宣传情况。

调查组从以上的采访内容和网站信息了解到，劳动社区的宣传工作比较单一，主要在消防安全和环境卫生方面。与兴隆社区同样存在由于对流动人口的信息管理不够规范，甚至很多工作缺位，如对辖区内流动人口实施登记制度不到位，导致对流动人口的人数、年龄和学历等信息缺失的问题。并且从其官网的建设来看，劳动社区并不太重视宣传工作，同时，由于流动人口对思想宣传工作的无视、抵触和不配合，社区的思想宣传教育工作存在困难。

（三）竹牌社区

汉正街竹牌社区地处闻名遐迩的汉正街市场中心，东起利济南路，西至万安巷，南到汉水街，北抵汉正街，面积约 0.056 平方公里，有 27 个门栋、16 条街巷。辖区常住人口 1304 户、3360 人，房屋出租户 704 户，暂住人口 2180 人，社区直管党员 84 名。现在社区居民委员会已是第五届，社区工作人员 12 人（党员 4 人，本科 1 人、大专 7 人、高中 4 人），平均年龄 35 岁，社区居民委员会在社区党支部的领导下，下设社区党员群众服务中心、社区服务站、流动人口管理服务站、养老服务站、社区戒毒康复服务站、社区各类志愿者服务队等服务机构以及党员群众服务中心，为居民提供政策宣传、法制教育、社会事务、社区党务、困难救助、社区戒毒、老年服务等 30 余项服务。

23 日下午，调查组在采访完劳动社区后，来到汉正街中心的竹牌社区进行采访，由于竹牌社区和前文介绍的兴隆社区采访得知的宣传工作情况大致相同，对于采访细节不做赘述。同样，调查组事后登录了武汉市硚口区汉正街竹牌社区网站，从网站资料和相关文件看，竹牌社区关于辖区内流动人口的思想宣传情况主要做了以下几个方面的工作：

一是竹牌社区网上警务社建设较完善，有对社区内的警情进行每周通报和一些安全防范知识的宣传，还有对各种登记如外来务农入户等工作进行网上预约和办理板块，还可进行工作进度的查询，考虑了流动人口特性，便利外来人口办事，提高了工作效率。

二是设置了一些针对社区人员宣传志愿服务的活动。如为居民提供政策宣传、法制教育、社会事务、社区党务、困难救助、社区戒毒、老年服务等 30 余项服务。

三是从竹牌社区网站上对社区活动的记录可以看出，竹牌社区较多组织一些针对当前的大政方针、社会主义核心价值观等的学习，以及在大型节假日组织开展文娱活动较多，丰富了居民的精神生活。

四是建立了信息丰富的宣传服务网站。在竹牌社区网站上，可以查阅很多有关群众路线活动以及国家当前的一些大政方针政策的信息，武汉市和硚口区的有关主要政治与政策信息大部分也可获得。

结合对三个社区工作人员采访情况及对网上资料的整理，调查组进行了小结：

由于汉正街的拆迁，汉正街内社区流动人口整体呈现减少趋势，但数量仍不少；社区目前的宣传内容还是比较丰富的，包括群众路线、安全、环境卫生、计划生育、打击邪教、禁毒等内容。目前的宣传方式比较多样，主要通过黑板报、宣传栏、宣传单、小喇叭等方式进行宣传，偶尔会有义务消防队进行安全知识讲座、消防演习，巡逻人员在发现安全隐患时也会上门提醒。

但是，由于流动人口一旦进行登记就与本地居民一视同仁、享受一样的福利待遇，故一般没有专门针对流动人口进行的特别宣传活动和内容，工作人员一般只会根据实际情况在消防安全和环境卫生方面对流动人口侧重宣传。但总的来说，针对流动人口的专门宣传少之又少，更无宣传专项资金。

通过采访发现，社区工作人员一年落实到每家每户的宣传和流动人口的登记活动，一般一次到两次，鼓励动员流动人口进行居住登记，同时进行一些宣传工作。但通常，流动人口只有需要办理证明时才会主动到社区进行居住登记，这亦增大了社区对流动人口管理的难度。社区负责人普遍表示，由于流动人口多忙着经商与打工，对社区的宣传并不感兴趣，举办的活动也不愿意参加，所以管理存在不被理解、抵触的难题。

（四）汉正街办事处（市场管委会）

汉正街市场管委会位于汉正街街心 599 号，是区政府的派出机关，依照法律、法规、规章的授权和区政府的委托，行使相应的政府管理职能，主要职责有宏观管理街道经济工作、加强市场建设、加强社区建设、开展社区服务等。

调查组对工作人员表明来意后，一中年男性工作人员接待并接受了采访。

调查组：请问汉正街经营户大概有多少？流动人口占多大比例？如何进行管理？

工作人员：我们管委会主要是对汉正街市场方面进行管理，汉正街有 2 万多商户，大约 99% 来自外地，主要是江浙、天门、孝感、黄陂等地区，数量上非常庞大，近些年呈下降趋势。一般对居民的管理主要是以社区和物业为单位，派出所也设有流动人口专员进行管理。

调查组：请问在管理范围内是否有宗教信仰？他们平日是否会进行宣传活动？如何进行管理？

工作人员：辖区内宗教人士较少，主要是佛教和基督教，一般都是小范围内团里内部活动，不需要进行特殊管理。

调查组：对流动人口是否开展宣传工作？主要有哪些内容？通过哪些方式？

工作人员：我们管委会针对经营户的宣传管理主要在三大块：一是设有专业安保人员进行消防工作分季节的宣传；二是在文明卫生方面的宣传；三是社会主义核心价值观的宣传。主要宣传方式有在街道公告栏张贴通知、宣传展板，街道人流密集处拉横幅和电子显示屏进行滚动播放，以及广播播放等多种方式。对居民的宣传管理通过层层推进的方式，主要下放到社区和物业，他们会通过召集会议、宣传栏和上门等方式进行宣传。

调查组：对流动人口的宣传是否有专员和专项资金？

工作人员：这个肯定是有的。每个街道办事处都设有组宣科，有专门人员并且设有专项资金用于市场的管理和宣传，一般来说在重要节假日这些宣传活动较为密集。

调查组：对于流动人员的宣传管理上是否有障碍？效果如何？

工作人员：我们的管理障碍并不大，在日常生活中，宣传管理人员会在经营户闲暇时挨家挨户通过拉家常的形式进行直接面对面的宣传，对社区和物业的那边管理也不难，效果还不错。

（五）硚口区政府宣传部门

24 日上午，调查组前往硚口区政府宣传部进行走访，接受采访的年轻男性工作人员是宣传部门的主要负责人。但是，由于区政府宣传部门刚刚进行了人事调动，现任负责人接手工作时间较短，加之其接手工作的这段时间一直忙于建设文明城市的资料整理工作，故对具体有关流动人口的宣传工作还不是特别了解，采访效果不甚理想。但就我们简单交谈所获得的信息中了解到，宣传部并不负担我们传统意义上所理解的全方位宣传工作，它更多负责的是政策党规方面的宣传，并对其他各部门的宣传起一个总体的领导作用，从宏观上进行把握。不同的宣传内容一般都划分为各主管部门去主要负责，如计生主要归计生委方面去负责，由他们来与各基层部门取得联系，决定宣传的方案、内容。从某一方面来说，街道、社区分担了更多的宣传职能，有专门的服务、教育阵地（如消防知识讲座等），来进行更加细致的宣传工作，并会定期写材料和工作总结，向上进行工作汇报。但该工作人员给出的部分信息和我们在社区等基层单位了解到的不甚一致。宣传部根据汇报内容，认为宣传效果应该很好。因为汉正街是比较具有代表性的地区，流动人口数量大，工作人员很肯定地表示有专门针对汉正街的专项宣传，在宣传方面也会有专项资金（但具体内容并没有说出）。

事后，调查组在网上查询了硚口公安分局、硚口区政府、硚口区计生委对流动人口管理工作的相关信息，但是三个官网并没有找到专门针对本区流动人口的管理条例，只能查看到《湖北省流动人口服务和管理条例》和《湖北省流动人口计划生育管理实施办法》。在硚口区政府门户网站首页"街道动态"一栏，可以看到社区活动的记录，主要有消防安全宣传活动、社区文艺活动、社区专题讲座、社区义务体检等形式，针对所有社区居民，并无专门针对流动人口的宣传活动。在搜索栏里输入"流动人口"关键词时，在出现的相关新闻中发现针对流动人口的主要有计生的免费"三查"活动和对计划生育的宣传。同样在另两个官网上也并未查询到过多与流动人口相关的信息。在百度上搜索"硚口区"流动人口等关键字样时，出现一些零星活动的新闻，也多是社区开展的计划生育的相关宣传。所以，从网站上能得到的关于流动人口的信息十分少。

三　调查采访发现

调查组依据调查样本分析认为，社会流动密度强区域的相关宣传管理部门和社区对流动人口的宣传存在以下主要问题：

（1）对流动人口的思想教育宣传重视不够。无论是区政府的宣传部门，还是管委会、街道和社区，对本地区流动人口的情况不是很了解，更没有针对流动人口的专门宣传计划，特别是针对本地流动人口的特点制定的思想教育宣传活动更少。并且对流动人口的宣传没有投入专项资金，导致宣传力度小，重视不够。

（2）宣传形式多样，但没有注重宣传效果，没有抓住流动人口中党员、核心人物的影响力和示范作用。由于汉正街内流动人口多忙于挣钱，一般并不注重自己及社区的安全卫生、思想教育等方面情况，致使工作人员进行宣传时找不到人，或者其对工作人员的宣传存在抵触心理，不配合情况普遍，导致工作人员的宣传工作存在相当难度。无论是区政府的宣传部门，还是管委会、街道和社区，没有充分调动和发挥辖区内流动人口中的党员和较有社会地位人群的示范带头作用。

（3）流动人口的思想宣传工作缺乏硬性条例保护。面对社区内流动人口素质不一的情况，社区工作人员除了较传统的说教方法外，没有较为硬性的规章条例保障。如某一流动人口总是从窗户往外乱丢垃圾，工作人员再三提醒依旧不改。这就缺乏更加细致的法律法规或惩罚制度去协助基层工作人员对流动人员的宣传管理。从某一方面来说，如果能有更加细致和权威的硬性规定出台，基层宣传工作会有力得多。

（4）基层部门和相关上级部门存在沟通不到位情况。调查组在走访中发现，层次越高的管理部门与基层部门反映的情况差别就越大。如街委会和政府宣传部门都认为宣传工作中不存在太大障碍，但社区表现出的工作问题就很多。在专项资金的问题上，区政府宣传部门、街委会和社区也是各执一词。在对区政府领导的采访中，领导表示，政府宣传部门会从各基层部门上交的工作总结、汇报等了解其宣传工作进行状况。各单位的工作总结通常是"化了一个好看的妆"，领导不亲自深入基层了解情况，存在对基层宣传"不接地气"的情况。

（5）流动人口思想教育宣传工作说教多，方法落后，形式化严重。大部分流动人口将主要精力放在挣钱、养家糊口上，对思想教育宣传工作不感兴趣。而无论是区政府宣传部门还是管委会、街道和社区，都能在其网站上找到"群众路线实践活动""社会主义核心价值观""社会道德和社会公德""中国梦"等思想教育内容，但这些内容都是转发相关文件，或者各级领导讲话，针对流动人口的宣传方式比较少。

第四章　宣传思想工作对社会流动密度强区域的影响

　　政府和社区进行宣传思想工作，目的是向辖区内居民进行国家大政方针和地方政府相应政策的推广与普及工作。社会发展离不开社会流动，社会流动必然带来人口迁徙。再者，根据马克思主义相对静止和绝对运动的基本原理，相对于频繁迁徙的人口，地方政府和社区居委会可以看作固定不动的。现今社会的人口流动较为自由，人口流动的方向也大致呈现出由经济欠发达地区流向经济发达地区的趋势。越来越多的流动人口，进入一线城市、二线城市等一些经济较为发达地区，并在流入地区长期居住。这样，在一块相对静止的行政区域内（以社会流动密度强的区域尤为明显），居住人口呈现出原住民（亦可称之为本地人）与流动人口混居状态。更需注意的是，由于流动性强人群自身一些特点，其居住和生活往往呈现出一种群体聚居状态，人群分布较为集中。

　　在当前情况下，政府和基层社区对社会流动密度强区域人群进行较为有效的宣传思想工作，首要任务就是要弄清楚现阶段正在进行的宣传思想工作对这些社会流动人群产生了哪些有利影响。下一章节，将会详细阐述。

　　政府和基层社区采取的一系列宣传思想工作到底产生了怎样影响？为了得到问题答案，调查组采取了选点说明举例分析的办法。调查组通过对回收的有效调查问卷的统计与分析，发现了大致如下的几点趋势。

一　流动人口的政治意识

在提供的数据（表4—1）中，可清晰看到：每天定期关注国家及省市政府近期政策和信息的人数17.55%；偶尔关注的人数42.73%；发生重大事情才会关注的人数21.25%；但是，从总体上讲，有意识主动了解国家及省市政府近期颁布的政策、信息的人数超过了80%，说明现阶段流动人口的政治意识较强。

表4—1　　　流动人口关注国家及省市发布的政策、信息情况

选项	小计	比例
A. 每天定期关注	76	17.55%
B. 偶尔关注	185	42.73%
C. 发生重大事情才会关注	92	21.25%
D. 基本不会关注	80	18.48%
本题有效填写人次	433	

这些数据从侧面体现出，政府和基层社区对社会流动密度强的区域和人群的宣传思想工作是有相应成效的。当然，要切实地判断这些影响是否真的来自政府和基层社区的宣传思想工作，还要进行更为详细的分析。

（一）流动人口年龄分层与政治意识

从图4—1中可看出，流动人口年龄的大小与是否具有较强的政治意识，能否主动地了解国家及省市政府近期颁布的政策、信息关联性不强。基本可以排除由于流动人口年龄偏大而造成对其国家以及省市政府近期颁布政策了解的意向不强的问题。但是有一点值得注意的是，18岁以下的流动人口政治参与意向不强的问题比较普遍；18—45岁的流动人口因为闲暇时间不多等原因，比较偏向于偶尔关注或是发生重大事件才关注。

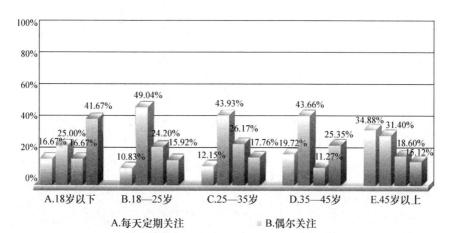

图4—1　流动人口各年龄段关注国家及省市发布的政策、信息情况

（二）流动人口的职业与政治意识

从表4—2可看出，流动人口的职业（或称为社会地位）与其是否具有较强的政治参与意识有关联，但关联性不强。在"每天定期关注"政策这一栏中，机关和事业单位的管理人员较其他职业人员的政治参与度高，产业工人（除去其他外）相较于其他职业人员在政治参与度上所占其职业的总人数比重最低；选择"偶尔关注"和"发生重大事情才会关注"两栏总人数比重较为平均，各职业区别不大；在"基本不会关注"这一选项栏中，虽然其他职业在这一选项中均有一定比例的人数选择，但其中占本职业比例较重的是"农民工"以及"产业工人"这两类职业。但是，由于这两类职业的特殊性——工作繁重且时间较长，这种政治参与度不高的情况的出现也实属偶然中的必然。

表4—2　　　　流动人口的职业与政治参与主动性情况

第11题：1. 请问您平时会有意识地了解国家及省市政府近期政策、信息吗？［单选题］					
	A. 每天定期关注	B. 偶尔关注	C. 发生重大事情才会关注	D. 基本不会关注	小计
A. 机关和事业单位管理人员	6（42.86%）	5（35.71%）	1（7.14%）	2（14.29%）	14

续表

	A. 每天定期关注	B. 偶尔关注	C. 发生重大事情才会关注	D. 基本不会关注	小计
B. 私营业主、个体户	26（20.80%）	54（43.20%）	23（18.40%）	22（17.60%）	125
C. 专业技术人员	15（28.85%）	21（40.38%）	13（25.00%）	3（5.77%）	52
D. 企业高中层管理人员	4（25.00%）	8（50.00%）	3（18.75%）	1（6.25%）	16
E. 商业服务业人员	7（10.77%）	31（47.69%）	17（26.15%）	10（15.38%）	65
F. 产业工人	2（5.26%）	15（39.47%）	11（28.95%）	10（26.32%）	38
G. 农民工	9（13.43%）	25（37.31%）	16（23.88%）	17（25.37%）	67
H. 无业	5（15.63%）	12（37.50%）	2（6.25%）	13（40.63%）	32
I. 其他	2（8.33%）	14（58.33%）	6（25.00%）	2（8.33%）	24

（三）教育背景与政治意识

从表4—3看出，流动人口的受教育程度对其政治参与的主动性有一定的影响。在"每天定期关注"选项栏中，大部分本科或以上学历的受调查对象选择了这一栏；而在"偶尔关注"与"发生重大事情才会关注"这两栏中各教育程度的受调查对象的选择比率基本相同；大部分初中或以下学历的受调查对象选择了"基本不会关注"这一选项栏。但是，由于受教育背景不一，受教育者的政治觉悟程度也会相应地出现不同。其实，在流动人口中，受过高等教育的人数往往比没有受过高等教育的人数要少得多。至于教育背景的差距，会给思想宣传工作带来什么样的危害？会造成宣传思想工作中的什么隐患？将会在接下来的章节里进行详细的叙述，本章暂时不会提及。

表4—3　　　　　　　　教育背景与政治参与主动性

第11题：1. 请问您平时会有意识地了解国家及省市政府近期政策、信息吗？[单选题]				
	A. 每天定期关注	B. 偶尔关注	C. 发生重大事情才会关注	D. 基本不会关注	小计
A. 小学	5（17.24%）	9（31.03%）	4（13.79%）	11（37.93%）	29

续表

	A. 每天定期关注	B. 偶尔关注	C. 发生重大事情才会关注	D. 基本不会关注	小计
B. 初中	14（11.67%）	48（40.00%）	27（22.50%）	31（25.83%）	120
C. 高中或中专	25（16.03%）	69（44.23%）	36（23.08%）	26（16.67%）	156
D. 大学或本科	25（23.36%）	49（45.79%）	23（21.50%）	10（9.35%）	107
E. 研究生以上	7（33.33%）	10（47.62%）	2（9.52%）	2（9.52%）	21

综合上述几种情况，以及在问卷调查的过程中受调查对象反馈的一些细节，基本上可以得出这样的结论：国家以及省市政府近期颁布的政策、信息，通过省市政府以及各基层社区进行宣传思想工作，对社会流动密度较强的区域和人群产生了一定的影响，即增强了区域内流动人口的政治参与意识、了解政策的意愿，区域内流动人口的主动关注政策的意识逐渐养成。

二 流动人口的参与意愿

从图4—2看出，对于政府或社区宣传活动了解的人数占调查统计总人数的51.74%，完全不了解政府或社区宣传活动的人数占参与调查统计总人数的48.27%，两者几乎各占领半壁江山。从一个侧面反映出政府或社区的宣传活动对于流动人口这个人群的推广方面存在某些问题。值得注意的是，这份表格反映了政府或社区的宣传活动对于民众，尤其是流动人口的吸引力。"愿意了解"的人数占总人数比例高达78.3%，这说明了政府或基层社区对于国家、政策的宣传思想工作在一定程度上已经引起了广大人民群众（特别是流动人口）的兴趣，只是在活动形式或是其他方面还要进行更好的完善来满足人民的要求。同样，这种现象是否是受到流动人口内部某些特殊因素影响而产生"虚假"现象呢？

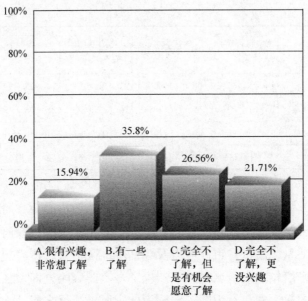

图4—2　流动人口思想宣传活动参与意愿情况

（一）居住时间与思想宣传活动参与意愿

从图4—3看出，流动人口在现居住地停留时间在"1个月以上1年以下"的人群与停留时间在"1年以上3年以下"的以及在"3年以上"的人群，在思想活动参与意愿上的差别不是很大，因而可以判断流动人口在流入地停留的时间长短对是否想参与流入地区域政府或社区的宣传思想活动的意愿的影响不大。在这里需要特别注明的一点是，在社会学范畴内，把流动人口在流入地的最低停留时间划为1个月，故在流入地居住不超过1个月的外来人口，不计入调查范围，因而不做分析。

（二）教育背景与宣传思想活动参与意愿

从表4—4看出，流动人口的受教育程度对政府或社区的宣传活动参与意愿有一定影响，但影响并不显著。有参与意愿的调查对象分别在其不同教育背景中占的比重逐层增多，拥有研究生以及以上的教育背景的受调查对象占总受调查对象比重最大。这和教育本身就具有促进人们参与政治生活有直接关系。因而可以弱化其在政府或基层社区宣传思想活动的影响中的推动作用，至于在其他部分中的作用，在接下来的章节中会进行详细论述。

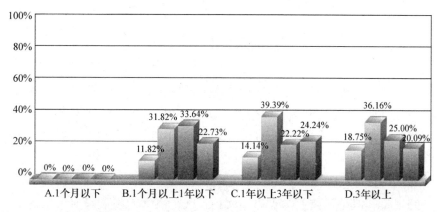

图4—3　居住时间与思想宣传活动参与意愿情况

表4—4　　　　　　　　教育背景与宣传思想活动参与意愿

第14题：4. 请问您对政府或社区的宣传活动是否感兴趣？［单选题］

	A. 很有兴趣，非常想了解	B. 有一些了解	C. 完全不了解，但是有机会愿意了解	D. 完全不了解，更没兴趣	小计
A. 小学	1（3.45%）	7（24.14%）	7（24.14%）	14（48.28%）	29
B. 初中	12（10.00%）	42（35.00%）	38（31.67%）	28（23.33%）	120
C. 高中或中专	31（19.87%）	57（36.54%）	33（21.15%）	35（22.44%）	156
D. 大学或本科	20（18.69%）	44（41.12%）	30（28.04%）	13（12.15%）	107
E. 研究生以上	5（23.81%）	5（23.81%）	7（33.33%）	4（19.05%）	21

　　综合上述几种情况，以及在问卷调查的过程中受调查对象反馈的一些细节，我们基本上可以得出如下结论：国家以及省市政府近期颁布的政策、信息，在通过省市政府以及各基层社区进行宣传思想工作后，对社会流动密度较强的区域和人群产生了一定的影响，即增强了区域内流动人口的思想宣传活动的参与意识，有助于其对国家以及省市政府的政策、信息的了解度的提高，推动政府政策、措施的有效施行。

三　流动人口的社会行为

请问您所在社区，下列哪项宣传工作最令您满意？在接受调查的流动人口中，接近50%受访者选择了"关于流动人口的安全卫生健康预防工作"，只有7.39%的受访者认为社区的宣传服务工作没有令其满意的方面。

当然，这仅仅是调查团队在这个社区调查时反映的基本情况，是一种现象。但是，按照马克思主义哲学观，事物的发展是有一定的规律可循的。再者，通过量的积累是可以反映事物的本质的。那么，我们在这里可以做出这样的推断，现阶段政府以及基层社区的宣传思想工作在一定程度上使流动人口的社会行为习惯更加规范化与习惯化了。

四　流动人口的主流价值观

请问在您流动过程中，您接受的宣传工作对你生活和思想带来了什么样的影响？从调查看政府及基层社区的宣传思想活动使得流动人口对主流价值观的认识和认可度得到了增强，对社会整体道德水平有了进一步的提升。从整体上看，认为自己接受的宣传思想工作对自己产生了有利影响的流动人员占了接受调查总人数的绝大部分。

这些数据从侧面反映出现阶段政府和基层社区施行的宣传思想工作已经在一定程度上深入民心，在老百姓的实际生活中留下痕迹。这些数据的出现，实际上是对党和国家现阶段的宣传思想工作的肯定。当代中国的社会主义建设，在精神层面上就是要建立社会主义核心价值体系。社会主义核心价值体系的建立，离不开人民群众对党和国家有一个清醒而又完整的认识，离不开人民群众人人都能拥有一个健全的价值体系。政府以及基层社区展开的一系列宣传思想工作，仅仅是跨出了建立社会主义核心价值体系的小小一步，取得的这些成果也仅是阶段性的、暂时性的。

综上所述，政府以及社区对社会流动密度强的地区和人群在现阶段主要产生了如下影响：增强了流动人口的政治意识，使其能够主动地关注国家以及省市政府近期发布的政策、信息；流动人口思想宣传活动参与意愿较强，对于政府或社区的宣传活动产生较大期待；政府以及基层社区现阶段进行的宣传思想工作使流动人口社会行为习惯更加规范化、习惯化；政府以及基层社区现阶段进行的宣传思想工作使流动人口对主流价值观的认识与认可得到增强。

　　诚然，就像马克思哲学中所阐释的那样，任何事物都是处在矛盾之中的，都是对立统一的。任何事物都是两面的，政府以及基层社区的宣传工作也同样如此，有成果亦有弊端。文化的传播与其他事物的传播一样，亦会遇到阻碍。在接下来的一个章节中，将会对社会流动密度强的区域人群接受宣传思想工作的漏洞及其原因进行详细的分析。

第五章 密度强区域社会流动宣传思想 工作存在的漏洞及其原因

一 社会流动宣传思想工作存在的漏洞

(一) 有效覆盖方式存在的漏洞

1. 政府对宣传工作的实际操作重视不够, 宣传方式存在不足

理想状态下的宣传模式是分工明确、协调有序的, 由党委组织统一领导, 宣传部门进行协调, 有关部门分工负责, 社会力量调动参与。各层部门分工明确、各司其职, 是一个层层相关的环节, 但目前相关部门仍然存在一些问题。流动人口为武汉市城市发展做出了巨大贡献, 虽然政府在思想上对其相关宣传工作十分重视, 但在实际操作中却存在一定程度上的疏忽, 没有完全系统地把流动人口的思想宣传工作纳入整体工作布局和区域经济发展的总体规划中去。

(1) 宣传活动数量不足, 主动性方式不够。

首先, 承办的宣传活动较少。据调查显示, 表示在流动人口所在的社区内"经常见到政府的宣传活动"的只占被调查人数的12.70%, 选择"很少或偶尔见到"的合计占到了69.74%, "从未见过"的也达到了17.55%。可见政府在宣传活动的频率上还有待加强。其次, 有关部门对其宣传活动的重视还停留在思想和理念上, 实际行动重视程度不够, 主动性、积极性欠缺, 主动提供的宣传活动数量明显不足。

(2) 宣传队伍组建不完善, 宣传工作流程不系统。

2012 年湖北省十一届人大常委会第 32 次会议通过了《湖北省流

动人口服务和管理条例》，其中就明确阐述了关于流动人口应享受的权益和服务，这些权益和服务的真正普及、落实还需要由相关部门具体承担，但目前看来落实情况也不容乐观。

人口服务管理条例中所述的权益和服务都需要宣传人员进行普及甚至是相关宣传人员的直接参与，如免费提供政策咨询和就业信息、就业指导和职业介绍、上门提供宣传服务等。上级政府对流动人口确实做了一定的宣传工作，但整个宣传工作流程需要宣传机制运行配合，整个政策、思想能否真正落实到位，更多的还是依赖于直接实施者，即基层宣传部门。所以宣传队伍的建设，尤其是基层宣传队伍的建设就显得尤为重要。在调查过程中，61.89%的流动人口表示从未见过政府相关部门下基层交流，主动提供政策咨询服务。即使有类似的上门宣传服务，也是人员稀少，缺乏组织和计划性。平均到每户居民身上只有一年一次甚至几年一次，使得实际效果大打折扣。

客观说，针对流动人口的宣传队伍尚未完全组建起来。"对流动人员的宣传工作尚处于空白期，无相关单位承担"已经成为目前城镇化流动人员的宣传工作中存在的最大漏洞。宣传队伍的完善，一是宣传人员的数量足够，二是宣传人员的态度和素质提高。针对流动人口，社区更应组建一支业务能力强、思想水平高的宣传队伍，针对流动人口所面临的问题和困境定期进行宣传工作，才能使得宣传效果达到最佳。

（3）被动宣传太多，互动性方式不强。

流动人员最能够接受的宣传形式更多地来自灵活方便的人际传播，具有一定双方互动的特征，如呼声最高的文体活动、网上交流、组织演讲、培训讲座等，类似于人际传播的活动形式都有着很大的需求空间。至于其他宣传模式如发放传单、张贴板报等，受众并不完全排斥此类沟通模式，但是对于此类完全被动的以某种媒介为载体而进行的单向的宣传模式的期待有所下降，更乐意接受直接、双向交流的宣传形式。而如今宣传工作中，互动性的交流渠道不多，能被受众接受并参与的形式渠道不多，因此受众接受宣传的积极性也会受到影响。

2. 没有充分利用大众媒体传播力、公信力、影响力解决流动人口实际问题

大众媒体具有传播力、公信力、影响力，应该是解决流动人口实际问题的较好平台。在宣传党的方针政策方面，大众传媒针对流动人口宣传内容常常更侧重于政府形象的塑造和政策取得的成就，如流动人口子女入学、购房政策等取得的成果，站在流动人口的角度解读政策思想的不多，对其利益诉求进行解释、精细化报道更是不多见。相关报道数量较少，解释性的语言缺乏成了很大问题。一方面这样的报道方式容易使政府的政策宣传不到位，另一方面也未能加强受众对政府政策的理解，严重时还会引起反感。在报道角度方面，虽不乏正面消息，但长时间以来，大众媒介以流动人口为主体的报道常以负面议题占大多数，流动人口常与犯罪、暴力等联系在一起，不利于流动人口的融合，严重时会出现隔膜甚至偏见。虽说目前不少媒体已经意识到对流动人口的相关报道的角度有转变的需要，但大众媒介对流动人口的宣传工作尚需进一步优化。

针对流动人口而言，大众媒介缺乏有效的表达渠道，很少有大众媒介定期开设流动人口相关专栏，针对性地列举流动人口关心关注的问题，或者进行以流动人口为主体的相关策划报道来表达他们的心声。在这一点上，媒体的承接作用需要不断完善，一方面要表达党和政府对流动人口的关怀与照顾，另一方面又要发布其关心、有用的信息，为抒发流动人员的心声开辟渠道。

3. 党员和先进个人在宣传思想工作有效覆盖过程中未发挥模范作用

在本次调查个案分析中，有流动党员表示自己作为一名党员，长时间没有人联系他定时交党费，对此他感到很迷茫，感到和党组织的关系弱化了。党员作为先进的代表，在宣传工作中正是需要其发挥模范带头作用的时候，但在实际生活中却存在流动党员长时间内找不到党组织，实际生活中逐渐脱离党组织的管理，感受不到党组织的关心和照顾的现象，这也是宣传工作中的一大漏洞——党员找不到党组织还何谈树立先进典范？对流动党员来说，一方面党组织应当是最有归属感的地方，对流动党员应该做到离乡不离党，打工不离党。另一方

面在宣传工作中应该在党性的引导下、在党组织的鼓励关心下起到先进带头作用。因此，流动人口的党建工作还要进一步加强。

虽然在平时宣传中，也不缺乏优秀党员和先进人物的实际报道与宣传，但缺乏接近性、缺乏可学性，显得大而空，同时存在重数量轻质量、成批树立典型的现象，时间一长，大大降低了典型在人们心目中的分量，实际影响力不大。同时典型的树立缺少基层范围的现实实例，基层先进党员和先进个人的带领作用没有很好地凸显出来。

（二）有效覆盖内容存在的漏洞

1. 围绕流动人口主流意识形态进行的宣传不足

（1）针对流动人口自身特点进行的"定制性"内容宣传较少。

流动人口趋于年轻化，高中或中专教育以下的人口占被调查人口的三分之二以上，特别是低学历人群的职业趋向以私营业主、商业服务业员工、农民工等较为辛苦忙碌的职业为主，平时忙于生计，对自己所接受的宣传情况无意识、不明确、不重视，很难主动积极地了解、参加宣传活动。加之自身价值判断力有限，同时又极易受到外界因素的影响干扰。这样的形式就决定了对流动人群的宣传工作丝毫不能放松。现如今的人口流动仍然主要是城乡二元体制下的流动模式，不仅是单纯作为外来者会存在诸多不适应，户籍等产生的差异也会使其面临诸多问题和限制。作为一种特殊群体，自然有着特殊的利益诉求。但是在调查过程中针对流动性人口开展的宣传活动较少，特别是针对流动人口特殊的流入、生活、定居、就业等诸如此类的实际生活环节展开的宣教活动更是少之又少，大部分社区没有结合流动人口聚集区的特点进行有针对性的宣传。社区为方便管理常常以社区为单位，把定居人口和流动人口的宣传完全统一化，流动人群在许多问题上和本地居民的诉求有着一定区别，但给他们的宣传内容却与本地居民一样。这使得流动人口在一些问题上感到茫然，对自身拥有的权益不清楚，遇到问题不知如何解决，也容易导致心理失衡而诱发社会矛盾。只有结合实际了解流动人口存在的问题，定制有针对性的宣传内容，才有宣传上的理想效果。

（2）国家重要政策和核心价值观层面的精神建设宣传停留在

"走形式"上。

对于流动人口的主流意识形态的宣传，意在通过必要的宣传提高受众的总体思想水平。不论是在充分理解党的方针政策层面，还是树立核心价值观、建立正确的信仰、增加生活的自信心等层面，都需要"接地气"的内容。目前，针对流动人口的思想教育、精神文明的提高和国家政策的解读以及核心价值观等较高层面的精神建设宣传，"走形式"的宣传严重。政府的宣传任务完成了，但老百姓接受了多少并不清楚。如核心价值观的宣传，调查社区都能把"二十四字"内容以板报和标语的形式张贴在社区显要位置，但围绕"二十四字"内容的深层报道很少，在日常生活中老百姓真正践行了多少核心价值观，核心价值观给他们的生活带来什么样的影响，当前的宣传内容并没有涉及。流动人口的微观生活和宏观思想方面都要两手抓，流动人口的核心价值观、思想水平的提高对我们的宣传内容提出了更高要求。

（3）针对一些缺乏归属感、游离在组织之外的党员的宣传内容严重不足。

许多流动人口自身的归属感不强，流动人员没有被很好地纳入各层组织中去，对流动人口的组织建设工作还存在缺失。如上文对流动党员党组织关系的典型个例分析。许多流动人群一旦离开了原有的工作生活环境，由于对接不顺畅等原因，很容易游离在各种组织之外，甚至逐渐脱离控制，很难接受到相关部门的思想宣传，严重时容易成为社会不安的隐形因素，这也是调查过程中发现的一类显著问题。因此加强针对流动人群党员宣传是流动人群宣传工作的重中之重，也是宣传工作需完善的一点。

（4）对政府以外的相关组织对流动人口的渗透性内容的矫正和控制不力。

调查显示，不仅存在一些与组织脱节的流动人群，还有相当一部分流动人群感到缺乏归属感和被边缘化，如果国家、政府没有及时将空缺部分覆盖，则容易引起其他势力的渗入。最具有代表性的是邪教组织的渗透，大多数人身边都存在宗教组织宣传的情况，其中不乏一些居心叵测的邪教组织利用人们的心理进行渗透，干扰社会正常运行。特别是面对价值判断弱、精神空虚、缺乏归属感的流动人群，外界的一些蛊惑更容易产生作用。在国家和政府传播主流价值观的过程中引发"噪声"，干扰传播效果。

2. 解决流动人口实际问题的相关宣传内容较少

在调查中，农村户籍的流动人口占到了 69.52%，比例较大，也体现了城镇化过程中人口流动的特征。对于中国目前的状况来讲城镇化的主体应该是中小城镇，但目前大多数农村人口却将大中型城市列为其首选目标。并且对于城镇化的概念和现象也未有太多认识，在流动过程中没有规划、没有方向，这也说明农村人口的转移具有相当大的盲目性，对城镇化的了解整体不足。在城镇化大背景下，在该方面对于流动人口的宣传内容尚待提高。作为城镇化的相关主体，农村地区人口特别是流入城市地区的农村人口更应了解国家相关的就业、税收、土地、教育产业转移等政策方针。在城镇化过程中思想宣传可以帮助农民做出理性决定。同时，农村人口要更好地融入城镇化大潮中去，不仅需要了解关于国家城镇化的相关含义和相关国家政策，更需要提高自身文化素质教育。而在实际调查中不仅显示对流动人口有关国家政策路线的宣传严重不足，而且在提高人口素质精神文明建设上也比较薄弱，不利于人口素质的提高以及城镇化过程中的人口融合。

3. 宣传内容没有真正深入流动人群中去，宣传的实效性不足

取得良好的宣传效果才是进行宣传活动的最终目的。宣传效果的大小也是我们评判宣传工作好坏的直观标准。虽然调查显示不少受众认为在他们明辨是非和把握大的趋势上宣传工作的确起到了一定的帮助作用，但还是有相当的流动人员认为当前所接受的宣传工作没有实际效果，有和没有一个样。这反映出我们当前的宣传工作离理想状态还有一段距离。因此要针对各个环节进行优化提升，宣传效果才会有相应的提高。就信息内容而言，宣传信息与受众需求不匹配。调查显示，现实生活中存在的不匹配现象主要体现在以下几点。

（1）宣传拘泥于形式，形式大于内容。

宣传过程中存在一些为了宣传而宣传的现象，有些部门在宣传过程中并未真正关心宣传内容的普及和宣传效果，只是为了完成任务，搞出形式，雷声大，雨点小。对有的宣传内容单一按文件指令生硬下

发宣传，只做到了宣传程序上的完成，却并没有做到内容上的普及。同时缺乏一定的评价监督反馈机制，使得一些干部在宣传工作中存在侥幸心理，做好做坏一个样，走形式、走过场严重。

（2）宣传工作围绕领导转的多，帮老百姓解决实际问题的少。

领导和老百姓都是思想宣传的重要对象。国家、省市等制定的一系列相关政策、方针，既要传达给各级领导，更要宣传给各基层百姓。在调查中发现有些宣传变了味道，有时过分强调上级领导对该工作的指导和反应，反而会进一步弱化信息本身，使得宣传的集中点由惠民政策变为对领导的形象宣传工作。宣传内容显得过于浮夸，脱离根基，缺少实用性。更多的是站在上级或媒介渠道的角度，而未能彻底理解民众的需求和立场。

（3）宣传内容与现实脱节，宣传工作中"虚"与"实"的关系不清。

很多地方搞不清宣传工作中"虚"与"实"的关系，党的理论、路线、方针等具有一定的抽象性，这是指导思想上的"虚"，但实际操作业务却要做"实"。而在实际宣传工作中许多内容更多停留在大的宣传标语、宣传口号的层面上，让老百姓感到内容大而虚，没有对实际生活产生指导意义，这就违背了我们进行宣传的初衷。流动人口实用的生活服务型、权益保障型信息才是宣传的重要方向。

二 社会流动宣传思想工作存在漏洞的原因

（一）政府宣传部门对流动人口宣传工作的不重视

1. 政府宣传政策的"执行链条"漫长，宣传效率低下

政府宣传政策的"执行链条"漫长由来已久，由此衍生出对流动人口的思想宣传效果起到负面影响。与民众生活息息相关的思想宣传工作，在一步步落实到具体的过程中，经历着漫长的执行链条。一个宣传政策从中央政府到基层社区，要经过各层各级。在宣传信息传递的过程中，宣传内容往往会因为种种利益与形式主义作风产生歪曲，等到传递至基层社区，不仅效率低下，宣传内容也大打折扣。举例而言，中央政府发布一个有关流动人口的惠民政策的宣传，首先要经过

各省，再到市，然后传递至区政府，之后在区委会、街道办事处、社区办公室等层层下发，等到为流动人员所知晓，已经历漫长的信息传递。在这个过程中，宣传内容难免存在被曲解、被误读的问题。

2. 宣传机构权责不分明

流动人口进入武汉市居住和经营，需缴纳多项管理费用——这是依法行政经费的重要来源。但目前在整个管理系统内部的利益分配上，存在收钱的不管事、管事的没有钱与头重脚轻的现象。公安、工商等各部门所获得的经费和所承担的任务也不成比例。尤其是基层单位，在政策宣传方面的工作量最大、任务最重、直接面对的人数众多，所得的经费却很少，有的甚至经费还不能完全到位。这既制约了宣传工作的开展，也影响基层的积极性。

在调查中，"流动人员的宣传工作处于空白、无相关单位承担"，以及"对流动人员的宣传工作形式大于内容"的两个选项的比例分别为28.18%和21.94%。这表明，被调查对象中的极大一部分认为政府思想宣传工作没有统一规划，工作无头绪，没有相关责任单位负责。同时，基层缺少一定的执法权，外来人口生活和居住的街道、乡镇下属的居委会、村委会对他们的生活、经营情况最为了解。但在流动人口的管理中，街乡一级基层组织并不是执法的主体，未被赋予或委托任何执法权，因而没有管理力度；而区级职能部门及下属单位，由于人员配备不足、情况了解不够、执法程序复杂等原因无力管理。现行的管理体制不能适应流动人口服务管理的需要。目前，虽然武汉市成立了市、区、街、社区流动人口领导小组并下设了管理办公室，但这些机构因涉及各部门派员参与共同管理的性质，没有形成单独的组织机构。这种机构是非常设性的协调机构，没有专门的人员编制，对有关职能部门的约束力不够、统筹协调力度小，不利于充分发挥各职能部门的管理资源优势。因此，在制定相关宣传政策时缺乏权威、协调统一和相互衔接，加大了对流动人口思想宣传管理的难度。

3. 宣传人员对流动人口的宣传工作认识不足、工作散漫，能力较差

当前宣传工作人员对流动人口的宣传工作认识不足，不能积极主

动研究工作，不愿积极主动地思考问题，影响了宣传效果。他们一方面缺乏自觉利用宣传手段进行形象投资、管理与塑造的意识，另一方面缺乏为公众服务的意识。更有甚者，将手中的权力滥用，严重损害了政府的威信与形象。不能有效倾听流动人群的声音，在宣传过后不能随时总结经验、吸取教训，迅速调整宣传工作思路，克服局限。甚至有的工作人员疏于职守，即使听到流动人口的情况反映，也难以做到传达，结果使针对流动人群的宣传停步不前。

4. 流动人口的宣传工作得不到有效反馈，宣传效果大打折扣

一是没有形成有效的针对流动人口的宣传工作的反馈机制。没有形成有效的宣传工作机制的结果就是没有办法保障宣传工作的效果。在调查过程中，有21.94%的受访对象表示对流动人员的宣传工作形式大于内容，有10.39%的受访对象认为当前对流动人员的宣传没有计划性，组织工作混乱。宣传机制主要存在以下几个问题：首先是没有把宣传工作纳入正常的工作范围之中，认为宣传是额外的工作。没有纳入日常的工作去考虑，就没有具体的计划安排，宣传工作中的经验教训、创新做法也得不到及时交流。其次是宣传工作人员没有得到有效的组织，形成队伍，针对流动人员的宣传过程中不能有效落实分配资源。最后是没有制度上的保障，造成了政府与社区宣传工作没有人愿意干，干的人积极性不高，工作热情不高，致使效果较差。

二是没有反馈网络。没有专门的信息反馈人员，使宣传信息的反映与民意的传递工作复杂且困难。缺乏服务的有效覆盖率，没有及时与流动人口交流与思想沟通，无法及时掌握思想状况，有针对性地进行引导工作。各社区管理人员对流动人口的走访调查力度不够，宣传人员不能掌握实情，宣传策略无法得到及时改进调整。

三是缺乏沟通渠道，无法保证信息传递的快速、高效、便捷，难以及时捕捉社区流动人口的相关动态。只有与宣传人员进行密切交流和良性互动才能提高工作效率，取得工作成果。由于与流动人员的交流方式缺乏创新，互动联系少，不能第一时间发布宣传思想信息动态，及时了解社区流动人员近况和需求，因而效果反馈大打折扣。

（二）基层社区对流动人口的宣传工作疲于应付

1. 基层社区的宣传方式有待创新

从社区宣传活动的形式来看，除板报宣传在受访人群中比较常见之外，其他形式如组织演讲、开展讨论、个别谈心等方式只有不到10%的普及率。社区组织并没有采取有效措施拓宽传播渠道，大多依然采用的是板报与杂志传单等最传统的形式。而针对流动人口最喜闻乐见和愿意接受的文体活动与培训教育却并没有得到普及和推广。调查中，针对宣传存在的最大漏洞，10.39%的受访人群选择了"宣传手段落后，吸引力不够，互动性差"这一选项。

首先，基层社区管理人员的有效宣传意识仍较淡薄，习惯为宣传而宣传，没有抓住针对流动人口的宣传特点。一味进行灌输式的宣传，完全没有知识性和趣味性，极难提高宣传效率。社区的思想宣传内容都是一些政策和规定之类的东西，要把这些大而空的东西落实到现实生活中，落实到具体人的头上，把大而空的东西变成生动的、形象的、鲜活的，就需要社区宣传工作选好角度，找准切入点，紧扣社会发展动向，抓住难点、热点、焦点等，以大家喜闻乐见的形式表现出来。

其次，我国现有的基层社区部门管理人员中，基本没有设专职的宣传岗位。流动人口的宣传工作一般都是附带的工作，是一种可有可无的应付性的工作。现在许多社区管理人员根本没有认识到宣传思想工作活动的重要性，更谈不上进行宣传形式上的创新。同时，创新宣传方式意味着资金经费的更多投入，大量社区与基层政府资金使用上捉襟见肘，即使有多余资金，很多社区也不希望用在无谓的宣传上，这也就造成许多社区的宣传内容水平较低，甚至难以及时更新，更不用说开展一系列文体活动、举办讲座等新的方式。

最后，基层社区在宣传方式中不注重结合宣传介质的特点，进行有针对性宣传。实际上，每个宣传方式都有自己的特点，如果不了解宣传活动形式的特点，宣传工作就没有针对性，成功率就比较低。如在板报上进行一些政策的宣传，在杂志传单上进行一些安全卫生健康预防宣传工作，而在网上及广播电视中提供一些相关的就业信息与流动子女教育信息，针对传播介质特性来扬长避短，宣传效果将会事半功倍。

2. 基层社区没有充分利用媒体参与流动人口的宣传

从社区看，其在宣传过程中大多采取的是行政手段，以命令、指示、发布文件等形式，传播内容一旦确立，便需立即遵照执行，上传下达，立竿见影，无法形成双向沟通模式，难以捕捉流动人口相关动态，及时进行相关的信息宣传调整。因此，这就需要新闻媒体进行有针对性的宣传。

借助新闻媒体进行的宣传思想工作才能达到最好效果。调查结果显示，受访人群在空闲时间选择看电视、玩电脑、使用手机、阅读报纸等接触媒体平台的比例高达51.27%，充分显示出被调查人群对当代新闻媒体的依赖性与重视性。然而，纵观社区的各项宣传活动，主动让媒体参与的宣传少之又少。即使媒体能够参与的关于流动人口的宣传，其宣传引导缺乏针对性，没有报道方案，没有宣传重点，没有计划性。严重影响宣传报道的高度、深度、广度，无法得到满意的宣传效果。

（三）流动人口对宣传工作的缺位和漠视

1. 流动人口参与相关思想宣传的机会较少

流动人口的规模不断扩大，并且在流入地长期定居意愿强烈，表明将会有更多的人流入城市，而且年轻的流动人口比上一代更渴望参与城市民主管理。① 这对政治参与提出更高的要求，也对政府宣传提出更高的要求。

然而，在日常宣传过程中，政府很少针对流动人口采取针对性强的宣传举措。在调查过程中我们发现，有28.18%的受访对象认为政府社区对流动人口的宣传工作处于空白，无相关单位承担。政府及社区开展思想宣传活动所面对的对象有许多，包括各行各业人员，所面对的公众结构十分复杂。政府不会因受宣传人群性质不同而进行有倾

---

① 参见任振宇《中国流动人口政治参与研究》，《人口研究》2012 年 8 月第 1 期，第 19 页。

向性的选择，也不会专门为流动人口开展相关的思想宣传。因此，流动人口在生活中很少遇到自己需要和感兴趣的思想宣传机会。

2. 流动人口的流动性大、素质水平低，对宣传工作漠视严重

流动人口所处行业经常具有流动作业的特点，流动人口的流动性、隐蔽性、复杂性带来了一系列管理问题。相当一部分人从业和居所变动频繁、无有效证件、无固定住所、无固定职业，宣传和管理的难度非常大。加之缺乏及时、准确的信息交流，缺乏有效的宣传方式，宣传思想工作很难达到预期效果。武汉市流动人口多为从附近省市过来的商人或农民工，在调查中，私营业主、农民工、商业服务业人员加起来占了总受访人数的近60%。他们每日忙碌在自己的生计之中，无暇接受思想宣传教育。

此外，流动人口中年龄小、学历低的人员占很大比重，宣传工作的效果不易达到。在调查中，来汉流动人口中，以18—25岁的人最多，学历大部分在高中水平及以下。低龄人群与低学历人群的知识结构较为薄弱，流动人口对国家方针政策及社区宣传工作的意识性差。再者，流动人口的居无定所、卫生、安全、子女教育、交通都成了问题，往往形成恶性循环，内心对宣传有着抵触心理。

3. 流动人口缺乏归属感，接受宣传兴趣不大

因为贫富不均、社会公平等原因，流动人口很难真正融入城市生活。在调查中，有18.71%的受访流动人员认为被政府和社会忽视，缺乏归属感。政府人员与基层社区管理人员服务意识不强，以被动式服务为主，缺乏特定针对流动人口的宣传和各项咨询工作，对流动人口与常住人口只是简单的"同宣传、同教育"，不能为流动人口提供相关的有针对性资讯信息，如就业、教育等问题。调查显示，有7.39%的人对社区各项宣传工作不满意，而流动人口普遍关注的权益保障、就业、子女教育等方面宣传满意度均很低，难以增强其社会归属感。在调查中我们看到，21.94%的受访流动人员认为当前最大困惑是缺乏对生活实际帮助的信息，对自己应有权益不清楚。

第六章 密度强区域社会流动宣传思想工作策略

一 社会流动宣传思想工作方式和途径

城镇化是现代化的必由之路,是解决农业、农村、农民问题的重要途径,是推动区域协调发展的有力支撑,是扩大内需和促进产业升级的重要抓手,但城镇化也带来了人口大量流动,并且人口的社会流动将成为社会常态存在。人口流动是我国转型时期发展的主要特征之一。具体而言,在推进工业化、市场化、城市化进程中,和区域发展不平衡紧密相关的人口流动,折射出中国区域分化的劳动力市场整合、区域分立的社会保障体系改革、区域分治的社会融合和城乡一体化的一些必然趋势与矛盾。这些矛盾促使流动人口纳入公共政策视野的呼声日益高涨。认识流动人口规模是改革流动人口服务不可缺少的内容,只有对流动人口状况有真实可靠的把握,才能制定出有针对性的公共政策,完善现代公共治理架构,多方位实行当前思想宣传工作的有效覆盖。①

(一) 以政府各级宣传部门工作为主导

我们现有的宣传思想工作在体制机制、思想观念和方法手段上还不能适应时代条件变化的要求,迫切需要改进和创新宣传的内容、形

---

① 参见韦艳《数字乱象或行政分工对中国流动人口多元统计口径的认识》,《人口研究》2013 年第 4 期,第 37 卷,第 9 页。

式、方法、手段和机制，增强宣传思想工作影响力。根据这一要求，不断探索宣传思想工作新的实现形式，更好地体现时代性、把握规律性、富于创造性，是摆在宣传思想战线和广大宣传思想工作者面前的重要而紧迫的课题。[①] 在中国城镇化日益加快的形势下，人口流动促进了城镇化进程，为城市的工业生产提供了大量劳动力，带动了城市建设和经济发展，与此同时，人口流动也不可避免地带来了一系列城市问题，如流动人口对政府信赖度低，无法实现社会融合，流动人口生活幸福指数不高，对时事和思想宣传的认知欠缺，等等。那么，针对调查显示中所总结的问题，我们的党和政府应该从以下三个方面入手，切实实行宣传思想工作的有效覆盖。

（1）将宣传思想工作的总路线作为宣传思想工作的旗帜。从上而下，制定宣传思想工作的总路线，建立健全各级宣传部门的有效机制，培养优秀合格的宣传工作者。将宣传思想工作的有效覆盖列入政府工作重点，政府宣传部门应以身作则，切实深入到群众中，充分了解城镇化过程中流动人口的生活生产实际，倾听流动人口的心声和需求，切实抓好上传下达，做到既关注流动人口的物质生活，更要关注流动人口的精神信仰。

（2）将中央指示与重要精神作为宣传思想工作的核心内容。政府的宣传部门应定时定期进行社会宣传工作，可采取一系列有效途径进行党的宣传思想的传播和普及，如政府可设立特定的宣传思想月，集中力度进行中央正确领导思想的宣传；每月设定不同思想主题，号召全民参与，全面贯彻学习宣传思想；开展宣传思想主题讲座或者讨论会，对当地居民和流动人口密切关注的现实问题进行探讨学习并引起政府注意；政府部门也可开展网络宣传工作，制作专门的思想宣传工作主页，方便网民浏览了解；建立健全群众信访机制等一系列方式和途径，实行宣传思想工作的覆盖。

（3）将社区作为宣传思想工作的主要阵地。社区的宣传工作者是与当地居民和流动人口关系最为密切的一个群体。社区的宣传工作者

[①] 参见陈世海《创新宣传思想工作的实现形式》，《思想政治工作》2005 年第 6 期，第 46 页。

应加强自身素质建设，兢兢业业落实政府的宣传思想工作。社区可每天进行宣传报纸的下发和阅读；社区宣传栏应及时定期更换；社区宣传者可进行每家每户的传单或者小册子宣传发放；社区宣传者可定时定期组织一系列文体活动，增强社区居民与流动人口的融合和了解；社区宣传者可与当地居民和流动人口建立良好的关系，切实关心关注他们的生产生活；社区宣传者要传播积极价值观、世界观、人生观，让流动人口树立信仰，加强对生活的幸福感传播等。

（二）以新闻媒体宣传为重要渠道

在推动城镇化进程和流动人口社会融合发展方面，应该承担责任的角色主要有四方：政府应根据环境条件的变化不断调整、制定相关政策，为城镇化建设和流动人口的社会融合提供政策保障，创造良好的政策和制度环境；在城镇化的大背景下，流入地民众在观念上应有更加包容的姿态；流动人口自身也要从多方面主动提高自身素养，积极融入当地；大众媒体在这个过程中应担当非常重要的角色，它既要准确及时地将政府的相关决策制度进行全面传播，又要关注流动人口，让流入地市民全面了解这个群体。① 新闻媒体应该从以下六个方面承担有关流动人口的思想宣传工作。

（1）我国各大媒体在流动人口这个议题上进行报道是符合新闻价值和社会价值的需要的，因此我们对此类议题的报道应更加全面化、精细化，将政府出台的有利于流动人口的政策及时全面地予以报道。在报道视角上，不仅要站在政府的视角报道出台哪些好的政策，还要站在流动人口和本地居民的角度报道这些政策给他们带来的影响以及在实施中存在的诸现象，从而让流动人员在阅读当地大众传媒信息中了解相关政策，表达自己的心声。

（2）在媒体的报道内容方面，我们也要仔细斟酌。媒体要从制度层面消除对流动群体的歧视，为流动人口的社会融入创造良好舆论环境；媒体主动营造有利于流动群体形象的话语空间，防止媒体

---

① 参见管艳霞《中山流动人口社会融合与大众传媒——以〈中山商报〉关于流动人口的报道为例》，《中国报业》2012年第24期，第87页。

在传播中产生群体间隔膜。诸如一些惠及流动人口休闲、健身、教育、就业等方面的做法，我们的媒体要大力报道，并且适当增加它的数量，规范它的报道形式，而不要仅仅只以消息形式简单报道，这类措施事件经媒体报道，一方面可以让流动群体知道有这样的惠民行动可以参与，另一方面也让流动群体感受到当地相关部门对他们的关注，增进他们对本地区的好感。同时我们要相对减少流动群体中的负面报道。负面报道会对人的心理会产生一些偏见影响，以至于造成部分本地人对流动人口的警惕，某种情况下会造成本地人与流动人群心理的隔膜与不信任，我们的媒体应起到积极引导作用，不应是矛盾的开发口。

（3）新闻媒体在报道中对流动群体的称呼应仔细斟酌，建议叫"新建设者"。"新建设者"的称呼只强调来当地的时间早晚，不关乎所在地理区域，有利于流动人口与当地的本土人群建立起紧密的联系。"建设"一词可以把它当作中性词，也可以把它当作褒义词，从该词语的情感色彩和接受程度来讲，更能让人产生愉悦感。外来务工人员、流动人员这些称呼虽然比较客观，但该群体读到这些称呼时心里总会有种被分类、被贬低的感觉，进而产生与本地人的心理距离。

（4）新闻媒体在负面报道中，针对一些杀人、抢劫、强奸、诈骗等新闻事件，记者要围绕哪些人、在哪些地方、做了什么违法犯罪的事情、事情的过程是怎样的、结果怎么样了、原因是什么等新闻写作的要素展开写作，但是应弱化或消除当事人户籍是哪里的信息。当事人的户籍与他所实施的违法犯罪行为没有必然的联系。媒体强化负面事件中当事人户籍信息，久而久之，使当地本土居民对该"外来者"有极强的防范心理，强化两个群体之间的隔阂。

（5）在新闻单元处理上，要为流动人口开辟专栏、专版或专刊。在这些新闻单元中，可以让流动人员成为创作的主体，或是评论，或是散文，或是诗歌，或是来信，或是创作的绘画作品等，让他们表达自己在当地生活、工作、居住期间所思所想，为当地经济社会稳步快速发展建言献策，并通过此举增强流动人口的信念信仰，让他们对生活持有一种积极向上的乐观态度。

（6）新闻媒体应发动公益性的策划和报道，关注当地流动人口中的贫困群体。针对流动人口中处于贫困线以下的人群，媒体不能坐视不管，应该充分发挥传声筒和舆论喉舌的作用，引导社会公众、政府相关部门关注他们、关爱他们，通过发挥媒体的舆论影响力，尽最大可能解决这类群体中出现的各种问题。

（三）以党员和个人的宣传为辅助方式

除政府及其各级宣传部门、新闻媒体的大力引导，流动人口中的党员和个人是实行宣传思想工作的有力推手。党员是宣传思想工作贯彻落实的排头兵。流动人口不乏来自全国各地的党员，他们作为群众个人，又作为党的先进分子，不仅与基层群众的生活密切相关，又与党和政府密切联系，应把宣传思想工作的覆盖与党员密切结合，强化党员的先进意识，提高党员关注宣传思想工作的积极性，从而有效带动身边的人民群众，将宣传思想工作全面推进，进行全方位的覆盖。党员在宣传工作中的具体要求如下：

（1）发动党员定期积极参加政府和党组织的相关会议与活动，认真学习党和政府的宣传思想，与身边的邻里互相学习传播，并作为群众的传声筒，关注民生，将流动人口所遇到的生产生活中的一系列问题反映给党和国家，提出建设性意见。

（2）调动党员通过各种渠道，如新闻媒体或者电视广播或者政府社区宣传工作者，积极了解党和政府宣传思想工作的政策与内容，监督政府工作，积极引导流动人口对国家政府宣传思想工作的支持和注意。

（3）发动党员联系身边流动人口，积极参与政府或者社区组织的各种问题活动，增强当地居民和流动人口之间的联系，建立起良好的社会关系，实现社会融合。

（4）党员树立正确的信仰，向流动人口传播积极的价值观、人生观、世界观，让流动人口有自己的追求，对生活充满信心。

（5）发动党员结合各大新闻媒体，积极反映流动人口的生产生活现状，通过投稿、建言献策等方式，加强社会各界对流动人口的关注和关爱。

二　社会流动宣传思想工作具体内容

在对流动人口的个人基本信息调查中，我们发现流动人口以18—45岁的男性青壮年居多，且受教育水平多是初中、高中或中专水平，缺乏高知识分子和技术人才，大多没有宗教信仰；流动人口职业多为私营个体户、工商业者或农民工，其他技术、高端知识分子少之又少，且大多来自农村，收入多为1000—3000元，可是他们的预期收入却希望达到3000元及以上。这些情况，我们可以用一句话总结：当地流动人口多为来自农村缺乏宗教信仰受教育水平和经济收入相对较低的私营个体户、工商业者或农民工。调查也发现，政府对社会流动密度强的区域和人群实行宣传思想工作覆盖出现了一系列漏洞。譬如流动人口基本上很少主动关注政府政策，流动人口所在社区宣传活动较少，社区工作人员很少拜访流动人群，流动人群缺乏宗教信仰，政府社区缺乏对流动人群精神的关注与建设，等等，这些都是当下城镇化进程中流动人口生活中暴露的最敏感问题。这些问题的存在不仅影响党和政府公信力影响力的建立与发展，阻碍政府政策的贯彻执行，更削弱了流动人口的幸福指数和积极态度。我们亟须从各个方面对该类问题进行切实解决，真正落实宣传思想工作的覆盖，建设流动人口的物质文明和精神文明，推动城镇化进程，加快流动人口和当地居民的社会融合，促进社会的和谐健康发展。

（一）狠抓流动人口文化建设，宣传内容围绕主流意识形态进行

在对流动人口的宣传思想工作中，我们要狠抓流动人口的文化建设，宣传内容围绕流动人口主流意识形态进行。这就要充分发挥宣传思想文化工作的思想引领作用、舆论推动作用、精神激励作用、文化支撑作用，不断开辟宣传思想文化工作新境界，为推动城镇化进程中流动区域经济社会发展，提前全面建成小康社会提供强大思想文化保证。这要求宣传思想文化部门胸怀大局、把握大势、着眼大事，做到因势而谋、应势而动、顺势而为，立足流动人口的实际，我们要用群众路线引领基层宣传思想文化工作，在面向基层、服务群众、满足人

民精神文化需求中开创工作新局面，为流动区域经济发展提供强大的
思想保证、不竭的精神动力、和谐的舆论环境和良好的文化条件。①

（1）重点推进流动区域的文化基础设施建设，满足流动人口基本
物质文化需求，通过文化建设负载意识形态宣传，潜移默化渗透意识
形态。因此我们要做到三个"坚持"，即：坚持以人为本、以民为
先，把群众需求作为宣传思想文化工作的第一信号；坚持眼光向下、
重心下移，推动宣传文化资源更多地向基层群众倾斜；坚持依靠群
众、服务群众，不断让广大人民群众共享文化改革发展成果。具体要
做到：我们的政府部门要不断完善流动区域文化设施的建设，建立文
化馆、文化站、文化广场、文化大院及文化活动室等形式多样的文化
活动阵地，形成遍布城乡的公共文化设施网络；在此基础上，要进一
步加快以基层社区为重点的文化设施建设，扎实推进社区文化信息资
源共享、社区书屋、社区电影放映等重大文化惠民工程，最大限度地
为流动人口就近享受文化生活创造条件；与此同时，政府要强化流动
人口的精神产品的创作，通过组织采风创作、走基层看社区等活动，
鼓励广大文艺工作者和文学爱好者走进基层流动区域，深入实践，以
此锻炼队伍，激发创作灵感和激情，以汇编流动区域文学作品为平
台，把流动人口的生活作为创作的主体内容，让流动人口成为作品的
创作主角，在满足和服务流动人口中引领流动人口，创作更多具有鲜
明流动人口风格、流动人口特色的文学作品。充分调动宣传文化系统
干部职工的积极性和主动性，为流动人口创造工作机会，增强流动人
口的社会存在感，使其亲身参与到文化建设的工作中来；在各个社区
文体协会组织中，多多吸纳流动人口中的文艺骨干和爱好者成立文艺
演出队，以及发动有条件的社区组建小剧团，着力培养一批基层群众
文化带头人，为流动区域文化建设提供人才保障；要开展流动人口喜
闻乐见的文化活动，以流动人口为主体，依托流动区域内广场、社区
文化大院及"文化活动入社区"工程，组织开展好广场舞、群众演
唱会等流动人口乐于参与、便于参与的文化惠民活动，通过政府搭

---

① 参见齐淑伟《关于如何做好基层宣传思想文化工作的思考》，《理论与实践》2013
年第12期，第54页。

台、群众唱戏的方式不断满足流动人口的精神文化需求；政府还要创新发展流动人口的文化品牌，采取外聘人才内挖潜力相结合，组织专家、文艺人才紧密结合流动人口家乡和现居住地特色的历史与民俗文化等资源，广泛开展"流动人口文化双沟通"活动，充分依托和发掘特色文化资源，积极建设具有时代特征、地方特色的文化体系；在图书馆、文化馆、体育场馆等流动区域内所有公共文化设施均实行免费开放，文化信息资源共享工程实现各大社区全覆盖，建成基层服务网点。政府只有不断扩大公共文化服务范围，提高公共文化服务能力，才能让流动人口尽享文化发展成果。

（2）在完善流动区域文化基础设施，利用文化潜移默化影响流动人口主流意识形态的前提下，政府、媒体以及党员个人要起到模范带头作用，打破陈旧模式的限制，运用多种手段和方式，依托文化思想平台，重点围绕流动人口主流意识形态进行宣传思想工作的有效覆盖。首先，应从政府高层的宣传工作者入手，提高政府各级党组织和工作人员的整体素质，树立良好的政治形象，通过他们的模范带头作用，有效推动主流意识形态宣传。政府工作人员坚决要用马克思主义理论武装自己，要不断培养理解和把握意识形态内容的实质与精髓的能力、将意识形态的理论语言转化为能被流动人口接受的语言能力、恰当选择传播载体的能力、掌握先进的科学技术和熟悉运用现代传播媒介的能力。除此之外，政府工作人员要发扬党的优良传统和作风，求真务实，杜绝腐败，党务公开，始终坚持以身示范，起到模范表率作用，真正为人民服务。只有领导干部以身作则，才能理直气壮地要求流动人口认同主流意识形态，也只有在领导干部的示范效应下，流动人口才可能信奉主流意识形态。其次，应从改变过去主流意识形态单一的强制的宣传方法入手，充分利用活泼的、生动的、老百姓喜闻乐见的宣传方式来宣传主流文化思想，比如改变传统生硬强制的语言方式，利用生动活泼、通俗形象具体的语言来进行流动人口的思想教育工作，切忌形式主义、教条主义；可以充分利用公共沟通理论指导我们政府的宣传思想工作，倾听广大流动人口的心声，了解流动人口的生活生产状况，针对流动人口的需求和问题进行宣传思想工作。最后，政府、媒体以及党员个人要维护和反映广大流动人口的利益，通过利益的实现和满足，增强意识形态的吸引力和凝聚力。

（二）洞察流动人口思想状况，宣传内容重在解决思想顾虑

调查中，我们不难发现，流动人口在流动过程中，在与当地居民的社会融合中存在一些普遍的思想顾虑。例如对现有收入不太满意，预期更高收入，但自身知识水平和技术能力有限，一直无法实现；期望政府部门的关注，却苦于无法实现与政府的有效沟通；对政府及其下级各层管理部门的政策工作有所不满和建言，却由于各种原因不敢发表言论；对新闻媒体以及部分当地居民的歧视行为，存在不满情绪等顾虑，这些顾虑严重地影响了流动人口的社会融合和政府部门工作的有效进行，导致了流动人口与政府部门缺乏联系，流动人口成了政府管理工作的一个盲区，对和谐社会的建设产生了负面影响，导致了流动人口和当地居民双方的矛盾与不幸福。因此，在不断满足流动人口物质文化需求的基础上，我们更应关心流动人口的思想精神状况，利用合理有效的宣传思想工作，解决流动人口的思想顾虑，营造流动人口的幸福生活，实现流动人口的社会融合。

（1）政府部门应该积极深入基层调查，充分了解民意，在实践的基础上做好理论政策的讨论和颁布。在进行宣传思想工作时，应将与流动人口切身利益相关的内容列入宣传思想工作的重点中来，例如在政府宣传的小册子或杂志或板报中，应加入政府在流动人口特别关注的劳动收入、孩子教育、医疗保险、住房条件、文体活动、公共卫生、党员或群众的权利、精神信仰追求等这些方面颁布的一些惠民政策，让流动人口切实了解到政府的务实做法，并根据政策更好地对生产生活做出一系列调整；政府部门应加重"入基层一对一上访""政务微博一对一答问""大型公开政策讲解和答疑"等活动，深入洞察流动人口的思想状况，了解流动人口的思想顾虑，倾听流动人口的生产生活需要和心声，切实为改善流动人口生活、提高流动人口幸福感服务，消除流动人口"有苦不能说"的思想顾虑，取得流动人口对当地政府的信任，让流动人口没有顾虑地实现和当地居民的社会融合，得到归属感和认同感。

（2）除了政府部门的一系列做法，新闻媒体肩上的重任不可推卸。媒体记者应秉承"铁肩担道义，妙笔著文章"的使命和原则，深入群众，关心民生疾苦，将流动人口的所需所求在新闻报道中如实反映出来。报道选题与内容应重点放在流动人口关心的政府惠民政策的出台，各大企业用人单位工作机会的增加，劳动收入的保障和工资增长政策，国家对农民工等流动人口劳动权益的保障，流动人口的子女教育政策的改革，医疗、住房等等一系列民生问题的解决，流动人口当中涌现出来的对社会、对国家、对个人具有重大意义的好人好事，流动人口当中在文学、商业、科学等方面有所建树的人物报道，流动人口与当地居民和睦相处的一系列的事件和现象等方面。反之要相应地减少对流动人口的负面报道，例如流动人口中的犯罪抢劫盗窃等一系列不利于流动人口的报道，媒体应做到公平、公正、公开，不应该对流动人口抱有歧视性的心态，在报道中更不应对流动人口进行话语攻击和侮辱，应充分尊重流动人口，保护流动人口的人格尊严和合法权益，利用新闻媒体的广大影响力和公信力，多多扶持和帮助生活在社会底层的流动人口，为流动人口谋利益、说实话、做实事，成为流动人口消除思想顾虑，敢于直言建言的有力平台和工具。

（3）流动人口当中的一些党员和个人作为中国共产党的先进分子，应起到带头作用，以身作则，敢于直面真理，切实联系群众，为流动人口的合法权益做斗争。这些党员和个人是流动人口当中的一分子，他们最能了解流动人口的思想状况和思想顾虑，可以真正做到密切联系群众，感同身受。我们的党员和个人应积极寻求各种合法渠道，经常上访流动人口，询问和了解流动人口的思想状况与顾虑，把切身体会到的流动人口的一些思想顾虑如实反映给政府各级部门或者新闻媒体，建言献策，把流动人口不敢说、无法说的问题反映出来。积极在促进流动人口生产生活和社会融合方面做功课，引起政府和媒体注意，促使其出台一些政策规定，对流动人口的生产生活有所改善，保障流动人口的合法权益，增加流动人口的幸福感和对政府、媒体的信任感，使其真正地解除思想顾虑，为流动人口的合法利益和社会的和谐发展贡献力量。

（三） 加强城镇化宣传，宣传内容着力增进流动人口对城镇化了解

城镇化是中国现代化的必然选择。改革开放以来，我国城镇化步伐不断加快，到 2009 年底，城镇化率已达到 46.6%，据有关部门预测，到 2030 年将达到 65%。经调查，我国流动人口在城镇化方面的思想状况呈现多元化态势，例如流动人口的转移愿望强烈，但富裕程度不够，不敢转移；对城镇化了解不足，转移目标偏向大城市，转移比较盲目；转移目的集中，为了子女教育和在城镇发展；文化素质较低，向城镇化转移较为困难等一系列思想状况。[①] 为了增强流动人口对城镇化的深入了解，政府、媒体和党员个人在进行宣传思想工作时，重点宣传内容应放在以下几个方面。

（1） 政府部门应将城镇化问题作为主导力量进行宣传，重点内容应放在对城镇化概念、城镇化历史和中国城镇化的发展及展望等方面。有关部门要尽快深入调查研究，制订科学规划，组织编写相关资料，运用各种喜闻乐见的形式，对广大流动人口进行城镇化相关政策、知识的宣传，让广大流动人口充分了解城镇化，激发向城镇转移的热情，科学选择向城镇转移的地域、时间和方法，防止我国在大规模城镇化过程中走弯路、受影响，确保我国城镇化快速健康发展。具体可利用传单、杂志、板报、标语等书面形式大面积在各个社区进行宣传学习，还有宣传工作者的上访慰问宣传学习，微博网络广播电视的公益片宣传，政府部门的答疑记者会或者讲座等方式，深入贯彻落实对城镇化的积极宣传，使流动人口了解城镇化进程中一些好的现象和事迹，认识到城镇化的重大意义，以及国家社会和公民在城镇化进程中所发生的变化，让流动人口对国家的城镇化充满信心，多元转移和流动，积极投入到城镇化的奋斗中来。

（2） 新闻媒体在城镇化问题上应发挥其公信力、传播力和影响力的巨大优势，积极报道城镇化进程的状况。开设专题连续报道城镇化的发展，并利用广播和电视将中国城镇化做成系列的专题片，在央视

---

① 参见黄灿《城镇化进程中农民的思想状况分析——基于河南省滑县瓦岗寨乡的调查》，《中共郑州市委党校学报》2011 年第 1 期，第 112 页。

或权威网站播放，也可专门采访报道城镇化地区多年来的发展变化以及对特殊群体的采访，通过人民，特别是流动人口的真实感受来提起各个地区流动人口的注意，并在宣传内容上加入城镇化对国家、社会以及公民，特别是流动人口所造成的重大影响，报道城镇化进程中人民生产生活的变化等内容，通过积极力量的宣传以及国家政府对城镇化进程中问题的解决来促进流动人口对城镇化的了解，促使流动人口不断加强自身的综合能力，树立信心，敢于流动，敢于随着城镇化的大潮流创造幸福生活。

（3）党员和个人应以身作则，积极带头通过对国家政策和新闻媒体的了解，积极学习和掌握城镇化的一些发展状况，并在基层辅导和促使流动人口顺应城镇化的潮流，拥有转移和流动的愿望并通过正确手段增强经济实力和文化素质，实现城镇化的多元转移和流动，让流动不再盲目和混乱，真正地实现社会和谐，创造幸福生活。

（4）加强流动人口宣传思想工作实效性，宣传内容做到"到流动人群中去"。当前，宣传思想工作及群众的思想认识呈现出多样化特点。人们信仰的多元化趋势日益明显，对宣传内容和方式的主观取舍能力明显增强，选择文化方式的差异性增强，网络已经成为主流媒体之一。针对以上特点，结合群众对宣传思想工作的新期待、新需求，做好宣传思想工作，加强基层宣传思想工作实效性，特别是加强流动人口宣传思想工作的时效性显得尤为重要。[1] 宣传内容则要注重做到"到流动人群中去"。"到流动人群中去"具体要求如下：

由于流动人口来自全国各地，他们在生活环境、思想认识、文化素质、经济状况、心理特征等方面各不相同，他们的认识能力、理解能力、接受能力、需求点也往往相差较大，这就要求宣传思想工作俯下身子、贴近群众、贴近生活，当好舆情民意的侦察兵，认真倾听不同群体、不同阶层群众的呼声，准确把握各类人群的需求脉搏，分析、了解他们当前在想什么、怨什么、盼什么，有什么困难和问题需要解决，对党和政府有哪些期望和建议，等等，根据调查了解的这些

---

① 参见行俊文《加强基层宣传思想工作的实效性》，《市场周刊（理论研究）》2013年第11期，第128页。

信息有针对性地开展工作，做到有的放矢，才能更富成效。因此，我们的政府、媒体以及党员个人的思想宣传工作要与维护流动人口的利益、与服务社会发展、与诚信体系建设紧密结合起来。到流动人群中去，就是要重点宣传流动人口密切关注的民生问题、衣食住行问题、精神教育问题、理想信仰问题，宣传思想内容不能只注重政策法规、科技知识与休闲娱乐，还要注重实际技能，如计算机、网络技术和金融经济知识等。宣传思想工作要把政治内容和知识性内容的传播有机结合起来，使流动人口在接受宣传渗透或在观赏品味的过程中，既能了解时下要闻提高思想觉悟，又能达到熏陶文化、增长知识和提高才干的效果，从而更好地服务社会发展。时下，流动人口对建设诚信体系的期盼十分迫切，因此，宣传思想工作要进一步加大诚信道德宣传力度，抨击道德缺失现象，倡导重承诺、讲信用、守合同的价值观和知荣辱、识美丑、明廉耻的荣辱观，要加强经常性、广泛性的社会公德宣传，唱响主旋律。在立足于流动人口根本利益的基础上，加强上层官员与下层民众的良性互动和沟通，真正做到"从群众中来，到群众中去"，让流动人口成为宣传思想工作的主导者，不再是被动接受者，这样换位思考，协调合作，宣传思想工作才能真正做到"到流动人群中去"，让广大流动人口主动接受党和政府的宣传思想，真正地实现宣传思想工作的有效覆盖。

三 社会流动宣传思想工作的策略

（一）"战略引宣传"策略

运用流动人口宣传思想教育工作"战略化"有效覆盖，就是要求宣传思想教育工作必须从宏观把握的高度上去发掘其意义。

在十八大会议上，被提出最多的词语之一是"战略"，比如"整体战略""战略选择""战略思想""战略基点""战略支撑"等。可见国家已经重视到了"战略引导发展"的重要性，那么在流动人口的思想宣传教育工作中，宣传者首先要树立战略性思维，着眼于解决"三农"和"坚持走中国特色新型工业化、信息化、城镇化、农业现代化道路"这样具体的微观问题，以增加种粮收益、向现代大农业生产方式转变、有偿转让制的土地经营、减少产品营销的中间过程和培养新兴技术化生产主体五个方向进行转型。

值得注意的是，并不是国家认为农民需要什么就给他们什么，而应该看农民到底需要什么再提供给他们。就拿之前的新农村建设为例，农忙时每家都要晒几十斤的谷子，这种情况，有独门独院的住房结构就很适合他们，而不是一味地追求城镇化给他们建一栋栋的商品房。

（二）"阵地守宣传"策略

筑牢流动人口宣传思想教育工作"阵地化"有效覆盖，就是要牢固社会主义思想、马克思主义思想的阵地宣传，在当今新时代媒体上抢占先机，运用得当的方法，将具体的宣传思想教育工作深入到基层，串联起基层民众与实际政策宣传者实施者之间的有机纽带。

无论在商品商业营销还是政府思想政策宣传中，实行"以阵地守宣传"的策略，一直是确保商品宣传和政府宣传思想教育深入民众的基础。

在社会经济高度发展的今日，由于不同群体的生活环境、思想认识、文化素质、经济状况、心理状况等各种特征的不同，不同层次的群众群体的认识能力、理解能力、接受能力和需求点也往往相差极大，而实现有机的"阵地化宣传"能够使得具体宣传工作的实施者在工作中自觉地为了工作去认真倾听不同群体、不同阶层群众的呼声，准确把握各类人群的需求脉搏，分析了解他们当前在想什么、需要什么，在做好思想宣传工作"阵地化"宣传的同时，也确保了思想工作宣传教育实施的成效性。

实现思想教育工作的"阵地化"宣传，是自然而然地让思想教育工作贴近民众，贴近基层，通过这样的有效宣传引导，能扎扎实实地确保宣传工作的传达，也能实实在在地为不同层次的群众群体谋取利益。

（三）"组织保宣传"策略

探索流动人口宣传思想教育工作"组织化"有效覆盖就是思想教

育宣传工作需要具体落实工作的宣传者形成有效的组织规模，开展一系列公益化的文体活动或者制造贴近生活的文化产品，来达成宣传思想工作的阶段性目的。

当今社会发展迅速，各种信息通过新媒体进入千家万户百姓心中，充分利用电视、报纸、网络等比较成熟的现代宣传媒介，是当下宣传工作开展的重要手段。而在具体的流动人口这一阶层中，我们通过调查问卷所得到的信息显示，这个阶层的群众强烈渴望着精神上的共鸣，而且期待着更多贴近生活的文化生活。而具有组织性的思想工作宣传者，正好可以因此完善"文化活动中心""文化活动室"等一批社区生活文化据点，宣传组织也可适当组建一批生命力强的群众宣传团体，在保证群众精神文化需求的同时，有效彰显其组织性，确保了宣传工作的有效展开。

爱群居、喜热闹是人的本性，群众对有组织性、可参与性强的精神文化活动始终抱着极大的参与热情，有组织的宣传队伍可以围绕群众价值观和兴趣开展喜闻乐见的文化生活，适应群众需求，确保宣传工作的落实，可谓一箭双雕之策。

（四）"人才推宣传"策略

流动人口宣传思想教育工作"人才化"有效覆盖要求在历史大潮中，突出宣传思想教育中的优秀个人或优秀独立群体的关键作用，去推动事物发展的策略。

在有中国特色社会主义路线的建设与发展浪潮中，社会群体在工作和生活中涌现出一大批先进的个人或者优秀的集体，在前文提出的由宣传组织开展的很多精神文化活动以及文化产品的宣传上，让群众感受这些先进个人或者优秀媒体在当代中国政治文化生活中的现实魅力，一直是我们的宣传工作人员开展宣传工作中重要的一部分，以人才推宣传，自然不仅仅是以少数人才引导宣传工作的开展，而更加具体的效果是，以人才推宣传，可以起到以身边典型引领先进典型的效果，而这也一直是我党思想政治教育、宣传群众、争取群众的重要桥梁。以人才争取人才，在宣传工作中深入挖掘典型事例的闪光点，让群众感到亲切、实际。

同时，在具体的宣传工作中，让群众感觉到榜样的力量，以及拥有生活学习目标之后，注重发挥宣传工作者中先进个人或集体的模范带头作用，适时发挥工作中的"鲶鱼效应"，这是可以带动整个宣传工作群体进步和发展的策略。

（五）"网络联宣传"策略

强化流动人口宣传思想教育工作"信息化"有效覆盖就是要求在新闻媒体高度发达迅捷的今天，宣传模式开展的载体不能局限于简单的传统媒体宣传上，而是要促进宣传工作中"信息化"的发展，实行以网络联宣传的宣传策略，符合这个时代的发展与科技进程。

在调查问卷中，接受调查的流动人口中，有极大比例的人群将业余时间放在了手机、电脑等现代媒体上，而以此为切入点，发挥当代多媒体平台信息量大、传播速度快、形象直观、形式活泼有趣的优势，在宣传思想工作的具体教育开展上，运用信息化教学的远程平台，促进公众对思想信息传播的接受性与学习性，在寓教于乐、速度快、信息量大的公众新媒体平台上，充分发挥新时代"思想政治教育宣传员"的作用，有效增强思想宣传工作开展的时效性和感染力。建立思想教育宣传网站，开发趣味性APP，开发有一定娱乐性的网页游戏，都可以促进在信息化时代下思想宣传工作的深入性和系统性。这些方法，都是有待实施、贴近民众的。

（六）"服务促宣传"策略

深化流动人口宣传思想教育工作"服务化"有效覆盖就是要求把社会的发展、群众的精神文明建设与个体思想意识的成熟性紧密联系起来，建立公民意识，让受众感觉到身为公民的权益和尊严。

所以，宣传思想工作应该与服务社会发展紧密结合，在调查中，很多参与调查的民众表示获得的宣传信息与现实生活是脱节的，很多宣传内容形式主义强烈，而具体内容却少之又少。思想宣传工作在具体开展时，不能只注重政法法规和国家政策的宣传，当前的宣传工作始终应该立足于广大民众的根本利益和根本需求上，开展寓教于乐的公众精神文化生活，服务社区的具体家庭和单元，通过这些积极有效的宣传引导，实实在在地替民众解决问题。以身作则、服务民众，让民众产生归属感与幸福感，这样的工作意义，大于任何形式上的宣传与口号。

取之于民，用之于民，民生工作要从了解民生开始。而以服务促宣传，就是一项需要宣传工作开展人员踏踏实实为民众服务具体事情，把宣传政策落到实处，让民众感受到幸福与安康，那么宣传的内容，自然深深烙印在百姓心里。

第二部分

长江中游区域文化发展与大众传媒

第七章　长江中游区域文化传播主导权原则

深化文化体制改革、加快文化发展是现代信息化条件下抢占文化传播主动权和主导权的迫切要求。当前，传媒要抓住文化体制改革契机，抢占先机，优化内部结构机制，把握文化传播主导权。文化传播主导权就是指能统领文化传播全局，并成为推动文化全面发展的支配力量。它反映的是文化发展在方向性上的把握，是对文化传播这一方面的统筹和引导。传媒作为大众传播工具，是大众寻求文化消费、了解文化信息、挖掘文化内涵的主阵地。传媒应用先进文化武装头脑，并成为建设先进文化的领路人，从而牢牢把握文化传播主导权。对传媒来说，把握文化传播的主导权主要是当好先进文化的建设者，当好先进文化的传播者，当好先进文化的实践者。在文化传播主导权的提出下，传媒应以积极的姿态把握住文化传播的主导权，从内容上把握文化的传播，从方向上统领文化的传播，从渠道上畅通文化的传播，从制度上推进文化的传播。

当前社会，文化发展越来越呈现出多样化的趋势，文化信息不断增多，各种文化鱼龙混杂。在这种背景下，各种非法出版物、淫秽色情文化垃圾、侵权盗版作品、非法报刊等不断地出现在公众的视野，混淆了公众的视听，造成社会不和谐、不稳定因素增多。随着文化体制改革进程的不断深化，提出文化传播主导权的概念，旨在促进文化的积极发展，有效地避开庸俗文化的传播。文化传播主导权是保证文化有规律传播的主要力量，是推动文化繁荣发展的落脚点，是引导文化市场有序竞争的有力举措。文化传播主导权能帮助人们树立文化发展的信心，能增强文化发展的凝聚力，能推动文化发展与时俱进，不断创新。

一　自觉性

传媒把握文化传播的自觉性就是要把握能力、责任、权利和利益的统一，自愿地为文化传播做贡献，把握文化方面的统筹发展。

从文化复兴的角度把握文化传播的自觉性。文化复兴是中华民族复兴的重要组成部分，是中华民族全面复兴的标志。作为中游城市的大武汉，传媒把握文化传播的自觉性就要意识到武汉区域文化复兴的重要性，因为武汉文化复兴直接关系到武汉城市综合实力，关系到其经济、政治等的持续发展。武汉城市群的全面复兴，需要以全国为参照系。只有当我们区域的文化发展达到全国领先水平，并能够形成全国人民所广泛认同的话语体系、价值理念、思维方式、人文科学、生活方式等的时候，才能够说我们真正实现了武汉的伟大复兴。

从国家发展战略高度把握文化传播的自觉性。一个国家、一个民族只有精神文化和经济、政治、社会等方面同步发展，才能真正实现繁荣昌盛。只有当我们整个文化体系具有现代性，具有领先性，能够吸引全世界的人民来学习，中国的现代化才可以说是真正的实现，国家才能实现跨越式的发展。所以，传媒把握文化传播的自觉性，应该把武汉放在国家战略高度考虑整个发展的时代性和未来性；考虑传媒在产业转型、文化软实力的提升、国际竞争等各方面如何更全面地发挥重要作用。

从人民群众的角度把握文化传播的自觉性。当前，我国经济在取得突飞猛进之时，文化发展显得慢几拍，跟不上形势的发展。这就要求国家自觉地在发展经济的同时，推动文化的发展，使人民群众既有物质生活的保障，又有精神生活的享受。所以，深化文化体制改革、加快文化发展是满足人民群众快速增长的精神文化需求的迫切要求。另外，随着经济社会的发展，人民群众多方面、多层次、多样化的精神文化需求越来越旺盛，实现和维护自身文化权益的意识日益高涨，追求自我文化表达、参与自主文化创造活动的愿望更加强烈。传媒把握文化传播的自觉性就要努力为人民群众提供自我表达、自觉传播文化的平台。

二　规律性

尊重规律的客观性要求我们必须以承认规律的客观性为前提：对于传媒而言，首先是要把握一切从实际出发的规律性，把握统筹全局的规律性。其次是要求我们在尊重规律的基础上充分发挥主观能动性，对于传媒而言，就是要把握内外因相结合的规律，以主动的姿态走出去，以开放的姿态引进来。最后要把握群众观点，充分发挥广大群众建言献策的积极性。

传媒把握大众文化传播一切从长江中游区域实际出发的规律性。真实性是新闻报道的第一要求。传媒把握文化传播的规律性首先要做到一切从实际出发，实事求是地报道新闻事件。当前，虚假新闻还是不间断地闯入公众视野，让社会公众对该媒体的权威性产生怀疑。可以说，虚假新闻是传媒界的致命伤害。如果说，传媒的新闻报道都有不可信因素，那么传媒的公信力则会大打折扣。传媒把握一切从实际出发的规律性，要求记者深入长江中游区域实践进行调查，不能捕风捉影、无中生有、以偏概全；要求编辑有严谨意识，严格把好关，不能"只图新颖不讲真实"。

传媒把握大众文化传播统筹全局的规律性。在信息繁杂的现代社会，传媒把握统筹全局的规律性，能最大化地实现新闻信息的有效传播。媒体把握统筹全局的规律性就是强调集合性、相关性、层次性、适应性、整体性和目的性，以系统论的方法，从整体上考虑各要素之间的联系，运用综合分析的方法，对整个系统各方面情况进行分析、研究、设计和管理，使系统的功能在一个有机的整体上充分显示出来。长江中游区域传媒把握统筹全局的规律性，就是要将事实信息全方位地呈现给本区域的受众，做到及时、有效、全面、系统、深刻。

传媒把握大众文化传播内外因相结合的规律性。马克思主义联系观点认为，内因是根据，外因是条件。这要求我们在办事过程中把握内外因结合的规律，通过内因把握事物的本质发展，借助外因促进事物发展。传媒把握内外因相结合的规律，就是要坚持"走出去"与

"引进来"相促进，提高媒介质量，拓宽媒介视野。传媒把握内外因相结合的规律性，就要不断提升自身的传媒品质，努力去区域外比较、接轨，以主动的姿态积极地"走出去"。同时，传媒也要学习长江中游区域外优秀的报道经验，引进先进的生产技术，创新区域内报道平台。只有双向互动，传媒活力才会放出永久光芒。

传媒把握大众文化传播到"群众中来，到群众中去"的规律性。马克思主义群众观点认为，人民群众是历史的创造者，是实践的推动者。这要求我们做到从群众中来，到群众中去，相信群众，依靠群众。传媒把握群众观点，就是要发动主观能动性，充分调动人们参与新闻报道的积极性，让长江中游区域内公众广泛地参与到社会言论中来。传媒把握公众观点，需要记者"走基层、转作风、改文风"，充分地表达民意，写出贴近民生的优秀作品；需要记者充分发挥引导作用，写出生动的典型人物报道；需要媒体根据群众的需要，设置贴近民生的节目，让人民的话语得到更广泛的传播。

三 服务性

服务是指为他人做事，并使他人从中受益的一种有偿或无偿的活动，不以实物形式而以提供劳动的形式满足他人某种特殊需要。传媒把握文化传播的服务性就是指传媒把握住文化传播的社会效益，为社会提供服务性产品或活动。

传媒把握文化传播的服务性，要坚持社会效益优先的原则。首先，传媒要以服务大众为目的，遵守社会效益优先原则。传媒作为公益性文化事业，是体现社会效益最集中的表现，所以把握文化传播的服务性是其必然趋势。在目前的文化体制改革中，传媒事业不断产业化。虽然传媒在逐步走向转企改制，要不断地提升效率，加快发展的步伐，推动经济效益的提升，但社会效益依旧是其坚持的优先原则，经济效益最终还是在为社会效益服务。其次，传媒作为公共话语平台，在把握社会效益时，要有社会责任感。传媒传播文化时必须遵循两个标准。第一个标准就是不能反主流价值，比如我们社会核心价值提倡和平、提倡和谐，如果去推崇暴力，就是违背社会效益。第二个标准就是文化传播在任何时候都不能对未成年人造成伤害，比如有些文化内容未成年人可以看，而有些只有成年人才可以看。如果我们要传播未成年不能接触的文化内容，就要针对未成年人能够接受的部分做一些改良。否则，传媒就没有把握好文化传播的服务性。

传媒把握文化传播的服务性，要加强区域内公共文化传播体系建设。传媒在深化文化体制改革中把握服务性，必须加强公共文化服务体系建设。政府坚持公益性、均等性、基本性、便民性的原则，按照政府主导、社会参与、群众共建共享的思路，为广大城乡群众提供看电视、听广播、读书看报、公共文化建设、参与大众文化活动等基本的公共文化服务。这方面的工作在长江中游区域主要是以重点文化惠民工程为源头，优先安排关系人民群众切身利益的文化建设项目，推进公共文化基础设施和公共服务建设，创新公共文化服务的运行机制，建立稳定的投入保障机制，优化基层公共文化的资源配置，加强公共文化设施的使用和管理。同时，传媒区域内传媒要正确处理区域内政府、市场和社会的关系，注重发挥市场和社会在公共文化服务供给当中的作用。加强公共文化传播体系建设（如报刊亭、意见栏、广场电视等）后，传媒能更好地通过传播渠道为本区域人民群众提供更多更丰富的传媒文化产品。另外，公共传播渠道也能为本区人民群众搭建更好的交流互动平台，从而使传媒能提升、充实、丰富自身的文化传播，更多地为当地老百姓提供特色服务和贡献。

四　创新性

创新是文化富有生机和活力的重要保证，文化发展的实质就在于创新。文化创新能推动社会实践的发展，能促进民族文化的繁荣。传媒把握文化传播的创新性就是要站在时代的高度看待文化的发展，站在社会发展的角度把握文化传播的路径。对于传媒而言，把握文化传播的创新性就是要把握自身文化的变革和内部文化体制的创新。

把握区域文化传播的创新性，要创新积累型文化的传播。积累型的文化，包括对区域内传统文化的过滤、改造与继承，对新文化的扬弃、吸收与弘扬。我国传统文化非常深厚，文化的发展与传承是日积月累的结果。在当代文化建设中，传媒要结合区域文化特色，与时俱进地进行继承和弘扬。传媒要认识到，创新并不是对传统的否定，而是在传统基础上的再创造。传媒把握文化传播的创新性，就必须认识传统文化，了解过去的发展，然后在以往的基础上不断地进行积累、创造和改革。

把握文化传播的创新性，要创新提升型文化的传播。提升型的文化，主要包括主旋律，包括公民文化素质、学术研究等。在政策的鼓励下，传媒一直在推动提升型文化的传播。当前，传媒要把握文化传播的创新性就要思考怎样把这种提升型的文化和大众文化进一步结合得更好；就要创新该类文化传播的形式，让这种主旋律真正成为老百姓喜闻乐见的文化旋律。

把握文化传播的创新性，要创新支撑型文化的传播。支撑型的文化，就是指支撑各种各样的行动和我们的生活方式等的文化，包括商业文化、企业文化、校园文化及各种社团文化等。其基本特征为：支持战略、理念先进、以人为本、创新进取、崇尚执行、推崇学习、注重和谐、团队共进。传媒要把握文化传播的创新性就要进一步去思考如何去创新其内容，提升文化产业的附加值，不断地为社会增加财富。只有重点创新支撑型文化，才能够不断提升国家的文化软实力。

把握文化传播的创新性，要创新需求型文化的传播。需求型的文化，主要包括能不断满足人们生活日益变化的文化需求的文化，即满足人们享受、娱乐、服务、求知、求美等的相关文化。随着我国物质生活水平的不断提高，人们对社会文化需求也不断增加。这种需求不仅是数量上的变化，更多的是质量和水平的变化。传媒作为一种文化产品，要把握文化传播的创新性就要满足公众文化基本权利和文化产业基本的娱乐需求。

把握文化传播的创新性，要创新品牌型文化的传播。长江中游区域有自己形成的品牌型文化，品牌型文化是指通过赋予品牌深刻而丰富的文化内涵，建立鲜明的品牌定位，并充分利用各种强有效的内外部传播途径形成消费者对品牌在精神上的高度认同，创造品牌信仰，最终形成强烈的品牌忠诚。拥有品牌忠诚就可以赢得顾客忠诚，赢得稳定的市场，大大增强企业的竞争能力，为品牌战略的成功实施提供强有力的保障。长江中游区域有自己的特色文化或典型文化代表，传播把握文化传播的创新性就要不断打造有核心竞争力的文化品牌形象。只要这样，才能够在创新机制中不断推进文化的改革、发展和繁荣。

五　竞争性

竞争是指市场主体为了追求自身利益而力图胜过其他市场主体的行为和过程。传媒把握文化传播的竞争性，就是要通过提高核心竞争力在文化市场上占据一定的位置。这是传媒行业不断走向市场化的必然趋势，也是活跃传媒内部机制、增强传媒传播效能、丰富传媒文化产品的要求。

传媒把握文化传播竞争性，要进行企业化市场运作。传媒要进行企业化市场运作，首先实行宣传和经营相对分开，把经营性业务和资产剥离。传媒要把握好与市场接轨的契机，通过自身的企业化运作，提高传媒产品生产效率，节约社会生产成本，实现社会效益的最大化。

传媒把握长江中游区域文化传播的竞争性，要提高长江中游区域内传媒核心竞争力。波特提出的五力竞争模型认为，行业中存在决定竞争规模和程度的五种力量，这五种力量综合起来影响着产业的吸引力。该模型中涉及的五种力量包括：新的竞争对手入侵，替代品的威胁，买方议价能力，卖方议价能力以及现存竞争者之间的竞争。决定企业盈利能力首要的和根本的因素是产业的吸引力。可以说，该模型是企业制定竞争战略时经常利用的战略分析工具。传媒提高长江中游区文化传播的核心竞争力可以通过一系列成本领先战略、差异化战略和转移化战略的运用，提高传媒行业的盈利能力。此外，推动传媒与现代科技融合也是加强文化传播能力建设的重要途径。传媒要推动科技与文化融合，必须大力开发和运用数字化、网络性技术，运用高新技术手段，增强传媒文化产品的表现力和影响力，提高文化建设装备水平和科技含量，加快构建覆盖广泛、技术先进的文化传播体系。

传媒把握文化传播的竞争性，要建立起现代文化市场体系。文化传播的竞争性不包含文化市场的恶性竞争。恶性竞争只能导致社会效益的缺失,危害行业的正常发展。传媒把握文化传播的竞争性,就是要倡导形成统一开放、竞争有序的现代文化市场体系。这要求传媒充分发挥文化中介机构的作用,引导行业组织履行协调、监督、维权、服务等职能,推动以企业为主体的文化走出去,推动长江区域文化产品和服务进入国家的核心发展区域。

第八章　文化体制改革与区域
文化思想道德传播

中国共产党第十七届六中全会胜利召开，深化文化体制改革成为继经济体制、政治体制改革之后中国又一重要改革之举。在深化"文化体制改革、推动社会主义文化大发展大繁荣"的新的历史使命下，电视传媒必将迎来文化大发展大繁荣的新阶段，电视文化产品必将成为文化领域最生动、最活跃的内容，而全国电视上星综合频道因其特殊的传播属性、传播影响力和权威性必将成为文化传播领域的重要风向标，成为全国文化产业发展的精神文明重要窗口，其思想道德建设也必将成为社会主义文化大发展大繁荣的重要内容。广电总局下发的《关于进一步加强电视上星综合频道节目管理的意见》文件规定：全国每个电视上星综合频道要至少开办一个弘扬中华民族传统美德和社会主义核心价值体系的思想道德建设栏目。这正是电视传媒积极落实文化体制改革、推动社会主义文化大发展大繁荣的重要举措。为此，本章针对"电视上星综合频道开办思想道德建设栏目"的规定提出了几点思考。

一　区域化文化思想道德建设栏目的必要性

（一）把握电视传媒的政治属性，开办区域化思想道德建设栏目，是社会主义文化事业和产业大发展大繁荣的必然要求

在不同性质的社会，大众媒介政治属性的表现不相同。资本主义社会大众媒介的政治属性表现为资本控制下的"社会公器"；而社会主义国家则表现为党性原则支配下的舆论工具和"灵魂工程师"。政治属性决定了大众媒介的政治功能。有极强政治属性的电视传媒,其政治属性主要体现的是社会公众利益、决定传媒的政治方向和社会价值。处于特定社会控制体系中的电视传媒担负着社会控制的职能。西方传媒普遍认同的"第四种权力"以及我国的"耳目喉舌"理论,无非都是强调媒介与政治的密切联系,因为任何社会的主要问题都在于维护秩序和加强凝聚力,其中尤为重要的是保持价值体系即意识形态的一致和完整。所以我国电视传媒的政治属性主要体现为鲜明的党性原则、核心的价值体系、良好的社会秩序和强大的社会凝聚力。思想道德建设是社会主义文化事业和产业大发展大繁荣的重要内容,是社会主义文化事业和产业大发展大繁荣的核心基础。只有思想道德建设达到先进的水平,社会的核心价值体系才能形成,文化体制改革才能进一步深化,先进的文化才能达到大发展、大繁荣。而电视传媒开办思想道德建设栏目正是为思想道德建设搭建的一个快速公共文化服务平台,为社会主义文化事业和产业大发展大繁荣做出的一个重要举措,也是社会主义文化事业和产业大发展大繁荣的必然要求。

(二)把握电视传媒的社会属性,开办思想道德建设栏目,是全面提高全民族思想道德素质的必然要求

拉斯韦尔在 1949 年指出传媒三大社会属性:监视社会环境、整合社会力量和传承社会遗产。

监视社会环境就是传媒通过信息传播及时发现社会新问题和新趋势,起到瞭望哨的作用。当今世界正处在大发展、大变革、大调整时期,文化在综合国力竞争中的地位和作用更加凸显,维护国家文化安全任务更加艰巨和紧迫。在现阶段,中国正处于深刻的社会转型和体制变革的过程之中,因而其社会必然存在许多风险,包括道德风险。从社会风险的观点来看,在现阶段,中国道德风险已进入一个高风险和多危机的时期。在这个阶段,中国的社会道德风险呈现出量大、面广、度深的"风险并发症"形式。近几年主要表现在:(1)由社会公德、职业道德、家庭美德、个人品德缺失所引发的新闻事件在数量上激增;(2)由社会公德、职业道德、家庭美德、个人品德缺失所引发的社会道德危机事件在影响上扩大;(3)由社会公德、职业道德、家庭美德、个人品德缺失所触发的社会矛盾对整个社会、整个国家的道德建设和主流价值观建设所造成的伤害在程度上加深。而电视传媒开办思想道德建设栏目正是监视社会道德环境的新问题和新趋势的有力举措，正是化解社会道德风险危机的高效良方。

整合社会力量是指传媒通过传播信息把有分工合作的社会各组织协调和组织起来，充分发挥各组织的资源和力量，最高效地解决社会新问题和把握社会新趋势。当前我国正处于社会转型时期，各种道德矛盾凸显，表现在内容、层次和领域各方面，且十分复杂和多样，仅靠传媒本身或某单一力量是无法解决的，必须发动整个社会力量才能有效地化解各类道德矛盾。电视传媒开办思想道德建设栏目正是利用电视传媒这种快速高效整合社会力量的能力。同时电视传媒开办思想道德建设栏目也非常有利于社会道德风险危机的预防。电视传媒的传播市场广，受众群体大，传播速度快，有利于各类社会道德风险危机的疏通和预防，特别是能广泛发动乡、镇、村、社区等基层组织的力量。

传承社会遗产，是指传媒不断的信息传播活动可以在多个时代之间实现优秀文化传承，使下一代的人能够传承上一代人的优秀传统，从而使社会生生不息。中国各个时期都有自己的道德观念和道德精神，有的成了中华民族传统道德文化中的一份沉甸甸的遗产。电视传媒开办思想道德建设栏目的目的在于加强对民族传统文化和地方特色文化的拯救与传承。电视传媒可以通过媒体的议程设置，突出民族文化和地方特色文化在传播中的分量。首先电视传媒对中国传统道德文化的物质遗存、生活方式存留、精神观念存留与民族文化建设的传播要有长期与近期的规划。其次，电视传媒要保证民族文化和地方特色文化信息在大众传媒活动中的质量和份额。民族文化内容可通过进入主流媒体、强势媒体等方式，在电视传媒的黄金时段唱主角。最后，电视传媒应当建立起积极开放的道德发展观念，将道德冲击转化为道德变革的动力，把握住对本民族道德发展与认同的话语权和主导权，从而真正参与创造一个丰富多样、平等繁荣的全球文化对话与交流的平台。只有这样，传媒才能真正意义上继承整个社会的优秀遗产，全面提高全民族思想道德素质。

（三）把握电视传媒的文化属性，开办思想道德建设栏目，是全面推进"文化强国"伟大工程的必然要求

当代中国进入全面建设小康社会的关键时期和深化改革开放、加快转变经济发展方式的攻坚时期，文化越来越成为民族凝聚力和创造力的重要源泉，越来越成为综合国力竞争的重要因素，越来越成为经济社会发展的重要支撑，丰富精神文化生活越来越成为我国人民的热切愿望。十七届六中全会提出"文化强国"的方针，旨在促进文化的积极发展，培养高度的文化自觉和文化自信，提高全民族文明素质，增强国家文化软实力。同时，"文化强国"方针的实施必须有大众文化的参与，而大众文化主要是在大众传媒的引导下发生、发展和变化的，没有大众传媒也就没有大众文化，也就没有"文化强国"的实现。因为大众文化必须通过大众传播和普及才能形成文化，而电视传播媒介是传播大众文化最合适的渠道。思想道德建设能帮助人们树立文化发展的信心，能增强文化发展的凝聚力，能推动文化发展与时俱进，不断创新。因此，电视传媒开办思想道德建设栏目，是保证文化有规律传播的主要力量，是推动文化繁荣发展的落脚点，是引导文化市场有序竞争的有力举措，也是全面推进"文化强国"伟大工程的必然要求。

二　区域化文化思想道德建设栏目的挑战与机遇

十七届六中全会要求我们全面分析当前形势和任务，科学判断国际国内形势，强调必须增强忧患意识和风险意识，着力解决经济社会发展中的突出矛盾和问题，有效防范各种潜在风险，努力实现经济社会发展预期目标。我国思想道德领域存在六大挑战：（1）政治腐败可能引发政治信念动摇的挑战；（2）社会腐败可能引发社会观念错乱的挑战；（3）马克思主义边缘化可能引发思想信仰危机的挑战；（4）荣辱观错位可能引发道德缺失的挑战；（5）吏治导向错误可能引发从政道德变异的挑战；（6）传统思维的两极化可能引发思维极端性的挑战。因此，在改革开放的历史进程中，我们传媒必须主动应

对思想道德领域的一系列重大挑战，牢牢地掌握思想道德领域的舆论权、话语主动权和主导权，这样才能在思想道德建设领域以更加积极的姿态把握住思想道德领域传播的主导权，从内容上把握思想道德的传播，从方向上统领思想道德的传播，从渠道上畅通思想道德的传播，从制度上推进思想道德的传播。与此同时，我国电视传媒开办思想道德建设栏目也面临重大发展机遇。

（一）历史机遇：思想道德建设硕果累累，公民思想道德素质明显提升

2001 年《公民道德建设实施纲要》颁布，10 多年来，我国思想道德建设取得了丰硕成果；党的十六大以来，在党中央高度重视下，在各级党政部门的全力推动下，全国公民道德建设发展成就十分显著：道德模范事迹引领社会风尚；青少年道德教育成为教育新途径；乡村文化舞台成为提升广大农村人口文明素质平台。总之，思想道德建设激发了整个社会各阶层投身道德建设的热情，思想道德建设成为社会主流文化建设的重要内容，为我国电视传媒开办思想道德建设栏目带来了历史机遇。

（二）现实机遇：文化建设提升到前所未有的高度，文化、政治、经济建设成为社会发展的"三驾马车"

文化是民族凝聚力和创造力的重要源泉，是综合国力竞争的重要因素，是经济社会发展的重要支撑。党中央高度重视文化建设，党的十七届三中全会提出对繁荣发展农村文化的总要求：坚持用社会主义先进文化占领农村阵地，满足农民日益增长的精神文化需求，提高农民思想道德素质。党的十七大会议指出要推动社会主义文化大发展大繁荣，兴起社会主义文化建设新高潮。重点建设社会主义核心价值体系，增强社会主义意识形态的吸引力和凝聚力；建设和谐文化，培育文明风尚；弘扬中华文化，建设中华民族共有精神家园；推进文化创新，增强文化发展活力，让人民共享文化发展成果。党的十七届六中全会是自 2007 年十七大以来首次将"文化命题"作为中央全会的议题；也是继 1996 年十四届六中全会讨论思想道德和文化建设问题之后，决策层再一次集中探讨文化课题。全会提出了深化文化体制改革、推动社会主义文化大发展大繁荣若干重大问题，并提出了"文化强国"的奋斗目标，文化建设包括思想道德建设迎来了前所未有的现实发展机遇。

（三）政策机遇：文化体制改革全面启动，思想道德建设成为传媒发展硬指标

党的十七届六中全会审议通过了《中共中央关于深化文化体制改革、推动社会主义文化大发展大繁荣若干重大问题的决定》，并对推进文化改革发展做出了部署，强调要推进社会主义核心价值体系建设、巩固全党全国各族人民团结奋斗的共同思想道德基础。该决定提出，要推进公民道德建设工程，开展道德领域突出问题专项教育和治理，把诚信建设摆在突出位置，为思想道德建设的全面开展提供了政策支持。同时，广电总局下发了对全国上星卫视的相关节目管理文件，主要是针对当前群众反映强烈的部分上星频道电视节目过度娱乐化、格调低俗、形态雷同等倾向而制订的一整套管理措施，其中明确规定各电视上星综合频道至少要开办一个弘扬中华民族传统美德和社会主义核心价值体系的思想道德建设栏目。为电视传媒思想道德建设栏目的开展做了政策上的硬性规定，也为思想道德建设栏目更好繁荣提供了政策支持和公共资源上的政策保障。

（四）市场机遇：坚持文化社会和经济效益统一，用发展眼光看待受众文化消费需求，不断满足受众日益增长的多层次文化消费需求

进入"十二五"时期，随着全面小康社会目标的实现，人民群众精神文化消费需求必将进入旺盛增长时期。人们不断增长的需求将会进一步影响到文化消费结构、文化消费方式和文化消费主题等方面。人民群众的精神文化消费正由底层次逐步向多样化、高层次转变，由单纯的休闲娱乐向休闲娱乐和求知、求用、求美并重转变，人们既要有轻松休闲的文化娱乐软节目减缓生活压力，也要思想道德建设硬栏目来陶冶情操，因此，传媒要把握大众文化消费需求的多元化的市场趋势。

三　区域化文化思想道德建设栏目的基本内容

　　首先，要明确电视传媒开办思想道德建设栏目的核心。在这中间，电视传媒必须明白两个问题。第一，为什么国家要把开办思想道德建设栏目的重任交给电视上星综合频道？第二，思想道德建设的核心是什么？关于第一个问题，有两层意思。其一，上星电视传媒既有权威性、影响力，又方便快捷，其优势是网络和纸质媒体无法达到的；其二，上星综合频道的属性定位为新闻频道，注重的是社会公益性，社会效益第一。第二个问题，思想道德建设的核心就是树立以人为本的核心理念。以人为本是现代思想道德的价值理想和思维要点。现代思想道德的逻辑支点的核心是不断提升人自身建设水准。现代人的自我尊严、自我价值不再需要外来肯定，而需要人的自我认同、自我体验、自我实践。现代思想道德教育要高度关注人的自由、幸福、尊严、终极价值，用现代人的精神培养现代人，用全面发展的视野培养全面发展的人。它体现的是人文关怀和道德情感。现代思想道德教育要求用真理的力量、人格的力量、道德的力量、情感的力量，将外在规范要求内化为思想品格。用和谐理念指引人生，用和谐思维认识世界，用和谐方式处理问题，培养乐观、豁达、宽容的精神，培育自尊自信、理性平和、健康向上的心态。

　　其次，要明确电视传媒开办思想道德建设栏目的基本内容。开办思想道德建设栏目的基本内容是围绕核心展开的。社会主义思想道德建设，要解决的是整个民族的精神支柱和精神动力问题。思想道德建设决定着精神文明建设的性质，是精神文明建设的根本。社会主义思想道德建设主要包含思想建设和道德建设两个方面的内容。社会主义思想建设的主要内容：第一，加强马克思主义理论教育，用马列主义、毛泽东思想、邓小平理论和"三个代表"重要思想以及科学发展观武装全党和教育广大干部与群众；第二，教育人民树立社会主义和共产主义的理想；第三，开展爱国主义教育；第四，进行艰苦创业精神的教育。社会主义道德建设的主要内容：第一，社会主义道德建设的核心，是树立和培养为人民服务的思想；第二，社会主义道德建设的基本原则是集体主义；第三，社会主义道德建设的基本要求是爱祖国、爱人民、爱劳动、爱科学、爱社会主义；第四，加强社会公德、职业道德、家庭美德教育，是社会主义道德建设的重要内容。

最后，要明确电视传媒开办思想道德建设栏目的方向。十七届六中全会指出，社会主义核心价值体系是兴国之魂，是社会主义先进文化的精髓，决定着中国特色社会主义发展方向。必须把社会主义核心价值体系融入国民教育、精神文明建设和党的建设全过程，坚持用社会主义核心价值体系引领社会思潮，在全党全社会形成统一指导思想、共同理想信念、强大精神力量、基本道德规范。要坚持马克思主义指导地位，坚定中国特色社会主义共同理想，弘扬以爱国主义为核心的民族精神和以改革创新为核心的时代精神，树立和践行社会主义荣辱观。弘扬中华民族传统美德和体现与时俱进要求的新道德规范相结合，以推动文化大发展大繁荣为目标，以促进经济社会更好更快发展为目的，进一步营造科学发展、赶超发展的浓厚思想道德氛围。

第九章　城市广电与长江中游区域文化优势传播

当前，信息技术迅猛发展、社会改革不断深化，我国城市广播电视在四级办广播电视的格局中，面临中央、省级广电媒体和县级广电媒体的上下挤压，越来越处于尴尬地位。随着文化体制改革的呼声越来越强，城市广播电视抓住该历史机遇，发挥本地城市的区域文化优势，有利于突破当前的发展"瓶颈"。那么，城市广播电视应如何发挥城市区域文化的优势呢？本章从多学科交叉角度对该命题进行探讨。

一　城市区域文化的优势分析

区域文化是人文地理学上的概念，它是描述某一地区与地理位置相关的文化特征。通常情况下，地理环境和自然条件不同会导致历史文化的背景差异，而这种背景差异正好促成了区域相对稳定的文化特性。"区域文化对生活在其中的人有着深层的约定，人对生存在其中的文化有着一定的积淀和传承，彰显地域文化特色：传统观念、生活方式、行为特点、历史变迁、时代风尚等。"[①] 城市区域文化是某地区在城市化发展过程中积淀下来的文化特征表现。城市文化飘散在城市的街头巷尾，在电视荧幕、空中电波、黑纸白字间传递，经过人们的口耳相传，逐渐成为人们脑海中独特的地理文化景观。城市广播电

---

① 高震：《地方电视媒体对区域文化的传承与构建——兼论〈家住西安〉的本土化策略》，《声屏世界》2004 年第 2 期，第 15 页。

视具备声音要素或画面要素，对城市文化的构建发挥着重要的作用。

（一）区域文化的典型性

典型性是区域文化所表现出来的具有代表性意义事物的特征。每个城市都有具备代表性意义的文化符号。当这一符号出现在人们记忆中，人们就会不自觉地联想起该城市的整体风貌，这就是区域文化典型性的具体体现。例如，一提起"黄鹤楼"，人们就不自觉地想起武汉，进而想起武汉这座城市的整体风貌，接着与武汉相关的"东湖""长江大桥"等事物便涌现在脑海里了。这里，"黄鹤楼"无疑就是武汉这一城市区域文化符号的典型代表。

（二）区域文化的独特性

独特性是区域文化所表现出来与众不同的个性风格。不同城市有不同发展模式和演变历史，从而有不同个性特征。相对而言，这种独特性是某个地区人物性格特点的标志。一想到某个地区，就能认识到该地区文化的特点及文化繁衍下人的普遍性格特点。例如，长江中游湖南的"辣"文化和湖北人喜欢吃"辣"的特点、江西的书院文化和江西人"吸纳百川"的特点、湖北的红色文化和湖北人历史知识深厚的特点等。这些文化和区域人物特点就是区域文化个性化的表现。

（三）区域文化的地缘性

地缘性是区域文化所表现出来的与地理位置和地理环境相联系的特征。不同的城市因空间地理位置不同，会繁衍出地域气息的文化。对于区域内的人们来说，区域文化的地缘性能使人产生亲切感，一提到具体的地理方向标就会激动、兴奋。例如，西安作为中国的古都，也作为西北地区的重要地域代表，其厚重的历史文化气息可以通过当地的兵马俑、大雁塔、古城墙等古建筑群表现出来；作为江南城市的代表，苏州典雅清新的文化气息可以通过拙政园、虎丘山、寒山寺等表现出来。这些文化地理方向标是区域文化地缘性的体现。

（四）区域文化的集中性

集中性是区域文化在传播方式上所反映出来的相对聚合的特征。这种相对聚合性体现在人口集中、建筑成群、思想观念大体一致、价值观认同趋于一致等。对于区域内的人们而言，这种文化的集中性被认为是理所当然的，是易于接受的。例如，广州市形成的开放、竞争、追求财富的核心价值观，这是被市区人们普遍认可的文化。这种核心价值观正是区域文化集中性的体现。

（五）区域文化的历史性

历史性是区域文化在时间纵向上的发展积淀所表现出来的具有厚重感和时代感的特征。中华文明有五千年历史，可以说，一般城市都具备深厚的历史文化底蕴。区域文化的历史性具有明显的延续性、传承性和创新性的特征。例如，儒家文化经过上千年的传承在山东曲阜的孔庙、孔林、孔府等历史遗迹中具体呈现。这里，儒家文化就是曲阜城市文化历史性体现。

二　城市广电把握长江中游区域文化优势的路径

"我国电视台在与央视和众多省级卫视频道的竞争中处于明显的弱势，要想赢得收视率，也必须办出特色和个性，贴近本地受众。而真正的贴近性是通过文化身份的自我确认获得的，也是借助代表地方文化的视觉符号完成的。"[①] 可以说，区域文化优势是城市广播电视发展的重点方向，是其实现本土化传播、增强核心竞争力的关键所在。所以，城市广播电视要发展，就得从城市区域文化上做文章，充分发挥区域文化优势。结合学科理论和区域文化优势，城市广播电视可以从以下几个方面把握：

---

① 李佩菊：《常州电视传媒与城市文化建设》，《江苏技术师范学院学报》（职教通讯）2009 年第 11 期，第 24 页。

（一）从包装上突显区域文化精髓

符号学原理指出，符号的意义本质上是人为的构建。"符号一旦被人们赋予了意义，并经过普遍认同和约定，便进入信息的传播系统。"① 因为符号是最原始、最简单的信息传播方式，所以符号在信息传播方面速度较快。它能够在短时间内形成较强的视觉冲击力，提高人们对信息的认知度和记忆度。城市广播电视运用符号的传播，能实现传播目的的直接化、传播内容的精髓化和传播对象的针对化。

对于广播电视的包装来说，要能运用符号学原理，构建出吸引受众的听视觉系统。城市广播电视把握符号信息的构建观，就是要善于选择城市区域文化精髓作为其形象标志。首先，通过对当地景观特色、人文风貌、历史遗迹等的筛选和组合，找到文化的典型性标志。其次，结合城市广播电视台的传播理念，通过精良的制作和包装，确定城市广播电视的片头。最后，通过醒目片头的宣传，受众不仅能了解当地的城市文化，而且能加深对城市广播电台的传媒形象文化内涵的好评度。

湖北电视台"火凤凰"蕴含着极深的楚文化内涵和地域特征，形象地勾画出湖北历史文化的含义。楚人崇火、拜日、尚赤、尊凤，凤纹虽不起源于楚，却与楚民族始祖火神（祝融）融为一体，成为楚人崇拜的图腾。湖北电视台以凤凰为象形，标志并敷以骄阳似火的橘红色调，进而凝聚为"火凤凰"，有着深邃的历史文化内涵。新台标"火凤凰"以极其鲜明、富有动感的线条和红黄渐变的色调，展示出冲天而起"火凤凰"的生动形象，其简洁、流畅的两笔代表"电视"英文缩写 TV，寓意流经湖北的长江和汉水。"火凤凰"有着积极向上的精神指向，极度简化的"火凤凰"崛起而飞，冲天而起，寓意一种积极向上、奋力拼搏的精神，也象征着有史以来湖北人自强不息、积极进取的精神。通过简介的台标展示，湖北电视台表现出城市地域的典型文化特征，不仅增加了台标内容的厚度，有利于提升媒介的品质，而且扩大了文化的影响力，有利于长江中游区域典型文化的传播。

---

① 余志鸿：《传播符号学》，上海交通大学出版社 2007 年版，第 21 页。

（二）从个性上表现区域文化特色

媒介性格原理认为，"媒介性格是媒介个体对其所在传播环境、社会的态度及其相对应的传播方式、传播行为中所表现出来的稳定而有核心意义的特征。它的形成需要一段时间的演化，产生于外部环境的塑造与其互动。主要表现在对新闻事件的选取和策划、报道角度、报道风格、报道语言和情感表达等方面"。[①]

城市广播电视要把握好"媒介性格"的特点，对城市新闻、消息资讯、娱乐活动、教育服务等信息进行特色化的报道，重点要表现出符合城市区域文化特色的内容。一方面，要善于打造媒体的风格特色。首先，要打造一批具有个性的主持人、记者或评论员。因为他们是广播电视产品的制造者和传播者，是广播电视产品的一部分，还是品牌风格的主要体现者。他们的个性就代表着媒体的个性风格。其次，要善于策划特色节目如城市纪实节目，构建城市区域文化个性化景观。最后，在基于人和节目的风格把握上，树立相对稳定的传播风格，便于确定区域城市的风格。因为一旦变动，形成多样化，就不容易形成独有的个性。另一方面，要把握住区域城市市民的口味。城市媒体的风格要充分符合地方特色，不能违背当地居民的价值认同。"一方水土养一方人"，不同城市区域有着不同的人文个性。城市广播电视只有把握住当地人的喜好，在准确定位的前提下形成自己的特色，才会有更大的发展空间。

长沙电视台在风格的选取上把握住了区域文化个性化的特色。该市电视台表现出的媒介性格具有十分鲜明的特性，同时与长沙人的文化心理结合得较密切。长沙市处于长江中游地区，当地人们对娱乐极为关注。在此基础上，长沙市电视台将娱乐节目做成品牌，数目多并且质量好，还表现出长沙市人勇于创新和积极争先的性格。

（三）从地缘上紧抓区域文化认同

媒介地理学认为，"地方感是指一个地方的特殊性质，也是人们

---

① 郭金明、胡月：《城市文化与"媒介性格"》，《新闻世界》2011年第7期，第180页。

对于一个地方的依恋和感受。前者强调这个地方的物理形式或历史特性，使它成为具有特殊意义或值得记忆的地方；后者强调个人或整个社区借由亲身经验、记忆与想象而发展出来的对于地方的深刻依附，并赋予地方浓厚的象征意义"。① 城市地缘特性的意义是由人来赋予、强化、认知和接受的，是通过人与城市的互动而形成的。这种认知感主要通过本区域城市广播电台等大众媒介的传播获得，并通过外地媒体的关注将其本土性发散出去。

城市广播电视把握好地缘性优势，就是要善于在城市区域文化的本土性上做足文章。从总体上来看，要有能放眼全国的目光。在将本地传播置于全国大范围的前提下，城市广播电视可以从本地的信息发掘和筛选上下功夫，使之更有深度，并能显示本土文化的特色。从内容上来看，要把握好本土信息的接近性。城市广播电视要能在接近性上寻找新闻价值，准确把握本地热点新闻，策划出市民喜闻乐见的节目。从形式上看，要把握好语言形式、传播方式等的贴近性。城市广播电视可以在情景剧、脱口秀、娱乐节目等媒介传播语境中，使用本土方言进行播报，加强互动。这样不仅能增加人际间的亲切感，同时也能拉近传媒与受众的心理距离。

武汉的《阿星笑长开讲》和《夸天》等节目，通过方言主持人声情并茂的传播，受到广大群众的热烈欢迎。方言节目是中国电视小众化在地方电视台的具体体现。首先，这种节目在放眼长江中游城市区域角度下做定位，对外界也不排斥；其次，将当地热点新闻的传播做足，发挥出了武汉的本土特色；最后，利用方言进行播报，拉近了市民与媒体的距离。

（四）从集中上把握区域文化传播

社会分类理论认为，"由于同一社会群体的成员具有大致相同的经验，持有大体相同或相近的价值观，对事物抱有类似的看法和态度。他们大致会选择相一致或相同的媒介内容，并大致做出相同的反映"。这是传播学领域关于受众研究的理论之一。该理论以社会学为

---

① 邵培仁、杨丽萍：《媒介地理学》，中国传媒大学出版社 2010 年版，第 106 页。

基础，注重社会群体的特性差异对受众成员的媒介信息接受行为的影响。城市区域文化的集中正好将城市市民组合成一个类似的社会群体。

城市广播电视把握好社会分类理论，就是以市民为本，充分把握市民对广播电视的收视（听）需求，把握文化集中的优势。在观念上，把握城市区域内社会群体的核心价值观，弘扬区域主流文化。人们在长期的生活习惯中会形成某种判断社会事务的是非标准。城市广播电视要充分发挥舆论引导作用，用核心价值体系引领社会思潮，形成统一指导思想、共同理想信念、强大精神力量、基本道德规范。在质量上，把握本区域千百年来的文化结晶，树立文化品牌，打造文化精品。具体到城市广播电视上来，就是要立足城市区域，发掘区域文化产品，打造区域文化精品。在数量上，要把握城市区域市民的需要，丰富文化产品，繁荣文化市场。当前，人民群众对精神文化生活充满期待，这种期待主要表现在电视、报刊、网络等内容雷同，文化市场东西多，精品少，各类演出数量和种类都不足。

武汉市将城市广播电视台视为"城市的窗口"，认为它的存在说到底是为居住在这座城市的民众设置的。该台紧紧围绕城市市民的文化需求特点，打造节目精品如《都市茶座》等，在满足市民文化要求基础上，为市民生活服务。武汉电视台于 2000 年开播了武汉方言类节目的开山之作——《都市茶座》。《都市茶座》有着浓郁的本土文化氛围，由武汉演员用武汉话说武汉的人和事，以茶馆为舞台背景形式，请来武汉本地颇受欢迎的表演艺术家，通过湖北评书、小品、独角戏等艺术样式，将武汉的人文历史、地理风气细致入微地说给武汉人听，演给武汉人看，在当时的武汉荧屏上可谓一枝独秀。《都市茶座》作为武汉本地第一个方言类节目，一度成为武汉电视台的品牌，它的旗开得胜有一个最根本的原因，即能满足观众的需求。①

---

① 参见安艺《方言电视节目热探析》，《新闻前哨》2008 年第 10 期。

（五）在历史性上挖掘区域文化价值

文化传承理论认为，"传媒与地域文化有千丝万缕的联系。因为媒体总是要报道所在区域的本土历史，而地域文化又是在历史的发展中形成的，历史使地域文化形成了区域内共同的文化传统，这便构成了传媒与历史领域在内容上的联通"。① 区域历史是一笔挖不尽的文化财富，城市广播电视要在历史性上充分挖掘区域文化价值。

对城市广播电视而言，挖掘城市历史的文化财富，有利于帮本地市民树立文化自信心、增强文化自豪感。城市广播电视要让城市历史文化承接具有当代性、符合现代性，顺应历史文化潮流。首先，要把握住城市历史文化的延续性。这就要求城市广播电视站在历史长河的角度，对城市历史文化进行审视和挖掘，不断提炼出具有可延续性的文化。其次，要把握城市历史文化的传承性。能够沉淀下来的历史文化，必定是经过"大浪淘沙"般的选择才保存下来的。城市广播电视在传播过程中，要能有效地规避历史文化糟粕，以体现进步思想的历史事实来传承和衔接现代文明，让历史文化在新的时代焕发新意。最后，要把握住城市历史文化的创新性。创新性要求城市广播电视站在时代的高度，坚持与时俱进、保持其传播的先进性。

合肥市广播电视台充分利用数字技术对城市历史文化进行传播。在三网融合平台上，合肥市广播电视台有效将安徽黄梅戏曲等传统区域文化进行传播。延续了几百年的黄梅戏在这个基础上拓宽了发展空间，更具有新时期的传承性，也坚持了创新性。这说明，合肥电视台看到了挖掘历史文化价值的重要意义，并运用发展中的数字技术对传统文化进行了广泛的弘扬。

文化发展及其改革已成为今后相当长时间的重要任务。在深化文化体制改革的背景下，城市区域文化的建设意义也将会越来越突显。城市广播电视要想在深化文化体制改革中有所作为，首先必须了解区域文化的优势，抓住区域文化的典型性、独特性、地缘性、集中性和历史性。然后针对区域文化的优势，根据符号学原理从包装上突显区

---

① 高建国：《媒体传播区域历史的意义与途径》，《新闻界》2007 年第 6 期，第 78 页。

域文化精髓，根据媒介性格学原理从个性上表现区域文化性格，根据媒介地理学从地缘上紧抓区域文化认同，根据社会分类理论从集中性上把握区域文化传播，根据文化传承理论从历史性上挖掘区域文化价值，抢抓历史机遇，与时俱进，才能不断提升发展空间，使城市广播电视成为文化体制改革中的主导者。

第十章　电视剧与长江中游
地域精神文化传播

　　习近平总书记在 2014 年 10 月 15 日的文艺工作座谈会上指出，每个时代都有每个时代的精神。文艺是铸造灵魂的工程，文艺工作者是灵魂的工程师。好的文艺作品就应该像蓝天上的阳光、春季里的清风一样，能够启迪思想、温润心灵、陶冶人生，能够扫除颓废萎靡之风。① 电视剧既是文化观的一种存在主体，更是时代精神的凝聚与引领。在城镇化迅猛发展的今天，城市精神对经济大潮的引领作用无疑举足轻重。但在当前快餐式市场消费时代，在感官娱乐至上的文化氛围中，以传承红色文化为主的正能量电视剧如何优质凝聚与引领我国当前城市精神文化成为当下电视剧拍摄与制作的突出问题。

　　红色文化资源是彰显革命历史的新平台，是对人们进行精神教育最有感召力的有效载体。无论是波澜壮阔的革命历史进程，还是革命者感天动地的丰功伟绩，永远都是感动和教育后来人的生动素材。② 2014 年 11 月 11 日在中央电视台一套黄金档开播的《铁血红安》电视剧，以其高度的社会责任感和正确的革命观、金钱观、大局观、生死观、政绩观以及价值观等引发社会各界广泛关注，反响强烈，刚一播出平均收视率已达到 1.97，成为展现红色文化最有利的素材。《铁血红安》是一部以我国"第一将军县"红安将军群像为原型创作的

---

　　① 参见习近平《在文艺工作座谈会上讲话》，2014 年 10 月，人民网（http：//art. people. com. cn/n/2015/1016/c399291 - 27707112. html）。

　　② 参见黄永林《黄冈红色文化资源特质与文化产业发展》，《湖北大学学报》2014 年第 2 期，第 48 页。

大型革命题材电视剧，电视剧向受众讲述了以红安娃子"刘铜锣"
为首的一群红安人从"黄麻起义"开始，加入工农红军，从打土豪
分田地、反"围剿"、长征，再到抗日战争、解放战争，直到抗美援
朝、社会主义建设，一路出生入死，献身革命，在革命队伍中锻炼成
长的故事。电视剧向受众传递了革命老区"朴诚勇毅，不胜不休"
的"红安精神"，用"一要三不要""一图两不图"向受众生动通俗
地诠释了"红安精神"的内核。"一要三不要"：要革命，不要钱、
不要家、不要命；"一图两不图"：图奉献，不图名、不图利。同时，
电视剧向受众展现了湖北红安大别山区从"黄麻起义"到"社会主
义建设"近90年的辉煌革命历程，树立了以红色文化为内核的凝聚
力与引领以武汉为中心的城市群的城市精神文化观。

一　红色文化对长江中游地域精神文化的作用

红色文化研究专家江峰教授认为："作为一种特殊文化形态的中
国红色文化，实际上就是由马克思主义先进文化、中国传统文化和中
国特定的地域文化等诸多文化元素交互作用、共时存在、历时发展，
从而融合生成的一种特色文化。"[1] 革命性、先进性、地域性、融通
性等是红色文化的主要特性，在地域分布上红色文化主要以中国共产
党领导的革命军队战斗过的老区为主。城市精神文化相对于城市物质
文化而言，它是人类在发展城市的实践中所创造的文化观、文化思
想、文化艺术、文化产品，是人类发展城市实践活动的对象化成果，
是城市人的精神象征，是城市的精神文化现象。[2] 它既包括媒体记录、
呈现、保存、传递的一些有形文化，又包括城市市民的一些习俗、理
想信念、价值取向和追求等无形文化，其中城市历史文化遗产是城市
精神文化之根。城市历史文化遗产主要包括先人创造的制度、信仰、
价值观念和行为方式。历史文化遗产不仅能满足现代都市人"求真"

---

① 　江峰：《中国红色文化生成的系统要素透析》，《北京师范大学学报》2010 年第 6
期，第 90 页。

② 　参见鲍宗豪《城市精神文化论》，《学术月刊》2006 年第 1 期，第 17 页。

的需求，而且也能满足现代都市人"求善""求美"的欲望。① 现代城市人要想有所作为，就必须从城市历史文化遗产中去了解知识，获取真相。反过来说，城市历史文化遗产一定程度上会影响城市精神文化的形成与凝聚。

作为历史文化遗产的重要特色文化——红色文化是城市精神文化重要的组成部分。

其一，红色文化的革命观可以帮助人们树立城市精神的改革观。红色文化的革命观主要是革命者们为翻身求解放，为建立社会主义新中国，不怕牺牲、前仆后继、英勇战斗的革命观念；城市的改革也是困难重重，改革也是某种程度上的革命，要用革命的精神冲破重重阻碍，以排山倒海之势参与城市改革。其二，红色文化的朴素观可以帮助人们树立城市精神的金钱观。为了革命，革命者用坚定的信念、高度的组织性舍弃家财、拒绝金钱、唾弃利诱；城市的建设者要敢于与见钱眼开的"老虎"和"苍蝇"斗争，拒绝一切利益诱惑。其三，红色文化的生死观可以帮助人们树立城市精神的政绩观。为了理想，革命者可以不要家、舍弃生死，以顾全大局；城市的设计者、建设者要正视自己的政绩观，要把国家利益、民族利益和百姓利益放在第一位，树立永远不要牺牲百姓利益、国家利益和民族利益的政绩观。其四，红色文化的奉献观可以帮助人们树立城市精神的正确价值观、名利观。为了革命事业，无数革命先烈一生奉行"图奉献，不图名、不图利"的价值观，甚至忍辱负重为革命工作；城市的建设者也要树立正确的价值观和名利观，站在历史和时代的高度为城市建设负责。

二 《铁血红安》红色文化对长江中游地域精神文化的凝聚与引领

（一）强调红色文化符号资本，在文化秩序层面对地域精神文化进行凝聚与引领

皮埃尔·布迪厄的符号权力理论认为："符号权力是建构现实

① 参见鲍宗豪《城市精神文化论》，《学术月刊》2006年第1期，第19页。

的权力，是朝向建构认知秩序的权力"，"符号和符号体系作为知识与沟通的工具，它是被塑造结构的，也有塑造结构的权力"。① 符号权力理论体现的是符号生产与社会秩序再生产，包括官方话语符号体系生产。红色文化里所指的"红色"其本意就是一种颜色。《辞海》中，红色除了象征吉庆、欢乐和吉祥之外，还具有以下几种注释：（1）共产主义的；（2）与中国共产党有关的；（3）革命的；（4）"左"的政治的；（5）强烈信仰的；（6）新民主主义时期的，等等。② 总之，红色作为一种符号，在中国有着极有代表性的意义，不单纯是喜庆驱邪，它早已成为中国人心中最为重要的一种符号意义。

　　据符号学理论，以全国"第一将军县"革命老区红安县为地域背景的《铁血红安》电视剧，其红色符号及相关的红色符号体系相当强烈和完备。例如剧名中的"铁血"和"红安"既突现了红安人民铁血的性格和品质，又展现了红安人民在革命战争年代为革命事业献出了无数生命的事实，更表达了红安人民对革命事业的坚定信念。剧中"冲天的红色炮火""飘扬的五星红旗""红色的火种""漫山遍野的映山红"等红色符号，让人强烈产生一种"共识"：革命事业虽有牺牲，但必须义无反顾，革命必定胜利！红色文化符号资本是一种信誉，一种集体习惯和约定俗成，是符号与特定意义联系之间的"共识"。这种建立在红色文化符号资本上的"共识"，也是处于符号权力支配地位的政治力量在政治目的生产场域与社会阶层场域所建构的一种"误识"。对红色文化资本的"误识"是政治权力对红色文化资本的一种强化的认同，一种被"神化"的力量。据此，红色文化资本变成了符号资本，即一种信誉资本。拥有这种特殊符号资本的强势群体，如政府、利益集团和相关组织，把对社会的符号建构强加给弱势群体，其强势力量就是符号权力，并且这种符号权力能够促使弱势群体就社会主流问题达成共识，有利于社会秩序再造和维系，从而使强势群体对弱势群体支配关系合法化，构建一个稳定的社会空间。在

---

　　① ［法］皮埃尔·布迪厄：《论符号权力》，吴飞译，载贺照田《学术思想评论》第 5辑，辽宁大学出版社 1999 年版，第 166—167 页。
　　② 参见辞海编纂委员会《辞海》，上海辞书出版社 1979 年版，第 1686 页。

当今地域精神文化建构中，多种文化意识错综复杂，会对主流文化产生影响和冲击，从而影响城市发展与建设。所以，《铁血红安》剧中红色文化符号力量，对现实社会中地域精神文化在文化秩序层面起到了凝聚与引领作用。

（二）强调红色文化地域特色，在文化地域层面对地域精神文化进行凝聚与引领

地域文化理论认为，"地域文化对生活在其中的人有着深层的约定，人对生存在其中的文化有着一定的积淀和传承，彰显地域文化特色：传统观念、生活方式、行为特点、历史变迁、时代风尚等"。①红安的红色文化具有典型的大别山地域文化特点，有独特的文化生态环境。红安丰富的山水自然环境、落后的经济环境，以及历史上多种进步文化思潮的影响，造就了红安人一呼百应、敢作敢为、威震四方的鲜明地域文化特色。贯穿《铁血红安》全剧中的线索"一面铜锣"，就是以红安为中心的大别山地域文化的一个典型象征。"铜锣"本是大别山区域一种与古代祭祀和神社活动有关的打击乐器，后来成为古代军事停止前进和撤退的信号，随后成为古代官员出行鸣锣开道的信号器。"铜锣"声音洪亮，节奏感强，一呼百应，有号角的威力，能够震慑杂音、聚神凝气。《铁血红安》集中多处刻画"铜锣"的传奇。剧中的文化符号"铜锣"，是敲响深受压迫中人民清醒的呐喊，是冲向革命的号角，是革命必胜的战鼓，是红安人心齐泰山移的气势。正如《铁血红安》开篇所说："铜锣"是红安人的福祉，是红安人的魂！

在当今城镇化建设中，红安地处长江中游城市群的核心城市武汉市的辐射带，城镇化建设任务艰巨。同时，红安作为革命老区，其发展始终是中央政府的工作重点。在城镇化建设过程中，随着社会生活质量提高和人口流动加剧，老区大量人口从资源缺乏的农村涌向县城，经济、文化、教育和就业等问题在短时间内爆发，使薄弱的县级

---

① 高震：《地方电视媒体对区域文化的传承与构建——兼论〈家住西安〉的本土化策略》，《声屏世界》2004 年第 2 期，第 15 页。

市远不能满足日益流动或定居的人民生活需要，革命老区城市空间拓展问题成为当前制约老区发展十分突出的问题。其拓展困难之大，非一县能解决，必须动员全社会力量。但强烈的地域感会凝聚从这个地域走出去的人或与这个地域相关的资源。而这种一呼百应的"铜锣"精神正是老区最为珍贵和独特的资源，也是当时老区人民进行革命和社会主义建设并战胜困难的无价之宝。所以，我们要强调红色文化的"铜锣"地域特色，在文化地域层面对城市精神文化进行凝聚与引领。

（三）强调红色文化的精英作用，在文化自信层面对地域精神文化进行凝聚与引领

意见领袖理论认为："意见领袖"区别于其追随者的三个因素：（1）价值观的人格化体现（其人为谁）；（2）能力（其人的知识）；（3）可利用的社会位置（其人所知的人）。① 也就是说意见领袖有自己特有的价值观，有很强的能力和较宽的知识面，在某个群体有一定影响力，善于发表意见等。意见领袖可以利用自己的这些因素，较容易地影响周围人的思想和言行。"黄麻起义"虽说是一次农民起义，但它是中国共产党知识分子领导下的农民起义。起义领导的核心人物董必武、郑维山、潘忠汝等都是知识分子，其中董必武还是中国共产党的创始人之一，对当时的革命起到了拨云见日的作用。而《铁血红安》剧中的共产党员李坪山也是知识分子出身。他不仅是鄂豫皖根据地红军独立师师长，更是刘铜锣、方杠子、方蕾等人革命道路的领路人，甚至可以说他是这群孩子人生成长路上的精神导师。创作者在对这一人物形象进行塑造时，成功地为人物注入了中华民族优秀传统文化的文化基因，使其不论是在日常生活还是在战斗中，总是能引经据典地分析战况，并不断地用这些优秀文化在思想上影响战士，可以不夸张地说，李师长的这种带兵方式在很大程度上提高了官兵的知识文化素养。

---

① 参见［美］沃纳·赛佛林、小詹姆斯·坦卡德《传播理论：起源、方法与应用》，郭镇之等译，华夏出版社 2006 年版，第 231 页。

　　这种知识精英、意见领袖的引领作用可以说是在现代城市化建设中必不可少的。当代的城镇化建设需要面对的不再是冷兵器时代的"肉搏战"和"简单粗暴"的蛮干，而是高精尖现代化的信息化战和智慧城市的科学发展，这就要求现代化城市的规划者、建设者和指挥者一定有知识文化素养，没有文化素养的建设者就会催生没有文化的都市。剧中的李师长也因为他在传统文化上的修养大大提升了他的个人魅力，也正是因为这些文化素养让刘铜锣这样"离经叛道"的孙猴子，最终成为无产阶级战士。李师长是一个集时代精神与传统文化于一身的完美形象人物。现代城市发展所需要的精英领袖、知识领袖和意见领袖应该带动城市精神文化由文化自觉向文化自信转换。

三　《铁血红安》红色文化对长江中游地域精神文化的艺术借鉴

（一）用"血性"与"人性"人物塑造法，凝聚地域精神文化

　　若脱离了社会性的具体人物塑造，电视剧就会成为闹剧，就是白纸。一部好的影视剧要对社会现实产生深远的影响和启示，人物形象的塑造至关重要。红安作为我国第一将军县，产生200多个将军，是一个典型特性的"英雄图谱"地理区。《铁血红安》着力于英雄的"血性"与"人性"的人物塑造，用审美方式形象化塑造重理想、讲信仰、有骨气、有硬气的精神。所谓"血性"就是嫉恶如仇、敢恨、敢奋、心忧天下之安、胸怀人民之乐的刚性。在现代文明中"血性"表现为一种为百姓和民族大义的勇气与正义感，它区别于普通的哥们儿义气，凝聚着人的崇高文化修养。从心理学角度讲，所谓"人性"就是生的本性和死的本性。生的本性表现为善良、慈爱、宽容等积极光明的行为；死的本性则表现为杀戮、贪婪、自毁等邪恶极端的行为。

　　《铁血红安》着力于"刘铜锣"的人物"血性"。"刘铜锣"是一名草根英雄，是经过党的教育和无数战斗洗礼造就的被百姓拥护的英雄人物，并且汇聚了许多红安将军的英雄事迹于一身。电视剧生动刻画了"刘铜锣"身上的匪气、痞气、豪气和骨气，也展示了"刘

铜锣"兄弟情深和家国情怀兼容并蓄的融合心境。可以说"刘铜锣"是现代文化中的一位爱党、爱国、爱人民的战将。将其放入传统文化中，他便是一个"天行健，君子以自强不息"民族文化精神的实践者，他身上的坚毅、刚强都是传统文化与马克思主义文化的结合，更是现代文化所倡导的中国城市精神的写照。

《铁血红安》更着力于"戴慧平"人物的"人性"。对于国民党军官戴慧平的形象塑造，《铁血红安》没有将其图解化、概念化，而是将其塑造成一个性格鲜明的本性人物。在剧中，他与刘铜锣、方杠子是同年、同月、同日生的异姓兄弟，一起除暴安良，他重兄弟情义；但在战场上他与刘铜锣、方杠子不得不成为铁血对手。剧中三人的兄弟情谊错综复杂，在国共战场上，三人是对手，但在抗日战场上，三人又成为联手抗日的好兄弟；三人可谓是时而兄弟阋墙，时而又貌合神离；他冷静沉着，精于分析，深藏若虚，是刘铜锣、方杠子的劲敌，这种人性的真实塑造，让现代人真切体味城市建设中善良、慈爱、宽容等积极光明行为的可贵；也让城市建设者警觉经济建设中的杀戮、贪婪、自毁等邪恶极端行为的伤害。这种"人性"的生动刻画更能触发城市精神的"内爆"，"'内爆'（implosion）就是内向地爆发和坍塌。事物内向的爆发往往会发出比外向更巨大的能量，导致处于临界点的事物发生聚变"。①

（二）用"讲好中国故事"的方式，传播地域精神文化

"精神文化"是一种理性层面，"故事"是一种感性层面。在当今强调故事的感性时代，受众关注电视剧永远是因为关注人的故事，所以"讲故事"是一种最好的传播方式。电视剧就是一个写故事和讲故事的过程，即使是真实的事实也要学会讲故事。首先，电视剧讲故事就是要讲"最新闻"的东西，抓住故事吸引人感动人的东西；其次，就是解决故事与受众之间的关系，寻找故事与受众的最关联性；最后，站在被传播者的角度，去发现问题、思考问题和

---

① 石义彬：《单向度、超真实、内爆——批判视野中的当代西方传播思想研究》，武汉大学出版社 2003 年版，第 210 页。

解决问题。

《铁血红安》要展示的主题是宏大的历史画卷。但为了讲好这个宏大故事，电视剧在讲故事方面下了苦功。首先抓住了故事"最新闻"的东西，即"铁血红安"之"红"。"《铁血红安》所诠释的'铁血'，来源于'万众一心、紧跟党走、朴诚勇毅、不胜不休'的老区红色精神，彰显的是自强不息、艰苦奋斗、无私奉献、人民至上的核心价值。"① 这种震撼人心的精神洗礼，感染了观众，启迪思想，温润心灵。其次，《铁血红安》讲的是人民的故事，寻找到了故事与受众的最关联性。人民创造历史，英雄来自人民又带领人民。《铁血红安》根本的特性是人民性。最后，电视剧扎根基层，反映生活。全剧处处体现红安革命老区的民谣、民俗、民风、民情。如"铜锣"这一地域文化符号本身就包含红安精神、革命特点、起义元素等。

这种讲故事的方式，既传递了电视剧主题的正能量，也对现代化的城市建设者传播了地域精神文化。

---

① 刘雪荣：《〈铁血红安〉为什么这样红》，2015 年 1 月，黄冈市人民政府网（http://www. hgdaily. com. cn）。

第十一章 动漫"萌文化"与长江中游区域青年亚文化传播

本章借用跨文化传播理论、群体传播理论和"符号"传播理论，把"萌文化"放在青年亚文化视角下来观照，尝试回答"作为青年亚文化特色的萌文化，为何能够在当代青年群体中广泛传播，并成为大众文化消费主体的可能"这一问题。研究发现：以电视动漫为载体传播的"萌文化"，实际上是当代青年亚文化群体反射出的一种文化价值观。"萌文化"在行为、表现方式上是有别于主流文化的，同时又具有青年亚文化的多变性、边缘性和流动性特征，是一种颇具风格的青年亚文化现象。"萌文化"传播得益于青年亚文化群体的个性心理、交际需要和情感寄托。群体归属感是"萌文化"传播的内在动力，"萌文化"成为大众文化消费主体归因于它的经济功能和娱乐功能。

在"符号"化传播时代，从个人发微博"卖萌"，到国家领导人出官方"卖萌"漫画，再到媒介组织传播电视动漫片，"萌文化"已成为社会"符号"化传播的流行文化，甚至对社会的政治、经济和文化产生一定影响。"萌文化"传播包含三个层次："萌商品"——物质层面的传播；"萌行为"——行为层面的传播；"萌心理"——精神层面的传播。

一 "萌"的起源

——日本动漫

所谓"萌"最早出自日本，但关于"萌"的起源却众说纷纭。一种观点认为"萌"一词源于日本的一种输入法。在日语的 IME 输入法状态下，输入罗马拼音"mo e"，显示"燃え"和"萌え"两个词，"萌え"排序在前面，类似于汉字智能输入法，输入拼音"ban zhu"，会出现"版主"和"斑竹"等词，于是网友称呼贴吧的版主为"斑竹"，如同借用同音"萌え"来代替"燃え"一样。同时，"萌"一词萌芽于日本动漫的观点也受到广泛认可。宅文化评论家冈田斗司夫认为，"萌"一词源于1993年NHK教育电视台在"天才电视人"节目中放映的科幻动画片《恐龙惑星》，该片的主人公叫作"鹭泽萌"①；精神科医生斋藤环则指出，"萌"一词源于1994年日本流行的动漫《美少女战士》的主人公"土萌萤"②；另外一部动画片《击打太阳》也出现了女性角色名字"高津萌"。此后，名字含"萌"的角色屡屡出现在动漫中，成为动漫界称谓可爱的女角色专属名词，以至于动漫爱好者看到美丽可爱的少女角色时，瞬时表现出满腔热血的精神状态。不难看出，日本动漫作品已成为"萌"文化传播载体。结合日语和汉语的深刻渊源，"萌"的草木发芽之意可以引申理解，含"柔嫩"和"弱小"之意，因而日本AGG（animation动画、comic漫画、game游戏的总称）爱好者把"萌"用来形容相貌柔嫩、弱小、可爱的女性。伴随着电子产品的普及和互联网的高速发展，"萌"受到日本ACG界狂热爱好者的助推，"萌"在虚拟世界和现实中被频繁使用，逐渐风靡于人们的日常生活。2005年，"萌え"获得日本流行语大奖。

二　青年亚文化与电视动漫"萌文化"

电视动漫"萌文化"属于青年亚文化：一种价值观的现实体现。依据文化在其实施的社会背景中的接受程度，可将文化划分为主流文化和非主流文化两大类。"主流文化与非主流文化话语中的文化，不是广泛意义上的文化，而是就社会文化体系而言的，指系统的价值观现实化意义上的文化。"③青年亚文化这个概念属于后者，早在20世

---

① 参见冈田斗司夫《御宅的迷途》，《文艺春秋》1999年第5期，第26页。
② 参见斋藤环《战斗美少女的精神分析》，东京筑摩书房2006年版，第42页。
③ 江畅：《主流文化存在的三种样态及我们的战略选择》，《湖北大学学报》2014年第1期，第18页。

纪初便受到了以英国伯明翰现代文化研究中心和美国芝加哥大学社会学系为代表的文化研究者的青睐，其中影响最大的当属伯明翰学派，它认为亚文化的风格包罗万象："比如往上梳的额发，弄到一辆速达克摩托车或者一张唱片，或是某种样式的服装。但是它最终却构成了一种风格，成为一种反抗或者藐视的姿态，一种微笑或者嘲笑。"①在伯明翰学派眼里，日常生活中诸如额发、摩托车、唱片、服装等物品，都可以成为风格，但这只是表象，包含"姿态""嘲笑"或"拒绝"等叛逆色彩，才能构成"有价值、有意义、颠覆性"的风格。这些生活元素和个性标签的互通融合构成亚文化群体的图腾。与此同时，典型意象被提炼为群体的个性符号，成为大众传媒报道和再现的焦点。

在不同历史时期，电视动画片"萌文化"传递了形态各异的青年亚文化，其风格不尽相同。动画起源于 17 世纪欧洲的"魔术幻灯"，在法国流行于 18 世纪末，并于 19 世纪在欧洲风靡。该时期的动画用"活动画景""透视画"等说故事的方式表演娱乐节目，在西方主流文化的边缘开创了最早的"娱乐节目"。美国一位动画家温瑟·马凯第一次把"小尼曼画册中人物的逗趣动作和经历的怪事运用到动画片中"，也可以说，温瑟·马凯是第一位在动画中运用了"萌符号"传播的动漫家。"加菲猫"动漫角色在 1982 年被美国动漫家吉姆·戴维斯首次搬上电视屏幕，"加菲猫"被巧妙地赋予了"猫的萌表情和姿态"，成为美国十年最受欢迎的卡通漫画角色。后来迪士尼的"米奇老鼠"更是通过"米老鼠"的"萌表情""萌动作""萌装束"和"萌心态"把"米老鼠"卡通角色的"机智勇敢""善解人意又急躁""有正义感但又自不量力""淘气喜欢恶作剧"等动漫形象表现得栩栩如生，成为世界动漫经典。还有风靡 20 世纪的波奇猪、达菲鸭、邦尼兔等经典动画，都不同程度运用了青年们喜爱的"萌元素"，彰显了西方青年的"颠覆性"亚文化风格，形成一道与主流文化背道而驰的亚文化景观。日本经典动漫"阿童木"用"机器人的萌可爱"刻画了一个为人类福祉操劳忙碌而又动力十足的动漫战神小

---

① Hebdige D. Subculture, *The Meaning of Style*, London：Routledge, 1979, p. 3.

孩形象；《聪明的一休》中"一休"的"禅僧之萌"；《哆啦 A 梦》
中"机器猫"的"和平友爱之萌"；《樱桃小丸子》中"小丸子"的
"锯齿形萌发型""发呆的萌神态""叹气的萌语调""滚来滚去、扭
屁股的萌动作"等，都不同程度运用了有时代特色的"萌元素"。总
之，青年亚文化不断革新，大有"你方唱罢我登场"之势，让人目
不暇接。在网络传播环境下，青年亚文化以网络视频为载体生成、发
展并壮大，其风格样式、传播模式和消费方式都发生了巨大变化。这
种借助互联网兴起的青年亚文化形态得到群体认可，比如中国当前流
行的恶搞文化、粉丝文化、自黑文化、"萌文化"等。

　　长江中游区域这种青年亚文化尤为昌盛。以 AGG 为娱乐内容的
青年亚文化群体，他们追捧虚拟世界的"萌"角色而成为时尚，这
是对主流文化的一种颠覆。在萌角色审美过程中，引起他们关注的是
视觉性的拟像符号，足以让视觉得到冲击，如深受宅男喜爱的"萌妹
子"有着"扮嫩"的特点，穿着制服以及蘑菇头、猫耳朵发卡等装
饰给人视觉上的享受。我们也可以从其特色的言语表达中略见一斑，
如"我宣你，你造吗!""不要酱紫啦!""肿么啦!"等萌言萌语，表
达上具有随意、新奇和反主流等特性。也可以从他们渴望展现自我的
行为上看出，如在自拍时嘟嘴、瞪着大眼睛刻意制造"萌点"来引
起网友关注，从而获得心理上的满足。显然，"萌文化"在行为、表
现方式上是有别于主流文化的，同时又具有青年亚文化的多变性、边
缘性和流动性特征，是一种颇具风格的青年亚文化现象。

三　电视动漫"萌文化"传播群体分析

（一）个性心理

　　每个电视受众对所见的事物或事件都有自己的倾向，有不同兴
趣、不同需要、不同动机等。在多元的大众电视流行文化中，他们选
择更具活力、更适合自己的电视元素，以此展现自己的个性。电视
"萌文化"满足了人们逆反心理的需要，特别是在当前这个越来越讲
究个性化的社会，电视"萌文化"具有反叛传统、颠覆经典、崇尚
自由的鲜明特点，给人们焕然一新的感觉，与人们尤其是青少年追求

另类相契合；在行为方式方面，电视"萌文化"群体有着行为上的趋同性，热衷于追求新奇、独特的事物，无论是标新立异的服饰，还是可爱稚嫩的形象，抑或是娇嗔软化的萌音，只为彰显个人风格，张扬自身性情。如日本代表性电视动画片《美少女战士》等萌系作品，里面角色有着大眼睛、长发、樱桃小嘴的容貌，短裙、卡通背包的装扮，懵懂、痴傻的表情，无辜、呆萌的眼神，细软、腻歪的配音等，这些象征性符号延伸出的电视"萌文化"及其附属产品在不断重复、演变过程中得以强化，深入人心。对于女性群体来讲，不仅是一种时尚，更是一种心理诉求。

（二）交际需要

在虚拟世界里，互联网提供了一个开放的交流场所，把部分人际关系转移到网络。看似虚拟的人际关系，实则是现实人际交往延伸的产物，如微博或朋友圈里的好友发一张萌照，网友回复一句"萌萌哒"或是"要不要这么萌"来表示可爱之意，传递好感，并能愉快交流；在职场中，难免会遇到为难事，或是出现小差错，适当发挥下新颖的"卖萌交际"，一般情况下能够得到同事或领导的谅解甚至怜惜。可想而知，没有人会责备向自己扮可爱卖萌的人；在生活上，作为一种颇具个性的与人交往的方式，一次恰到好处的"卖萌"能够让自己变得更加友好、风趣，发挥出社交"撒手锏"般的效果，在促进亲朋好友、恋人之间情感交流方面起到重要的黏合作用。

（三）情感寄托

年轻人心智的不完善，使得他们自我认识不足，而对大众认可的渴望又驱使着他们展示自我、释放天性，因此常常带有不羁和野性，向传统挑战。对于男性来讲，电视动漫里的萌元素能够激发荷尔蒙，生活中讨人喜爱的"萌少女"既是对现实生活中空虚的弥补，又是内心欲望的展示，"萌少女"让他们获得精神层面上的寄托与慰藉，弥补了现实世界"渴望"的缺失；对于女性而言，现实情感遭遇挫折、失望、不满、无奈，她们对萌元素系的喜爱和追捧成为宣泄的途径，折射出她们对童年的留恋，渴望纯洁童真的感情。此外，萌元素还体现在服装和装饰，甚至机器人上，如女仆装、眼镜、发型和机器人的外形等。"萌"是一种可见和流行的意象化，是使用主体对情感的一种反应和宣泄。总之，"萌文化"在一定程度上折射出行为主体的一种心理状态、一种精神状态和一种情感状态。

四 电视动漫"萌文化"跨文化传播

跨文化传播促进了国与国之间文化交流与互动，文化出现交融碰撞、相互吸收和多样化发展之势。过去，跨文化传播主要通过迁徙、贸易、航海、扩散等途径完成，如中国历史上有名的郑和下西洋、玄奘取经、丝绸之路成为文化交流的经典案例。如今，在信息社会，电视"萌文化"传播是跨文化传播的新途径。对于"萌文化"传播而言，主要通过"动漫外交"和"群体归属感"来实现。

（一）电视"动漫外交"力促"萌文化"输出

在网络信息时代，日本电视动漫在全球成功营销，成为备受动漫迷瞩目的焦点。作为日本经济产业第三位的动漫业，既成为日本重要的出口产业，又上升为日本文化输出的重要战略。长期以来，日本将动漫、音乐及时尚等领域的"萌文化"看作日本的大众文化，并全力推广。"动漫外交"的软宣传效果显著，表现出更为强劲的文化渗透力，借由动漫等文化产品的对外输出，日本政府的文化软实力提升显著。事实上，"萌文化"跟日本动漫是一脉相承，作为日本动漫中的一支，动漫界已开发出一系列萌系作品，如《轻音少女》《魔卡少女樱萌》《蔷薇少女》等。在中国，这些含有萌系角色电视动漫作品拥有一批稳定而忠诚的粉丝，抓住了许多中国年轻人的心。

（二）电视"萌文化"传播内在动力——"群体归属感"

互联网电视及传播环境为我们打造了一个跨地域、跨国界、跨文化交流的社交平台，拉近了世界各地人们之间的距离，让一部分受众找到了渴望需求的信息抑或喜爱的事物，这部分受受众自身喜好的影响，归属于自己的群体中，在群体中获取身份认同，并产生了一种心理上的归属感。美国心理学家马斯洛在需求层次理论中，将这种对社会归属感的追求视为人的最高需求。"来自中国动漫发展研究中心的报告显示，在中国青少年最喜爱的动漫作品中，日本动漫占60%，欧美动漫占29%，而中国原创动漫，包括港台地区的比例只有11%。"① 中国台湾地区动漫也深受日本动漫文化的影响，多半是萌系作品。"萌文化"满足了青少年群体的社交需求，他们是"萌文化"使用的主体，不单消费"萌文化"及其衍生产品，而且利用网络的及时性、互动性等优势在线进行内容共享与情感交流，逐渐聚集成氛围浓厚的"萌文化"圈。这部分群体的发展壮大，为"萌文化"跨文化传播起到了推波助澜的作用，"萌文化"漂洋过海来到中国，在中国生根、发芽、繁荣，已从青少年群体走向公众视线并融入人际交往。

五 "萌文化"传播渠道

（一）"圈子"传播

日本社会学家岩原勉定义"群体"为："具有特定的共同目标和共同归属感、存在着互动关系的复数个人的集合体。"② 从"萌文化"受众角度可看出，"萌文化"爱好者有着共同的文化要素——萌，因此"物以类聚，人以群分"的属性决定了其在国内所呈现的群体传播模式，具体表现为"圈子"内的小范围传播。如"萌文化"爱好者在现实生活中组织的小型聚会，以及国内一些城市举办的规模不等的动漫展等活动。这种"圈子"主要还是以即时通信软件聊天群、网络论坛等形式存在。在百度贴吧里类似以"萌"为关键词的贴吧很多，如"卖萌吧"聚集了3万粉丝，该吧号称"萌妞"和"正太"的聚居地；"世萌吧"则是关于分享动漫内容和闲聊的综合性贴吧，吸引了众多志趣相投的粉丝在这里进行交流，目前已有7万多粉丝，

---

① 刘佚、张琰：《中国新时期动漫产业与动漫营销》，中国戏剧出版社2005年版，第67页。

② 田宗介等：《社会学事典》，东京弘文堂1988年版，第439页。

接近 300 万发帖量。从 2008 年至今世萌每年举办一次国际性萌战，选出深受"萌文化"爱好者喜爱的冠军。"萌文化"传播已形成"萌圈子"特色传播渠道。

（二）自媒体传播

在网络舆论场中，"意见领袖"对形成舆论的公共议题影响力往往在媒体和政务微博的传播力之上。这些网络活跃分子在人际传播中扮演着大众传播的过滤或中介角色，通过影响互联网的议程设置为他人提供信息，或把从其他消息源转来的信息传递给受众，推动信息在传播过程中形成两级传播，以对受众施加影响。在个人传播为主的自媒体时代，人人都是麦克风。人称"围脖女王"的姚晨拥有 7000 多万粉丝，她的一言一行都拥有巨大影响力，此前她发了多条卖萌微博，如和影星王珞丹卖萌合影的图片，并附有文字"卖萌无罪!"，收获了几千条转发和评论，粉丝纷纷"点赞"参与热评。"萌文化"传播成为自媒体符号化消费、吸引和引领舆论的重要渠道。

（三）大众媒体传播

2008 年 4 月，作为国内首个"萌文化"传播杂志，《萌动漫》开办了"萌报站""萌视点""萌漫堂"等栏目。作为"萌文化"在纸媒领域的"布道者"，《萌动漫》杂志主导着萌系爱好者对"萌文化"的看法，促进"萌文化"在国内的传播进程。曾让观众笑岔气的贺岁电视片——《泰囧》，片中王宝强的装傻卖萌让观众记忆犹新；《人民日报》报道了微博上因"卖萌"而深受粉丝欢迎的政务微博——@江宁公安在线，运营该微博的负责人表示："萌言萌语只是我们与网友真诚交流的表达方式。"在百度新闻中，以"萌"为关键词检索，在新闻全文里出现"萌"的新闻达 780 万篇，新闻标题中出现"萌"的新闻达到 380 万篇，尽管有很多重复的新闻，但其影响不可估量。可见，杂志、电影、电视、报纸、网媒等大众媒介，对"萌文化"传播效果不言而喻，大众媒介成为"萌文化"传播和推广的重要阵地。

六　"萌文化"传播功能

20 世纪中后期，大众传播社会功能的研究发展迅猛。1948 年，拉斯韦尔在其"三功能说"中强调了大众传播在环境监测、社会协调和社会遗产继承三方面的传播力；不久，赖特将其扩展为"四功能说"，增添了娱乐功能；20 世纪 80 年代初，施拉姆从政治、经济和社会三个全新的视角对大众传播的社会功能予以诠释。而在"萌文化"传播过程中，对受众和社会产生的一定影响，主要表现在经济和娱乐方面。

（一）经济功能

"在文化经济中，流通过程并非货币的周转，而是意义和快感的传播。"① 文化经济是以创造、消费和传播文化观念、文化产品以及文化服务为主的产业经济。在市场上流通、出售和供大众消费的文化分为通俗和高雅两部分，构成大众消费文化主体。随着人们收入的提高和闲暇时间的增多，消费文化成为普遍现象，为文化的发展和传播提供了现实可能性。在市场中，厂家为了提高销售业绩，主打萌系产品，如产品的包装、造型和标识纷纷卖萌，或是打着小动物、孩子、美女的卖萌广告来吸引消费者。如绘有卡通人物的书包、小海豚 U 盘、小熊状的点心……与生活有关的一系列萌系产品应运而生。"萌文化"不仅由物质文化构成，精神文化也是不可或缺的一部分。《爸爸去哪儿》第一季中 5 个"萌点"十足的孩子成了节目最大的看点，孩子们频频卖萌俘虏了大批的受众，一些网友看完后在网上留言："怎么可以这么萌！"《爸爸去哪儿》的高收视率带动了萌经济，如节目热播后，推动了部分拍摄地旅游热，一些服装品牌搭上了"爸爸潮"主推亲子装。在《爸爸去哪儿》第二季招标会上，"爸爸"的独家冠名权赞助费高达 3.12 亿元。不仅如此，衍生出的电影版《爸爸

---

① ［美］约翰·费斯克：《理解大众文化》，王晓珏、宋伟杰译，中央编译出版社 2001 年版，第 33 页。

去哪儿》成为贺岁档的吸金利器。从文化经济角度而言，"萌文化"传播拉动了经济发展，为企业创造利润开辟了"萌文化"产业之路。

（二）娱乐功能

作为拉斯韦尔"三功能说"基础上重要的补充功能，"娱乐功能是大众传播多种功能中最为显露的一种功能"。[①] 在信息社会，人们在娱乐中获得大众化的消遣，还可以追求解放和自由，人们能够在娱乐世界里获得物质上的享受，甚至得到精神上的满足。"萌文化"的娱乐性依托大众媒介的传播得到释放，并为人们所追捧。微博上专注卖萌的"萌星"刘烨自创一个名为"火华社"的虚拟组织，拥有了一批忠实的粉丝，经常发布一些萌语、萌照，引得众网友直呼"太萌"；微博上拥有300多万粉丝的知名博主@小野妹子学吐槽，每天发布一些吐槽、恶搞、卖萌的微博，其引爆的"感觉自己萌萌哒"体引起众人效仿，与舌尖体、凡客体、代言体一样在网络上迅速走红。2013年，微博"月球车玉兔"以第一人称自述的"广寒日记"，萌化众人心。微博问政作为创新手段，采取"卖萌"这种娱乐沟通方式，拉近民众关系，显得难能可贵。卖萌成为新的娱乐方式，不卖萌显然"out"了。

---

① ［法］米歇尔·福柯：《规训与惩罚》，刘北成、杨远婴译，三联书店2012年版，第193页。

第十二章　电视剧与长江中游受众社会核心价值规范建构

　　所谓"现实题材"，即是指以客观实际或真实事实为主要内容的生活事件和生活现象，往往需要运用现实主义的创作方法进行生产。[①]电视剧《中国式关系》《小别离》《欢乐颂》《女不强大天不容》均以中国当前社会现实为聚焦点，讲述社会变革大背景下中产阶级面临的家庭、教育、官场、职场、情感等问题，反映了独特的人情社会背景下中国人的生活状态。四部剧所呈现的金钱观、情感观、教育观、事业观、价值观在社交平台上引发了媒体和观众的热议，体现了当下中国社会价值走向的困惑，引导着受众重新认识和审视自己。本章以四部电视剧为例，着重解析现实题材电视剧中的中产阶级焦虑状态，从传播效果的环境认知、价值体系及社会规范三个维度分析对受众及社会的意义与影响。

　　对于中产阶级，一般界定标准是：分布在中国的一、二线城市；年龄在 25 岁到 45 岁之间；受过良好的教育，在某一领域或多个领域具有专业的能力；大多从事脑力劳动，也有以技术为基础的体力劳动；靠薪资为生，家庭年收入在 7 万到 28 万人民币之间；每月能自由支配至少 1/3 的个人薪资（房费、水电费、保险、各种贷款等基本花销除外）；生活有一定闲暇，对生活质量要求较高，对劳动、工作对象多有一定的管理权和分配权。[②]当前我国正处于战略转型期和发

---

　　① 参见王炎龙、李京丽《现实题材电视剧的双重表征与思维路径》，《中国电视》2015 年第 9 期。

　　② 参见张畅《看懂了〈小别离〉，就看懂了中国中产阶级的焦虑》，《新京报书评周刊》2016 年 9 月 2 日。

展机遇期，中产阶级队伍不断壮大，与 20 世纪七八十年代追求安稳的工作与生活不同，这一时期，人们更倾向于挑战自己，勇于放弃与选择；对个人价值实现与幸福感的追求更为人们所青睐与重视；父辈们节省攒钱的观念在他们中是格格不入的，投资理财与及时行乐被积极提倡。与此相对应的，一批反映当前中产阶级焦虑的现实主义题材电视剧相继活跃在大众银屏上，如《中国式关系》《欢乐颂》《小别离》《女不强大天不容》。《中国式关系》直击中产阶级面临的家庭与事业焦虑问题；《欢乐颂》全面反映了中产阶级的情感困惑问题；《小别离》集中讲述了中产阶级的子女教育焦虑问题；《女不强大天不容》镜像呈现了中产阶级成长过程及其所面临的一系列烦恼。受众在观赏过程中得到了思想洗礼与解放。

所谓"传播效果"，是指传播活动尤其是报刊、广播、电视等大众传播媒介的活动对受传者和社会所产生的一切影响与结果的总体，不管这些影响是有意的还是无意的、直接的还是间接的、显在的还是潜在的。[1] 按照传播效果对受众影响程度的不同，可将其分为三个层面：（1）认知层面，即大众传媒报道对受众原有知识结构的影响——加强巩固或改变；（2）心理和态度层面，即大众传媒报道引起了受众的思考，给受众带来了某些问题的启迪，从而引起受众思想和价值体系的变化；（3）行动层面，前两种效果发生后进而会直接影响受众的实际行为。大众传媒对受众在三个层面的影响是逐层深入的。传播学中将电视剧的传播效果主要分为三个部分：环境认知效果、价值形成与维护效果、社会行为示范效果。[2]

一　环境认知与中产阶级"焦虑"的拟态环境

"拟态环境"理论认为，现代社会越来越巨大化和复杂化，对超出自己亲身感知以外的事物，人们只能通过各种"新闻供给机构"

---

① 参见郭庆光《传播学教程》，中国人民大学出版社 2011 年第 2 版，第 172—173 页。
② 同上。

去了解。① 大众传媒因其独有的公开性优势在人与自然环境之间增加了一个信息环境。信息环境即传媒建构的"拟态环境"，由于媒介机构是人们获取外部信息的主要来源，因此人们认知与行为在很大程度上不再是对客观现实环境的反映，而成了对"拟态环境"的反映。

　　大众传媒最本质的功能是传递信息，但它又是一种有目的、有选择性的取舍删减活动。在新闻生产过程中，不同的媒介会根据自己的价值观和报道原则对社会上的信息进行"把关"，从现实环境中选择那些与自己报道立场一致或相近的信息进行整理加工，然后按照本媒介的报道风格对其进行语序排列，由于这种活动一般是在媒介机构内部进行的，所以当信息最终以新闻形式呈现给受众时，受众会把它当作"事实真相"来解读。因此，大众传播媒介所报道的信息并不完全等同于事实，而是无限接近事实，因此，虽然世界变化越来越丰富，信息增量不断扩大，但实际上被传媒包裹的人们认识世界的视野却在不断变窄，这在传播学中被称为"视野制约效果"。②

　　环境认知受制于媒介的"拟态环境"，"拟态环境"又导致认知世界的"视野制约效果"。要想提升人们环境认知效果，必须着力于媒介对"拟态环境"的建构力——脱坯烧砖。首先，《中国式关系》《女不强大天不容》《小别离》和《欢乐颂》呈现的中产阶级焦虑的"拟态环境"，为受众"脱坯"于"视野制约"认知现实世界的藩篱，提供了"问题专注点"。

　　电视剧《中国式关系》集中讲述了中国特有的人情观，以自嘲反讽的手法刻画了中产阶级所面对的家庭关系、官商关系、职场关系的焦虑群像，在冷幽默轻喜剧的氛围里引导着受众对当前中国社会的一些热点难点问题进行思考。《中国式关系》客观呈现的老年公寓项目，引发受众直面当前我国人口老龄化问题；规划局中产阶级官员沈运的所作所为，引爆受众对当前党和政府大力开展反腐行动的理解，也刻画了中产阶级在拥有权力和社会资源的背景下，在反腐大潮下的压力和焦灼；经历了家庭破裂、工作失业，通过自身努力收获全新事

---

① 参见郭庆光《传播学教程》，中国人民大学出版社 2011 年第 2 版，第 112—113 页。
② 同上书，第 172—173 页。

业与感情生活的马国梁，一方面反映了处于事业上升期的中产阶级对前途的困惑与思考，另一方面也与当前国家鼓励的创业创新政策遥相呼应，具有现实的普遍性和话题性；在社会底层打拼的关强和霍瑶瑶，一个通过套近乎、走捷径快速成为公司管理人员，一个通过脚踏实地、努力拼搏获得事业与名誉，两人成功途径很好地映照了当下中产阶级年轻一代价值实现的迷茫现状；吃饭说话时眼睛都盯着"苹果6"的马小驿丧失了她那个年龄本该有的简单和快乐，这个角色的塑造一方面暴露了当今社会家庭教育的缺陷，更体现了快速发展的电子技术对人类的可怕控制；时刻想着钻政策漏洞以谋取利益最大化的奸商罗世丰是当下中产阶级市场化"钻营投机"的缩影。

近年来，新媒体来势汹汹的态势使得不少报社面临要么改革获得新生、要么固步等待死亡的尴尬困境，对于众多在纸媒工作过几十年的老记者、老编辑来说，"明天该何去何从？""传统媒体的出路到底在哪儿？""应如何应对这突如其来的危机？"则是横在他们眼前的重大现实难题。电视剧《女不强大天不容》以时间轴为主线，以《江州都市报》为参照物，讲述了我国纸媒由盛而衰的全过程，重点围绕互联网时代下纸媒的生存困境和媒体人积极探索改革之路，真实再现了我国传统新闻人面对困境时的迷茫与焦虑，代表了正在逝去一代纸媒人的竭力呼喊。同时剧中女主角由报社实习记者升职为社长后所面临的家庭与事业失衡难题，体现了正在成长的中产阶级家庭结构的新变化：传统家庭中男主外、女主内的模式正在向男女都主外的新模式转变，男女在家庭中的地位也由以往男为主逐渐向男女平等甚至女为主转变。同时还呈现出在媒介新技术带来业态的全面转型背景下，传统中产阶级向新型中产阶级转型的焦虑和困境。

大城市独生子女教育问题，是当前中国中产阶级最焦虑的问题之一。对他们来说，房子、车子等基本物质诉求解决后，家庭的重心就围绕着孩子的培养问题展开。"学区房""出国潮""上重点高中"等与教育相关的词汇在近些年火热起来。电视剧《小别离》讲述的就是过着中产阶级生活的三对小夫妻为了让孩子有一个美好的未来想尽各种办法，比如花重金聘请高级教师进行学习辅导、送十几岁的孩子出国等，而孩子在这些重压之下渐渐变得暴躁与易怒，与父母的关系也渐行渐远，这种父母倒逼的被迫学习模式正好呼应了现实社会中由于父母错误教育观所导致的一系列悲剧事件，反映了当前我国人才培养模式及教育制度存在的严重问题，而这些问题是亟须解决的。

如果说《中国式关系》《小别离》和《女不强大天不容》更多着墨于中产阶级的家庭、子女教育与个人事业方面的矛盾与问题的话，那么电视剧《欢乐颂》则以略带批判的视角诠释了中产阶级的为人处世态度。全剧围绕五个性格迥异女孩的友情故事展开，讲述了处于社会精英阶层的成功人士所面临的各种社会关系问题。阶级分层现象在这部剧中体现得十分明显，有着高学历和不菲收入的奇点、赵启平、安迪、曲筱绡是中产阶级的代表，无物质之忧的他们总是以一种高高在上的不屑姿态俯瞰社会底层奋斗者。安迪看不惯失业期的邱莹莹用成功学的心灵鸡汤自我激励的做法，奇点对于樊胜美的不幸遭遇也总是表现出一副"事不关己，高高挂起"的冷漠态度，曲筱绡只要是逮着机会就羞辱一番樊胜美，这些都充分暴露了中产阶级的自私自利特性，总是以自身的优越感站在道德的制高点上来评判他人。

电视剧《中国式关系》《女不强大天不容》《小别离》《欢乐颂》呈现出的拟态社会现实，为长江中游区域受众认识与理解现实环境提供了参考，更为人们认识和理解"拟态环境"达到"烧砖"境界的"建设性思考"，提供一种深层次的"拟态式"探究。这四部剧中所谈到的养老、反腐、媒体改革、家庭关系、教育、交际等话题，涉及当前我国社会的方方面面，大到关系国家发展的社会问题、行业问题、教育问题，小到关乎个人和家庭发展的夫妻问题、人际交流问题。现实主义题材电视剧通过对这些问题的揭示来唤醒人们思想观念层面上的重视，并督促社会上有关人士和部门积极落实。电视剧这种环境认知效果，为人们认知和理解现实世界提供了"拟态式"参考，使进入社会深层次思考的人们得到了一种"烧砖"境界。

二　价值形成与受众正确价值观的维护和引导

哲学意义上"价值"是由主体（现实的人）的需要和客体（事

物）的属性两个因素构成的，价值在本质上是现实的人同满足其某种
需要的客体的属性之间的一种关系，具有某种属性的客观事物只有在
满足了主体人的某种需要时，这种客观事物的价值才会表现出来，其
最终着眼点是主客体之间形成的一种特有关系，即客体对主体的有用
性。其中，人是主体与客体的统一，一方面人能够以自己的属性去满
足他人和社会的需要（客体），另一方面人还有自身的需要（主
体）。[①]

　　电视剧的价值效用可分为两部分，一是剧中人物之间的价值关
系，二是剧中的"价值"对实际受众所产生的效用。电视剧主要通
过声画手法将现实社会中的价值效用以故事化的叙述方式呈现给受
众。《中国式关系》中，古奶奶对四合院的拼死维护及马小驿对高端
物质品的疯狂追求都是某一客观物体对主体人需要的满足，体现了物
对人的有用性；当马国梁作为价值客体被他人需要时，他对家庭有提
供物质与情感的价值，对社会有奉献和创造财富的价值；当他作为价
值主体时，他有生存、情感及自我实现的诉求。《欢乐颂》中，樊胜
美、邱莹莹和关雎尔为了赚取每个月的生活费和房租，每天的大部分
时间都花在工作上，体现了工作这一物质载体的生理需求价值；剧中
的安迪对于底层的樊胜美、邱莹莹、关雎尔而言，更多的可能是珍贵
的情感价值，而对于上层的曲筱绡而言，她从安迪身上看到的是用不
完的资源价值，这些更多体现为利益关系价值。同时剧中的这些价值
效用又通过一系列的影视化符号传递给受众，使得受众在观剧的同时
或多或少地受剧中人物行为及思想的影响，具体表现为剧中传达的思
想意识对现实受众的积极效用。可以看出，电视剧对现实社会起着一
种价值形成与维护的效用。

　　价值观是一个人对周围客观事物所持有的意见与看法，主要通过
人们的日常行为和态度来体现。大众传媒对信息的报道并不是纯客观
中立的，往往或多或少带有报道者主观情感与观点倾向，即对某一事
物所表现的支持与反对的呼声。一方面它对现有的社会价值体系有维

---

① 参见石小平等《全面理解哲学意义上价值的含义》，《中学政治教学参考》2007 年
第 3 期。

护与强化作用，另一方面它在引导社会成员形成新的价值体系过程中起着重要监督作用。这几部剧传递了几种不同的价值观，它们既是现实社会不同思想的反映，也为人们形成正确的价值取向提供了指引。

《小别离》中，一心盼着孩子成才的三个家庭为了提高孩子的学习成绩绞尽脑汁，使出各种大招，而孩子的兴趣爱好和情感需求则被完全忽略，在他们眼里，孩子俨然已经成了学习的工具，这是一种"学习第一、其他都靠边"的畸形教育观。《欢乐颂》中，一心想通过钓金龟婿来摆脱自己贫困窘境的凤凰女樊胜美，持"物质至上"的价值观；天生自带"富家女"光环的曲筱绡，待人接物以自我开心为主，想方设法利用一切对自己有利的资源，是典型的利己主义价值观。长江中游的武汉市是中国教育资源的富矿，但教育的问题也很多，《小别离》里子女教育凸显的问题为当前武汉市中小学疯狂补课、追求应试成绩敲响了警钟。

电视剧《中国式关系》中，对中国式关系了如指掌而又败于官场商场人情世故的马国梁，做任何事情都坚持自己的底线。官场，他不畏权力的威胁坚持自己的改革方案；商场，他从不惧金钱的诱惑，始终支持江一楠，尽最大努力推进老年公寓项目。这是一种坚持自我本性、不与恶势力同流合污的价值观体现；深谙官场运作之道的沈运在与刘俐俐结合后，用各种手段使得马国梁离开了体制内，成为主任后又利用手中的权势打压马国梁，并与罗世丰合作阻挠老年公寓项目，这是一种玩弄权术型价值观体现；毫无国内生活经验的江一楠带着她的老年公寓项目回国寻找投资方，在这一过程中她经历了各种各样的中国式关系，她认为"人首先要瞧得起自己，才有可能被别人尊重"，这是一种职业型价值观体现；房地产大鳄罗世丰信奉"金钱至上"的原则，在他的世界里一切情谊、关系都是为谋利服务的，他认为"没有金钱买不来的客气与尊重"，这是一种自我为中心、自私自利的价值体现。几部剧在各种各样的"关系"讲述中间接地为观众传递了多种价值观，引导着受众对人性的思考，对善与恶、美与丑的判断。

习近平总书记在北京大学师生座谈会上的讲话中提到广大青年要从"勤学""修德""明辨""笃实"四个方面树立与培育社会主义

核心价值观。① 大众传媒作为一种公共文化产业，公信力高，公益性强，影响力广，在传递社会信息的同时肩负着宣传社会主义核心价值观的重任。电视剧作为一种可视化的大众传播媒介，不仅具有娱乐功能，还具有思想引导功能，在青年价值观的形成过程中起着重要的"明辨"作用，因此我们要重视电视剧对受众的价值引导与维护效用。

三 社会行为示范与受众现实行动模板建构

大众传媒的传播效果除了环境认知和价值维护外，还具有社会行为示范效果，即大众传媒借助先进的传播技术，将传播内容（某种思想或行为）以一定的文本形式或音像形式传递给受众，为受众提供具体的行为范式。集中体现在大众传媒的社会规范强制功能上，即通过大屏幕将某种社会行为公之于众来表达其支持或反对的思想倾向，以引导人们的现实行动方向。由此可看出，大众传媒的社会示范效果主要体现在两方面上：一是通过某些正面积极行为范式告诉人们应该怎么做；二是通过某些社会越轨行为告诉人们不应该怎么做。

（一）正面行为的示范效应

传媒通过报道什么或不报道什么来引导人们对特定议题的关注，通过对议题报道程度的把握来加深人们对该议题的深刻度，从而影响人们在现实环境中的行动。电视剧由于具有形象性、故事性、生动性而成为人们休闲娱乐的首选。一般来说，电视剧的主题越倾向于某种思想、某种行为，该种思想或行为很快就会成为现实社会中人们所效仿和学习的对象。

电视剧《女不强大天不容》《中国式关系》中人物的经历及行为会对受众产生良好的示范效果。《女不强大天不容》中，作为一名都

---

① 参见习近平《青年要自觉践行社会主义核心价值观——在北京大学师生座谈会上的讲话》，2014 年 5 月，新华网（http://news.xinhuanet.com/politics/2014 - 05/05/c_1110528066. htm）。

市报记者，郑雨晴有着极高的新闻专业素养和人文关怀意识，以人民利益为中心，多次将社会黑暗面予以曝光，以实际行动向人们诠释了"铁肩担道义"的深刻内涵，这是素有"无冕之王"的记者所应担当的社会责任，为现实社会中徘徊在个人利益与社会公益边缘的新闻人指明了正确的职业方向；作为报社社长，郑雨晴在顶着巨大压力和多方争议的情况下力推报社改革，提出"不改革势必死"的思想，体现了作为领导者应有的果敢和雷厉风行，这正是现实社会中产阶级应有的风范。《中国式关系》中，主人公马国梁是支撑整部剧的一个极具人格魅力的形象，也是剧中的灵魂所在。他在面对家庭、事业双重变故后所体现出的乐观坦然的人生态度及在逆境中仍不失正气与善良特性深深地感染着受众，为受众提供了一面行为旗帜。同时马国梁的为人处世态度也为剧中人起了很好的示范作用，江一楠从他身上学会了怎样处理好"中国式关系"，关强从他身上学会了怎样做一个有原则、有底线的人，霍瑶瑶从他身上学会了怎样善待他人，金豆豆从他身上学会了怎样依靠自己的力量去努力奋斗，同样也给受众带来了好的模仿效应。

（二）越轨行为的警示效应

社会失范理论认为，所谓失范是因为社会本身失去了行为规范而出现不正常现象；换言之，社会规范多重急剧变化、混乱和缺乏是社会失范的表现，其结果导致现有社会规范不能为社会成员提供必要指导，社会整体处于一种混乱无序的状态，失范行为在某种意义上亦可称为越轨行为，即社会成员的某种行动与现有社会规范不符，根据越轨程度的不同，可将其分为违俗行为、违德行为、违规行为和违法行为。[①]

当前我国处于重要的社会重构期，某种程度上可认为，我国社会正处在"社会失范"状态。电视剧《女不强大天不容》《欢乐颂》《中国式关系》就是立足于当前中国社会大变革的现实背景，以写实

---

① 参见燕丽丽《浅析社会学失范理论对我国社会转型期的启示》，《南阳理工学院学报》2012 年第 1 期。

手法描述了多种社会失范表现。《女不强大天不容》中，张国辉不顾职业道德和法律规定，在实际工作中搞有偿新闻行为，涉嫌严重违法；徐文珺靠巴结领导得到升职机会的行为不符合职业规定，也违反了市场经济中公平竞争原则，属于违俗违规行为。《欢乐颂》中，曲筱绡多次毫不留情地对樊胜美和邱莹莹进行指责与侮辱，这不利于良好社会关系的构建，属于违德行为；渣男白主管在与邱莹莹交往过程中，为了个人利益而出轨他者，其行为违反了男女交往原则，属于违俗违德行为。《中国式关系》中，刘俐俐出轨沈运后离婚再结婚行为违背了现实社会中的夫妻规范，属于违俗违德行为；沈运未经马国梁同意私自递交改革意向书的行为违反了有关职业规范，属于违规行为；当上规划局主任的沈运中了罗世丰的"糖衣炮弹"，与奸商为伍，其行为严重违反了相关法律规定，属于违法行为。这些失范行为在某种程度上是对现实社会的呈现，它引起了受众对客观周围环境的理性思考，同时也间接地告诫受众：这样做是不对的。另外剧里的越轨行为也对剧中人有启示性意义，比如《中国式关系》中的马小驿，她从阎桂英、刘俐俐、马国梁对待生活的态度中懂得了以后要选择什么样的生活，她不希望以后的生活像母亲那样困在自己的感情里，也不希望像姥姥那样困在自己的饭碗里，更不希望像父亲那样到了不惑之年才开始清醒，她要靠自己的努力拼搏一片与父辈完全不同的新天地。社会的新一代在成长道路上可能会出现暂时迷失自我的现象，但最终他们会找到实现自己人生价值的目标与途径，新生一代不仅充满活力与希望，更能挑起社会重担。由此可看出，剧中人物的行为方式有很强的代入性和现实感，对受众的示范效果十分明显。

现实主义题材电视剧《欢乐颂》等不管是内容还是形式都赢得了受众的喝彩，整部剧对中国当下"中产阶级焦虑问题"进行了精彩描述，是对中国现实的"真实"呈现。其传播效果主要体现在环境认知效果、价值形成与维护效果、社会行为示范效果三个方面。现实主义题材电视剧运用"拟态环境"理论和"视野制约效果"理论建构受众的环境认知，为人们认知和理解现实世界提供了有益参考；同时，现实主义题材电视剧运用价值效用理论，为受众形成正确价值观

并维护价值观提供了引导；更重要的是，现实主义题材电视剧为人们
的现实行动提供了模板——社会行为示范效果。总之，现实主义题材
电视剧成为当下中国电视剧市场化氛围浓烈条件下环境认知、价值体
系与社会规范建构的典范。

第三部分

长江中游区域城市发展与大众传媒

第十三章　和谐社会经济发展与
大众传媒

　　建构和谐社会是一个历史范畴，是在经济发展基础上正确处理各种社会矛盾的历史过程和社会结果。改革开放以来，中国新闻传媒始终坚持着"以经济建设为中心"，为经济建设"鼓"与"呼"；并在为经济建设服务中，不断推进传媒经济的发展，从而打开了新闻传媒的现代化发展之路。新闻传媒是现代经济伴生的产物，经济发展与新闻传媒的发展是共生互动的。

一　和谐社会经济发展的内涵与要素

　　一个经济落后、财富稀缺的社会，必定存在诸多社会问题与矛盾；同样，经济利益冲突频繁、公民经济权益得不到有效保障、经济的公平与活力机制保障不足的社会，必定损害社会的发展与和谐。发展是构建和谐的根本前提，经济和谐发展是社会和谐的基础，没有和谐的经济发展就没有持续的经济效率，就会窒息经济活力，整个社会的运转就失去了必要的物质支撑，影响社会和谐的深层次矛盾和问题就无法破解。在经济系统内部，生产、交换、分配、消费各个环节必须有机衔接，顺畅循环，否则，再生产过程就不能正常进行。实现经济和谐，必须处理好生产与分配、积累与消费、基础设施部门与直接生产部门、实体经济与虚拟经济、国有经济与民营经济、国内市场与国际市场等一系列重大的经济关系。

　　科学发展是和谐社会经济发展的根本特征。科学发展，是中国特色市场经济的根本特征；和谐社会，是中国特色市场经济本质属性。

二者相互联系，相互促进，统一于中国特色市场经济的实践之中。当前，中国经济虽然总体上保持着较快增长，但长期积累的结构性矛盾和粗放式发展方式还没有根本转变，城乡经济、区域经济发展不平衡以及能源、资源、环境的"瓶颈"制约日益突出，实现可持续发展遇到的压力越来越大；还存在部分民众生活困难、收入分配差距拉大、消极腐败现象滋长等影响社会和谐的因素。只有坚持科学发展，才能抓住机遇、应对挑战，有效解决这些矛盾和问题。

坚持以人为本是和谐社会经济发展的核心。坚持以人为本，就是要以实现人的全面发展为目标，从民众的根本利益出发谋发展、促发展，切实保障民众的经济、政治和文化权益，使发展的成果惠及全体民众。一是以人为本的性质和含义是以民为本、执政为民。二是以人为本的基本要求是尊重人民主体地位，发挥民众首创精神，保障民众各项权益，走共同富裕道路，促进人的全面发展。三是以人为本的目的是做到发展为了民众、发展依靠民众、发展成果由民众共享。以人为本的发展全面回答了为谁发展、靠谁发展、发展成果如何分配等根本问题，是科学发展观的核心，也是建构和谐社会经济发展的核心。

全面协调可持续发展是和谐社会经济发展的基本要求。全面发展，是指各个方面都要发展，是按照中国特色社会主义事业总体布局，全面推进经济建设、政治建设、文化建设、社会建设；在重视经济发展的同时，更加注重社会发展。其中，经济是基础，它强调的是处理好"中心"与"全面"的关系。协调发展，是指各个方面的发展要相互适应，促进现代化建设各个环节、各个方面相协调，促进生产关系与生产力、上层建筑与经济基础相协调，它强调的是处理好"平衡"与"不平衡"的关系，解决发展的均衡和协调的问题。可持续发展，就是要坚持生产发展、生活富裕、生态良好的文明发展道路，建设资源节约型、环境友好型社会，实现速度和结构质量效益相统一、经济发展与人口资源环境相协调，使人民在良好生态环境中生产生活，实现经济社会永续发展，它强调的是处理好"当前"与"未来"的关系。

二　现代传媒与现代经济发展的普遍价值

作为现代社会系统的不同构成部分，作为一种制度性存在和社会构成要素，现代传媒和现代经济系统的发展都基于社会共同的普适价值观念。"尽管这样的价值在不同的社会中有不同的具体形式，但不管在什么文化当中，它们基本上得到了普遍的追求。这种基本价值的例子有自由、公正、和平、安全和繁荣。"① 无论是自由、公正和平等，还是安全、和平和繁荣，这些基本的普适价值观念，既是经济制度构建的基础，又是传媒运行专业理念和社会责任的基础，它们是整个社会结构和制度的根底。

从制度经济学的视野看，经济制度是经济行为的规则，并由此而成为一种引导人们经济行为的手段。它是广为人知的、由人创立的规则，它们的基本用途是抑制人类可能的机会主义行为；它们总是带有某些针对违规行为的惩罚措施。无论是依靠群体由经验而演化的内在制度，还是有意识设计出来并靠政治行动自上而下地强加于经济组织的外在制度，它们都植根于人类社会的普适价值观念。表面看起来，经济是由技术、行为、市场、金融机构和工厂这些有形的和实体的东西构成的，但是在这些事物的背后，引导它们又被它们所引导的是人类的普适价值观念。人类普适价值观念使经济的各个部分整合为一个整体。在一定意义上，它们是社会经济发展的DNA。这些普适价值观念包括：自由，即一个人在其拥有的领域内自主地追求其自设目标的机会，个人免受恐惧和强制的威胁；公正，即个人和权力机关对相同的事物平等对待，以及对所有的人按统一标准（而不是根据个人的立场或所从属的特殊集团）施加管束；平等，即人人都应有权获得相似的机会；安全，即长期的自由，相信在未来不会遭受侵害；和平，即既没有源于共同体内部的暴力和冲突，也不存在来自外部的暴力和冲突；繁荣，即不仅确保了纯物质性满足，而且确保了文化和精神的充

---

① ［德］柯武刚、史漫飞：《制度经济学》，韩朝华译，商务印书馆2003年版，第88页。

实，以及养老、保健和其他保证舒适生活的条件。

从新闻传媒的发展来看，人类基本的普适价值观念也是新闻专业主义理念赖以存身的基础和新闻传播所追求的终极价值。新闻传播所突出的客观、及时、真实和平衡的报道，新闻传播所追求的对事实的敬畏与对真实的揭示，说到底就在于履行和谐社会建构过程中的传媒社会责任；就在于维护社会良序、推进民主法治，坚守社会良心、扩展公平正义，传播社会良知、推进启蒙协商，传导社会"良俗"、倡导诚信友爱；就在于通过信息传播和观点沟通，促进社会的民主、自由、平等、公正、安全、和平和繁荣。

三　社会经济对新闻传媒的制约和影响

处于社会中介场域的新闻传媒的发展变化直接受到社会经济的制约和影响。对此，我们至少可以从以下四个方面来把握。

第一，社会经济的发展为传媒的发展提供基本条件，并决定传媒业的整体水平。无论是新闻传播业的勃兴、大众传播时代的到来，还是在今天中国正在发生的传媒的市场化转型，都与社会经济的发展及其提供的条件密不可分。虽然标志着大众传播产业时代到来的《纽约太阳报》是在 1833 年才问世的，但从 16 世纪开始的整个西方资本主义经济的繁荣和发展为其准备了丰厚的基础与条件。伴随着资本主义时代的到来，当时社会发生了巨大转型，而正是当时经济制度的巨大变革，引发了社会规模的扩大、经济交往的发展、生产分工的细分化与生产部门之间联系的强化、社会阶层和阶级之间矛盾与冲突的激化，导致人们不能不关心环境的巨大变化和社会生活中的重要信息。尤其是随着社会经济的进一步发展和城市化、工业化进程的加快，促使社会的信息加工与采集条件大大改善，广告主的市场传播需求也逐步彰显出来。例如，资本主义经济的大工业生产，要求各企业之间紧密协作，以降低生产和交换、流通的成本，工厂就需要相对集中并靠近交通要道。这就促使城市大量兴起。城市的发展，交通工具和公路、铁路系统的发展，为物流、信息流的通畅创造了条件。这不仅为新闻传播业提供了受众规模群体，为新闻传播的采访、写作与编辑、发行与广告经营提供了条件，更为传媒资本的集中加速创造了条件。因此，没有当时经济的繁荣与发展，就不可能产生新闻传播业，更不可能形成大众传播产业。从中国的传媒产业化进程来看，在 20 世纪 90 年代后半期崛起的都市类报纸种群，实际上也是市场经济全面推进的产物。这类报纸的成功运行，依托于受众市场、资本市场、广告市场、新闻来源市场。恰恰是在社会经济得到比较充分发展的基础上形成的市民阶层，为"都市报"培养了广阔的读者市场；市场经济的繁荣为其培育了丰厚的广告市场；城市生活的多元丰富为其培育了取之不竭的社会新闻和文艺、体育、娱乐新闻来源市场；资本市场的发展和传媒产业的勃兴为其培育了投资市场。从社会整体来看，经济发展总体水平与传媒业发展水平之间呈现正相关的关系：经济实力与生产力发展水平有直接的因果关系；新闻传媒业随着社会经济实力和生产力发展水平的提升而提升；经济实力的大小与生产力水平的高低直接影响新闻传媒业的发展速度和规模大小。

第二，社会经济的发展为传媒发展提供丰富的社会经济信息内容。作为社会信息的传播系统，传媒必然要传播社会经济系统的信息，而社会经济系统的变化将为新闻传媒的发展提供丰富的内容。自从中国社会生活的重心转移到了以经济建设为中心以后，受众对于经济新闻的需求与兴趣也与日俱增。据有关方面的调查，20 世纪 80 年代初期对经济信息感兴趣的人大约只有 10%，而到了 80 年代中后期上升为 20%—30%，进入 90 年代后期，则达到了 68.5%。无论是社会整体宏观经济运行，还是市场主体与企业的微观经济活动，或是国家的经济法规、政策的调整变化，无论是生产资料市场的波动、消费资料市场的变化，还是资本市场的风吹草动，或是社会生产、流通、消费领域的发展变化，无论是机械、电子、纺织、制药、食品加工、汽车制造、钢铁、石油、煤炭、建筑、核能等工业领域，还是农业、信息、传媒、文化、交通运输、金融、物流等产业领域，无论是社会经济的常态运行，还是经济危机的凸现与消弭，股市的波动、物价的消长，社会经济的各个方面的任何变化，都可能成为不同范围的受众关注的重要内容。例如，仅仅从经济体制改革这样一个视角来审视我们的传媒，就可以发现，从 20 世纪 80 年代初期开始的以联产承包责任制为核心的农村经济体制改革，到80年代中期启动的建立试验区、实施增量改革的城市经济体制改革，再到90年代初期启动建立社会主义市场经济体制的新改革战略的实施，以及2001年底加入WTO（世界贸易组织）之后的中国经济全球一体化进程的推进；从20世纪80年代初期建立深圳、珠海、厦门、汕头四个特区，到80年代中期14个沿江、沿海城市的对外开放，再到80年代末期海南省建立大特区、90年代初期浦东新区战略的实施，以及之后的天津滨海新区、成都重庆城乡一体化试验区、武汉城市圈与"长株潭"城市群两型社会建设试验区改革的推进，中国经济体制改革进程的每一个环节，都成为新闻传媒的重要传播内容。而从经济体制转型变革的视角来看，从对苏联计划经济体制弊端的反思与批判，到建构中国特色的社会主义市场经济体制，以取代传统的僵化的社会主义经济体制，从改革原有的公有经济，大力发展非公有经济的现代产权制度改革，到按照市场经济原则，建立包括市场体系、市场机制、市场秩序在内的市场制度，并形成使用市场经济要求的收入分配体制、农业经济体制、区域经济体制、宏观经济体制，从打破"大锅饭""铁饭碗"到形成按要素贡献（包括资本贡献与劳动贡献）分配收入，实现效率与公平的有效结合的三次分配体制，以及全面改革政府管理经济的体制和财政、金融体制，形成国家通过货币、财政、国际收支等因素调控社会总需求与总供给的相互关系的宏观经济体制，中国新经济体制构建的每一个方面，都为新闻传媒提供了取之不竭的传播内容。

第三，社会经济的发展促进传媒产业经济的繁荣。从产业的视角来看，新闻传媒业本身是一个重要的产业，也是社会经济的一个重要部门。社会经济的发展直接从社会民众的传媒产品消费与企业的广告支出提升等方面，促进传媒产业经济的发展。广告不仅是经济发展的晴雨表，更是传媒发展的血液。一般而言，广告经营总额的增长与国家GDP（国内生产总值）的增长之间，具有正相关性。改革开放以来，中国的GDP总量，平均呈现两位数的比率增长，广告经营总额也一直呈现高速增长的态势。

与此同时，社会经济的发展还创造了巨大的新闻市场和消费群体。新闻传媒产品需要在市场中进行交换才能获取经济利益，这是因为人们消费新闻信息产品不仅要有对信息产品的需求，要有阅读和信息解读能力，还要有一定的购买能力。社会经济的发展能够极大地扩大传媒产品的消费群体，提升受众的新闻消费能力。仅从中国的实际来看，改革开放近40年以来，伴随着报纸发行量的提升和广播、电视覆盖率的提高，传统传媒受众总量已经得到极大的扩展。而互联网络进入社会生活以后，也已经成长为重要的大众传媒，截至2016年6月底，中国的网民总量已经达到了7.10亿人。不仅如此，国家整体经济实力与国民收入的提升，使人们的传媒消费能力逐步提高，也为传媒发行与收视费用的提高创造了条件。例如，都市类报纸产品的消费，其每份报纸的零售价格先后从0.1元，上升为0.3元，0.4元，一直到1元，甚至在珠三角的广州、深圳等城市，提升到2元，也逐步为读者所接受。正是国民传媒消费能力的提升，使得20世纪90年代后半期低价倾销的价格战逐步失去了市场竞争力。社会经济的发展，企业经济实力和传媒受众群体的扩大，国民传媒消费能力的提升，推动传媒广告经营总额的高速增长和传媒产品销售总额的提升，促使中国传媒经济的总量极大地提升。截至2015年底，中国传媒经济总量已经达到1.2万亿元。

第四，社会经济的发展催生专业财经传媒的创生。如果说，在改革开放刚刚启动的1979年10月1日创刊的《市场报》是中国当代财经类传媒的开端的话，那么在20世纪80年代先后创刊的《经济参考》《经济日报》《世界经济导报》《中国经营报》《中华工商时报》等则是最早的一批应经济体制改革和读者经济信息需要应运而生的财经传媒。20世纪90年代先后问世的《财经》《中国证券报》《证券时报》《国际商报》《金融时报》《证券日报》，以及一大批广播电视财经、证券的频率、频道，则是中国的第二批财经媒体。它们是应市场经济体制的构建与中国资本市场的发展而勃兴的。2000年后创办的《21世纪经济报道》《经济观察报》《第一财经》，以及伴随着互联网络的兴起而发展的大型门户网站、新闻网站的财经、证券频道是中国的第三批财经媒体。它们是应新世纪中国经济的国际化、全球化发展的需要应运而生的。这三批财经类传媒的产生与发展与中国经济转型的启动、深化、全球化三个阶段同构对应。在一定意义上，可以说，正是中国经济发展的不同阶段，催生了中国财经类传媒的诞生和发展。

四　大众传媒业对社会经济的整合与推动

从经济的层面看，尽管除了传媒经济的数量和规模可以度量之外，我们很难从社会的 GDP 总量中分离出属于传媒信息传播直接创造的经济价值，但新闻传媒业对于经济发展的促进，依旧是可以把握的。传媒对于社会经济发展的影响与推动，大体上可以区分为以下三个方面：

第一，传媒通过信息沟通与流动来整合整个社会经济系统，顺应、协调并促进与社会经济系统的协同发展。新闻传媒全面公开传播各类经济信息，能够在经济领域履行引导生产、分配、交换与消费的功能。现代经济生活中，信息就是财富，市场的形成和发展，在很大程度上取决于信息的有效传播。这里的"有效传播"，一是指新闻传媒的传播能积极、有效地引导社会经济热点和焦点。经济热点之所以"热"，主要是因为它牵动着市场的敏感神经，受到了社会的广泛关注。传媒的经济报道紧扣社会热点，就会形成传媒经济"舆论场"和社会经济"舆论场"的良性互动。例如，在经济危机蔓延与社会经济问题频发期，国家宏观调控政策以及"三农"问题、金融市场、房地产市场、收入分配等都会成为社会大众十分关注的"热点"，对此，只要新闻传媒敢说话、早说话、说准话、会说话、说新话，就能产生很好的传播效果。二是指新闻传媒的传播能发挥信息预警功能，预测经济活动的走向，助推经济的发展。例如，1988 年中国经济发展进入一个十分敏感的时期，"诸侯经济"开始形成，地方保护主义愈演愈烈，已经危及了中央政府的权威。政治经济学专业出身的新华社记者王志纲撰写了《中国走势访谈录》，大胆提出"治理改革环境，整顿经济秩序"的主张。当年 8 月 28 日中央高层会议讨论王志纲的报道所提出的问题。不久，中央工作会议就做出了"治理改革环境，整顿经济秩序"的重大决策，有效地拨正经济体制改革的航向。再如，1992 年 3 月 26 日《深圳特区报》刊发了长篇通讯《东方风来满眼春》，它首次详细披露邓小平南方讲话，具有特殊的历史意义。众所周知，邓小平南方讲话在中国改革开放历史上起着廓清认识、拨云见日的重要作用。当时，中国经济与社会的改革开放正处于一个关键的历史时刻。对于中国改革，尤其是经济体制改革将向何处去等重大问题，人们没有统一认识。邓小平不顾高龄，前往深圳、珠海、上海、武昌等地视察，并发表了一系列重要讲话，指出：“特区姓社不姓资”，社会主义的本质是，解放生产力、发展生产力，消灭剥削，消除两极分化，最终达到共同富裕。邓小平南方讲话，不仅仅对中国的市场经济体制构建具有引导作用，同时也推动了一次思想解放运动。三是新闻媒体的传播能发挥舆论监督功能，揭示并监控经济运行中的问题。例如，由《人民日报》经济部与中华新闻文化促进会发起的，从 1992 年开始，并持续到 2007 年的“中国质量万里行”，是中国新闻界发起的一场声势浩大的产品质量舆论监督活动。这一活动得到了为数众多传媒的积极响应，仅仅在北京市就有报纸、广播、电视等 64 家传媒参加该项活动。在“万里行”活动开始的前三个月，就发通稿 70 篇，中央级报纸还先后刊发了 400 多篇稿件，加上地方报纸选用的稿件，一共有 1000 多篇；广播、电视播出了 200 多次。“中国质量万里行”取得了巨大的成功，并成为当时最具有轰动效应的经济新闻报道活动和社会活动之一。[①]

　　第二，通过刊播广告，沟通消费者与生产者、流通者，刺激消费。作为一种营销传播的工具，传媒广告对社会经济发展的推动作用是巨大的。社会经济的发展，不断拓展社会商品的生产者与消费者之间对广告的需求；反过来，广告的发展又不断推动着社会经济的进步。社会经济与广告处于不断的互动发展过程之中。由于广告具有沟通产销、刺激需求、引导消费的强大促销功能，人们把广告视为社会经济发展的强大驱动力与润滑剂。新闻传媒为广告提供了一种最有效、最便捷的传播渠道，广告符号也使用新闻传媒实现与受众的沟

---

① 参见宋守山《传媒三十年》，南方日报出版社 2009 年版，第 141 页。

通，并成为传媒的重要经济来源，成为传媒经济的重要构成。在今天的媒介市场上，无论是党媒、公共传媒，还是商业传媒，无论是报纸、广播、电视，还是互联网等数字传媒，没有哪一类传媒不刊播广告。

第三，传媒产业嵌入地域社会经济系统，推动区域经济的整合与发展。传媒产业作为文化创意产业的核心，它与文化创意产业的其他部分一起，嵌入区域经济体系而发展。在西方发达国家，传媒组织及其伴生的创意组织在大城市及周边地区的集群现象越来越显著，出现了报业、影视制作、广告业、展览、表演等多类型的传媒产业集群。如英国雪菲尔德市的文化产业区，以产业集聚的"簇群效果"为主；它包括了 31 栋文化类和创意类的建筑，如 BBC 电台、千禧年博物馆、大学科学区、图书馆、艺术家村、油画陈列馆、创业投资机构、版权中介公司、电影院和娱乐中心等，组合在一起，形成相互聚合、渗透激活的"引爆效果"。这种集群化的传媒产业空间形态，不同于一般工商行业的集群，是典型的创意组织和知识组织构成的簇群。它们不仅给其中的组织个体带来重大的影响，而且辐射到所在城市或区域的经济、文化、社会生活等诸多方面。现今中国，传媒集群也已经出现一定规模，如北京呼家楼地带传媒集群、上海卢湾区广告业集群、武汉黄鹂路传媒产业集群等，还有发展更为成熟的区域性的"长三角"媒介集群和"珠三角"传媒集群。传媒产业集群的形成，对于文化产业和传媒业而言，意味着产业创新的动力在于各种信息流、人才流、资金流和物资的交叉、渗透和交融，必须形成以地缘为基础的信息、知识和创意要素的密集连接，构筑能把相关的创意和创新组织如大众传媒、研发机构、工作室、艺术家俱乐部、中介企业、政府服务机构、教育培训机构等组合在一起的社会空间，形成基于区域创新系统的传媒生产网络。与此同时，嵌入区域经济体系的传媒产业，其区域发展的产业化过程就是将区域内各产业相关要素不断互相作用和黏合的过程。这一发展要素的空间整合有利于那些在地理上紧密联系、文化上有共同渊源的区域形成更加协调的一体化实体。传媒产业与区域经济、社会和文化的整合，不仅推动区域内传统的增长中心转型、新增长中心的出现，还能提高区域空间的契合与和谐，进而达到可持续发展。①

　　"共生"一词概念源于生物学，它是指细胞或个体内外生物之间共生组合的普遍法则。"共生理论"认为，共生是自然界、人类社会的普遍现象；共生的本质是协商与合作，协同是自然与人类社会发展的基本动力之一；互惠共生是自然与人类社会共生现象的必然趋势。和谐共生是社会共生关系的最优化。运用共生现象普遍性的观点来看待新闻传媒与社会经济发展的关系，按照共生原理不断推进其向优化转变，从而实现社会的全面协调可持续发展。

　　"媒介并不是孤立存在的，它是一种社会学系统，是社会的有机组成部分，它的存在与发展与其他学系统（诸如政治、经济、文化等）也存在着密切的关系。这种关系的总和即是媒介的生态环境。"②它表明，传媒是在与社会的互联互动互补之中逐步成长和发展起来的，当然也包括传媒与社会经济发展的互联互动互补的良性关系。从社会系统论来看，传媒与社会经济系统的关系应该是交叉关系，传媒的社会属性应立于社会经济大系统之外，而传媒的产业属性则属于社会经济大系统的子系统。媒介作为社会大系统之中的子系统和作为社会经济系统的交叉系统，既要保持媒介系统与社会大系统的诸要素间的相互联系、相互依赖、相互作用的关系，又要保持媒介系统与社会经济系统的互联、互动、互补的发展关系。

　　传媒系统与社会经济系统关系包括两个方面。其一，传媒作为社会公器是通过信息沟通与流动来整合整个社会经济系统，顺应、协调并促进与社会经济系统的协同发展。其二，传媒作为产业，无论从自身运作的经济系统关系还是整个社会经济系统关系来看，新闻传媒与社会经济发展必须共生共荣，和谐发展，才能有利于整个社会大系统的稳固与和谐。

　　① 参见王斌《空间变革：嵌入地域发展的传媒产业集群》，《山西大学学报》（哲学社会科学版）2008年第6期。
　　② 廖圣清：《中国受众与新闻媒介——从15年来受众调查看获取新闻主渠道和对传媒总体评价的变迁》，《新闻大学》1997年第2期。

第十四章　大众传媒对武汉市城市形象定位与建构

一　文献综述及研究问题的提出

(一) 关于城市形象的研究

城市形象是指能够激发人们思想感情活动的城市形态和特征，是城市内部与外部公众对城市内在实力、外显活力和发展前景的整体印象与综合评价。它涵盖物质文明、精神文明和政治文明三个领域，包括政治、经济、文化、生态以及市容市貌、市民素质、社会秩序、历史文化等诸多方面。这一印象或评价可能来自亲身经历、人际传播或媒体报道。国外关于城市形象的研究最早可以追溯到古希腊罗马时代，当时的城市形象寓于城市规划建设、城市设计理论和城市美学理论之中。罗马时代维特鲁威在古典名著《建筑十书》中就提出："建筑还应当造成能够保持坚固、适用、美观的原则。"[①] 国外最先提出城市形象概念的是凯文·林奇，他出版的专著《城市印象》较为经典。该专著不仅提出了通过视觉感知城市物质形态的理论，而且为后来学者从多角度、多层面解读城市开辟了新视野和新思维。这也促使很多学者从企业 CI 理论、城市营销等一些全新的视角来研究城市形象。

我国近现代关于城市形象研究最早可追溯到 20 世纪 20 年代末，当时的城市景观设计的理论与实践在我国崭露头角。1928 年，陈直

---

① ［古罗马］马尔库斯·维特鲁威·波利奥：《建筑十书》，高履泰译，中国建筑工业出版社 1986 年版，第 14 页。

在《东方杂志》上发表文章，强调"美为都市之生命"。① 20 世纪 80 年代的改革开放加快了我国城市化进程的步伐，也促进了城市形象研究的发展。20 世纪 90 年代我国首次明确提出了城市形象设计的概念范畴和战略理念。其中较有影响的论著有王建国的《现代城市设计理论和方法》②。

　　此后，我国关于城市形象的研究经历了三个阶段：（1）以城市规划设计为出发点的城市形象研究（1980—1994 年），如李泽厚主编的《城市形象美的创造》③；（2）运用 CIS 原理、方法研究城市形象（1995—1998 年），这其中既有理论研究，如将 CIS 思想引入到城市形象的研究中的张鸿雁撰写的《城市建设的 CI 方略》④；也有实务研究，如赵光洲、冯志成撰写的《城市形象设计——昆明城市形象设计实例》⑤ 等；（3）城市形象研究走向细化深入（2000 年至今），学者们从多种学科角度对其进行研究，其中包括文艺角度（王静撰写的《城市标准色与城市形象塑造》⑥）、宏观经济管理与可持续发展角度（杨刚的《试论城市形象的综合评价》⑦）、文化角度（董力三、吴春柳撰写的《城市形象与城市文化建设刍议》⑧）、新闻与传播角度（杨洸、陈怀林写的《传媒接触对本地城市形象的影响——珠海受众调查结果分析》⑨）等。

（二）城市形象与媒体报道和建构的关系

　　广东金融学院的陈映认为：城市形象可以有"实体城市形象"

---

①　周朝霞：《多维视角的城市定位、设计及传播》，经济科学出版社 2006 年版，第 36 页。

②　参见王建国《现代城市设计理论和方法》，东南大学出版社 2001 年版。

③　参见李泽厚主编《城市形象美的创造》，中国社会科学出版社 1989 年版。

④　参见张鸿雁《城市建设的 CI 方略》，《城市问题》1995 年第 3 期。

⑤　参见赵光洲、冯志成《城市形象设计——昆明城市形象设计实例》，云南人民出版社 1998 年版。

⑥　参见王静《城市标准色与城市形象塑造》，《美与时代》2004 年第 7 期。

⑦　参见杨刚《试论城市形象的综合评价》，《湖南经济管理干部学院学报》2004 年第 1 期。

⑧　参见董力三、吴春柳《城市形象与城市文化建设刍议》，《佛山科学技术学院学报》（社会科学版）2006 年第 2 期。

⑨　参见杨洸、陈怀林《传媒接触对本地城市形象的影响——珠海受众调查结果分析》，《新闻与传播研究》2005 年第 3 期。

"虚拟城市形象"等不同指向的概念。所谓"实体城市形象"是一个城市景观风貌的概括,不仅包括城市的规划布局、建筑、绿化、环境等硬件系统,而且还包括政府行为、市民素质、城市文化等软件系统。"虚拟城市形象"是从认知心理学的角度将城市形象理解为内部公众和外部公众对城市的总体信念与印象,是公众对城市布局、城市环境、城市文化等大量原始数据进行加工和提炼后的印象、看法和观念的总和。而城市形象的建构来自人的直接感官经验和间接经验,同时以来自人际交流和资讯传播为主的间接经验成为建构城市形象的主要因素。而在当下"泛媒介化时代",城市形象已无法脱离新闻传媒的塑造与构建。因为大众传播的新闻报道能够对人们的认知、观念和态度产生议程设置作用或潜移默化的建构和涵化作用;同时大众传播善于运用各种符号,以展现的符号真实来取代客观的社会真实,成为公众塑造形象的主要认知来源。这样由媒体所建构的"虚拟城市形象"可能与"实体城市形象"发生偏差。因此大众传媒在新闻报道中如何选择、描绘、评价城市将在很大程度上影响公众对"实体城市形象"的真实认知。

(三) 研究问题的提出

基于上述文献综述,本章主要探讨的是我国5家媒体有关武汉市的报道特征以及武汉市形象与媒体报道间的内在联系。具体的研究问题包括:

(1) 2001—2010年,5家媒体对武汉市的有关报道呈现怎样的特点?武汉市的媒体形象是怎样的?(2) 5家媒体所呈现的武汉市形象与哪些因素有关?就此,我们应如何提升城市形象?(3) 关于武汉市媒介形象的研究对于我国其他城市形象的塑造有何启示?

二 研究方法

(一) 目标媒体的选择

选择这5家报纸作为研究对象,首先是因为它们是中央级报纸,其报道不论是公信力、影响力还是传播力,在全国纸质媒体中都可以说是较大的。其次，为了使研究更具有标本性、全面性，本章将分别从政治、经济、文化、教育、体育五方面对媒体报道中的城市形象做具体分析。而这 5 家报纸又是这五方面报道的权威。最后，这 5 家报纸都是中央级媒体，它们的报道面辐射全国各地，每个城市被报道的概率相对均衡，因而获得的统计数据也相对客观、全面。同时，作为中央级报纸，它们在报道新闻时可尽量避免因地区舆论保护而造成失实情况，这样报道的新闻信息相对真实可靠，进而使得统计的数据更具有可信性和说服力。

（二）时间跨度的选择

本章研究的时间跨度是 2001 年 1 月 1 日至 2010 年 12 月 31 日。之所以选择 21 世纪初的 10 年时间，主要是因为随着改革开放的逐渐深入，我国城市化进程逐步加快。尤其是进入 21 世纪，城市间的竞争日趋白热化。为了获取生存空间，各个城市都在加强自身的建设，并到达一个高峰期。其中，着力加强自身的形象建设成为各级地方领导的共识。因此，选取这 10 年媒体所呈现出的城市形象对该城市今后的建设和发展有较强的借鉴性与指导性。

（三）数据的收集

考虑到媒体资料的易得性和可操作性，本章研究的"语料库"①是：2001 年 1 月 1 日至 2010 年 12 月 31 日 CNKI 数据库中《人民日报》《经济日报》《中国教育报》《中国文化报》和《中国体育报》5 家报纸报道武汉市的相关文章。在 CNKI 的中国重要报纸全文数据库的高级检索项中，在主题项中输入"武汉"，在报纸名称项中分别输入 5 家报纸的名称，时间跨度选择从 2001 年到 2010 年，匹配项选择精确，检索出有关武汉的报道共 1566 篇。通过人工分析，剔除与武汉市报道相关度低的文章，最后确定为 1220 篇文章，详细见表 14—1。

---

① M. W. Bauer and G. Gaskell, eds. , *Qualitative Researching with Text*, *Image and Sound*, London: Sage, 2000.

表 14—1   5 家媒体关于武汉市报道的数量

报纸名称	文章篇数
《人民日报》	380
《经济日报》	403
《中国教育报》	248
《中国体育报》	98
《中国文化报》	91
总计	1220

（四） 确定研究方法——内容分析法

对"内容分析法"比较经典的定义来自伯纳德·雷尔森："内容分析是一种对明示的传播内容进行客观、系统、定量描述的调查方法。"[1] 内容分析是"以确定与计算内容的关键单元为其方法论基础而对信息中显性内容的出现频率所做的分析"。它提供了一种有效的描述媒体内容特征、检验新闻传播学研究假设的研究途径，因而备受大众传播学者的青睐。[2] 本章旨在分析大众传媒的传播内容，所以使用"内容分析法"比较合适。作为一种可对传播内容进行"客观、系统、定量"描述的研究方法，它被广泛用于对文本数据进行有效的推断，是定性分析和定量统计之间的重要桥梁。[3]

对经过人工筛选后的 1220 篇文章，按政治、经济、教育、体育、文化和其他内容分类，分别选取报道体裁（消息、通讯、评论、其他）、报道倾向（正面、中性、负面）、报道版面（头版、其他版面）进行量化和定性分析。由于不同新闻写作的教材书，对新闻报道体裁大都有不同的划分方法，因此，为了保证评判标准的一致性和准确性，本章选取《新闻写作教程》（刘明华等著，中国人民大学出版社，2002 年）作为报道体裁的划分标准。另外，区分报道倾向的主

---

[1] 郭庆光：《传播学教程》，中国人民大学出版社 1999 年版，第 284 页。

[2] 参见车帆《我国媒体对"农民工"报道的内容分析与话语探讨》，硕士学位论文，暨南大学，2005 年。

[3] K. Krippendorf, *Content Analysis : An Introduction to Its Methodology*, USA：Sage, 2004.

要依据是看新闻报道的用词和内容，赞扬武汉市有关政策和做法的报道属于正面报道；批评武汉市或可能对受众在武汉市形象认识上造成曲解或误解的，以及有可能对武汉市形象引起反向联想的报道，全部归入负面报道的范畴；其他客观且略带褒贬色彩的事实陈述均被列为中性报道。

三 研究内容

（一）整体报道特点

武汉市成为中部城市中最受媒体关注的城市。本章在 CNKI 上收集了《人民日报》《经济日报》《中国教育报》《中国文化报》和《中国体育报》5 家媒体在 2001 年 1 月 1 日至 2010 年 12 月 31 日 10 年期间同期对武汉、长沙、南昌、郑州、合肥、太原六大中部城市的报道，并进行了比较，结果见表 14—2。

表 14—2　　　　《人民日报》等五家媒体对六大中部
城市报道数量的比较
（篇）

城市	《人民日报》	《经济日报》	《中国教育报》	《中国体育报》	《中国文化报》	总计
武汉	530	479	309	140	108	1566
郑州	283	161	106	22	45	617
长沙	163	122	64	12	53	414
南昌	196	141	35	8	19	399
太原	131	66	29	17	22	265
合肥	79	73	31	4	11	198

从报道数量上看，《人民日报》等 5 家媒体对武汉的报道量要远远高于郑州、长沙等中部城市。之所以选取这 5 个城市与武汉进行对比，主要是考虑样本的可比性。30 多年来我国发展建设的总方针是先沿海、后西部、再中部。选取的这 5 个城市与武汉同为中部城市，它们无论是在环境资源还是在发展机遇上都基本一致，具有可比性。同样作为中部城市，郑州、长沙等 5 个中部城市在 5 家媒体中的报道

量却远远小于武汉市。这从一个方面表明，21 世纪以来武汉市在政治、经济、文化、教育、体育等方面被我国权威媒体重点关注，成为中部城市最受媒体关注的城市。

（二）报道数量与时间分布

在选定的时间段内，5 家媒体关于武汉市的报道数量分布如图 14—1 所示。

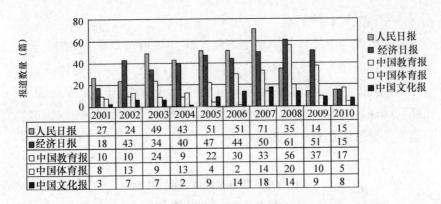

	2001	2002	2003	2004	2005	2006	2007	2008	2009	2010
人民日报	27	24	49	43	51	51	71	35	14	15
经济日报	18	43	34	40	47	44	50	61	51	15
中国教育报	10	10	24	9	22	30	33	56	37	17
中国体育报	8	13	9	13	4	2	14	20	10	5
中国文化报	3	7	7	2	9	14	18	14	9	8

图 14—1　5 家媒体关于武汉市的报道数量分布

在所选样本的时间段内，5 家报纸都发布了关于武汉市的报道。其中，《人民日报》发布相关报道 380 篇，《经济日报》发布 403 篇，《中国教育报》发布 248 篇，《中国体育报》发布 98 篇，《中国文化报》发布 91 篇。从图 14—1 中我们可以看出，从 2001 年至 2010 年 5 家报纸每年报道总量上来说，它们对武汉市的报道数量整体上是先上升后下降，以 2007 年为分界线。而就单独一份报纸而言，每家报纸 10 年来关于武汉市的报道数量变化趋势也呈现出各自不同的特点。其中，《人民日报》逐年报道数量变化特点不是很规则，不是规律地逐年上升或逐年下降的变化趋势，但它符合整体报道中一个特点，即 2007 年对武汉市的报道数量达到高峰。《经济日报》逐年报道数量变化特点与《人民日报》一样不规则，但它是在 2008 年达到报道高峰，而后几年对武汉市的报道呈下降趋势。《中国教育报》报道数量变化特点呈现出先上升后下降再上升再下降的特点，其中三个拐点分别是 2003 年、

2005 年和 2008 年。《中国体育报》报道武汉市的数量变化特点与《经济日报》变化特点基本相同。《中国文化报》在报道数量上的变化无规律，只是在 2007 年达到报道高峰。各类报纸对武汉市的报道量均在 2007 年或 2008 年达到高峰，与当时的国内大环境和武汉市发生的大事件是分不开的。如"2008 北京奥运会"、"金融危机"、2007 年武汉举办"六城会"，2007 年 12 月，国务院正式批准武汉城市圈为"资源节约型、环境友好型"（简称"两型社会"），等等。这些大事件给媒体提供了大量的报道信息，有关武汉市的报道也会增加。

（三）报道主题分类比较

2001 年至 2010 年，《人民日报》等 5 家媒体以武汉市为主要内容的文章报道主题数量见表 14—3。从单一报纸报道主题数量上来看，各类主题的报道在各个报纸中所占的比例不同。由于《人民日报》和《经济日报》是综合性大报，它们对各种主题的新闻均有报道，但所占比例不一样。其中，《人民日报》以经济和政治类报道为主，它们分别占 31.6% 和 27.9%；体育和文化类的报道较少，它们分别占 1.8% 和 6.6%。《经济日报》中的经济类报道占主导，占本报总量的 85.6%，其他各类主题虽有涉及，但数量很少。《中国教育报》《中国体育报》和《中国文化报》都是专业性报纸，其报道以各自专业为主，对其他主题的新闻基本无涉及。而从五家报纸报道主题的总量上来看，在此期间，以武汉市为主要报道内容的文章，经济类报道最多，占对武汉市报道文章总数的 39.4%；其次是教育类报道，占 26.8%；而体育类报道相对较少，只占 8.7%。

表 14—3　　5 家媒体以武汉市为主要内容的文章报道主题数量　　　　　（篇）

媒体	政治	经济	教育	体育	文化	其他
《人民日报》	106	120	76	7	25	46
《经济日报》	12	361	3	1	6	20
《中国教育报》	0	0	248	0	0	0
《中国体育报》	0	0	0	98	0	0

续表

媒体	政治	经济	教育	体育	文化	其他
《中国文化报》	0	0	0	0	91	0
合计	118	481	327	106	122	66
百分比（%）	9.7	39.4	26.8	8.7	10.0	5.4

（四）报道体裁

从不同的角度可以将新闻体裁分成不同的类别。这里将 5 家纸质媒体关于武汉市报道的体裁分为消息、通讯、评论和其他四类，统计见表 14—4。

表 14—4 　　　　　　　　　5 家媒体关于武汉市报道体裁　　　　　　（篇）

体裁	《人民日报》	《经济日报》	《中国教育报》	《中国体育报》	《中国文化报》	总量	百分比（%）
消息	205	117	86	44	37	489	40.1
通讯	140	253	157	40	41	631	51.7
评论	20	15	1	6	6	48	3.9
其他	15	18	4	8	8	52	4.3

从表 14—4 可以看出，所选的 5 家媒体对武汉市的报道以消息和通讯居多，评论和其他体裁较少。

消息一般用来概述新闻事实，以客观陈述笔法为主。在所选的样本中，5 家媒体都在报道中采用了消息体裁，这类报道共有 489 篇，占样本总量的 40.1%。其中，《人民日报》和《中国体育报》中的消息体裁所占比重均居于本报的首位。

所选样本中的通讯报道共有 631 篇，占总比重的 51.7%，超过其他三种报道体裁所占比例总和。这类体裁的文章从多种角度、多种层面对武汉市的各类主题的新闻事实进行深度解析。其中，《经济日报》《中国教育报》中的通讯体裁最多，分别占本报的 62.8% 和 63.3%，说明了我国媒体对武汉市的经济发展和教育关注度很高。

新闻评论是针对现实生活中新近发生的、具有普遍意义的新闻事件和迫切需要解决的问题而发议论、讲道理，直接发表意见的文体。[①]也就是说，如果媒体对某个事件发表评论，那么说明这个事件很重要，事件的社会影响力较大。在所选样本中，有关武汉市的评论性文章有48篇，占样本总量的3.9%。所占比例较少，说明武汉市在此期间具有全国普遍和典型意义的新闻事件较少，没能引起更大更深度程度的关注。

（五）各类主题报道的版面分布

报道版面的分布往往表明新闻事件的新闻价值和重要程度。2001年1月1日至2010年12月31日，《人民日报》等5家报纸关于武汉市的报道共有220篇出现在报纸头版，约占报道总量的18%。其中，教育类的报道出现在头版的数量和比例都是最高的，数量有79篇，占本类报道总量的24.2%；经济类报道出现在头版的数量虽位居第二，有72篇，但在本类报道中所占比例却较低，仅有15%，比例排名降至第四；文化类和政治类报道的数量和比例都相差不大；体育类报道出现在头版的只有9篇，占本类报道总量的8.5%，其报道数量和所占比例均排名第五。

表14—5　　5家媒体关于报道武汉市主题与版面的对比分析　　　　（篇）

主题		头　版	其他版面
政治	数　量	27	91
	主题的比例	22.9%	77.1%
经济	数　量	72	409
	主题的比例	15.0%	85.0%
教育	数　量	79	248
	主题的比例	24.2%	75.8%

---

① 参见胡文龙、秦珪、涂光晋《新闻评论教程》，中国人民大学出版社1998年版。

主题		头 版	其他版面
体育	数 量	9	97
	主题的比例	8.5%	91.5%
文化	数 量	28	94
	主题的比例	23.0%	77.0%
其他	数 量	5	61
	主题的比例	7.6%	92.4%
全部	数 量	220	1000
	主题的比例	100.0%	100.0%

四 研究发现与讨论

（一）研究发现

本章围绕 2001 年 1 月 1 日至 2010 年 12 月 31 日收集在 CNKI 数据库中的《人民日报》等 5 家媒体中呈现的武汉市城市形象进行了定量分析。通过以上分析，媒体呈现出的武汉市形象主要有以下方面：

1. 整体上，武汉受我国媒体的关注度较高，武汉市整体媒体形象较好

作为中部城市之一，武汉市受到我国媒体的关注度远远高于其他五大城市。这在一定层面上说明了 2001—2010 这 10 年来武汉市在各方面表现突出，受到了全国媒体的较密切关注。全国媒体在大量报道武汉市的同时，对武汉市形象正面肯定居多。媒体对武汉市的正面报道量占报道总量的 83.9%，远远高于其负面报道量。当然，这个数据不能完全说明问题，因为这与我国一贯宣传的策略有一定关系，但它在一定程度上还是可以反映一些问题，即武汉市近 10 年来在各方面的表现是良好的。另外，有关武汉市的报道有 18% 位于头版，这远远高于平均值，并且这些报道都是正面或中性报道，这说明了武汉市的各项表现受到媒体的高度关注和积极肯定。可以说，媒体呈现出的武汉市整体形象良好。

2. 政治方面，武汉受媒体关注度较低，且政治上的负面新闻在媒体上出现

在所选样本中，政治类报道主要来自《人民日报》《经济日报》两份综合性报纸，其中《人民日报》中的政治报道占绝大多数，而《中国教育报》等3份专业性报纸对武汉市的政治性报道基本无涉及。在统计的数据中，我们可以看到《人民日报》中对武汉市政治方面的报道少于经济类报道。同时，在六类主题报道总量上，政治类报道也只排名第四，总计118篇，占报道总量的9.7%，说明我国媒体对武汉市政治方面的关注度相对较弱。政治类报道刊登在头版的数量占头版报道总量的22.9%，在六类主题中排名第三，说明武汉市政治表现力度低于其在文化、教育等方面。《人民日报》和《经济日报》中关于武汉市的政治类报道以正面报道为主，塑造了一个执政为民、服务于民的良好政治形象。但是，这两份报纸中也披露了武汉市在政治方面的问题，如贪污受贿、执政不力等，如2006年11月9日，《人民日报》刊登了一篇评论《别让钞票遮住了眼睛》。

3. 经济上，经济发展成为媒体关注焦点，环境问题在报道中成为高频词汇

在选取的样本中，经济类报道的数量所占比重最多，且主要以消息和通讯的方式进行报道，这说明我国媒体对武汉市的经济建设发展十分关注。而且这些报道中绝大多数是正面肯定的，比如"武汉光谷""武钢集团"等，报道肯定了它们对我国经济建设快速发展的积极促进作用。当然，媒体在对武汉市经济建设方面取得的成绩进行肯定的同时，也暴露了其不足的一面——环境污染。在六类主题报道中，经济类的负面报道无论是在经济类报道总量上还是在负面报道总量上，其所占的比例都是最高的。而这些负面报道主要集中说明的是武汉市环境建设方面的问题，比如，武汉市的湖泊减少、湖泊污染、违规建设房屋等，这些对武汉市良好形象建设来说都是硬伤。因此，在谋求经济发展的同时，武汉市一定要兼顾环境建设问题，只有这样才能真正践行我国提倡的经济建设"又好又快"发展，真正落实武汉市"环境友好型和资源节约型"的国家级改革实验，呈现给全国人民既是经济发达、也是环境优美的美好城市形象。

4. 教育上，武汉市作为教育强市已基本成为媒体报道的"刻板印象"

在所选样本中，教育类报道的总量仅次于经济类报道，位居第二位，而其处于头版的报道量却是最多，占头版报道总量的26.8%。这表明武汉市在教育方面取得的成绩能引起全国人民的重点关注，例如，武汉大学的"黄来女背父上学"事件，华中农业大学的"徐本禹山区支教"事件以及2010年武汉大学的"赵晓婷支教牺牲"事件，等等，都在全国范围内引起轰动。这些报道很好地塑造了武汉市教育方面的良好形象。同时，教育类中负面报道所占比例也最少，仅为1.8%。这从一个侧面反映了武汉市在教育方面的缺陷很少，对其良好形象塑造不会构成大的影响。另外，在报道新闻事件的措辞上，所选样本中的多篇报道都提到了武汉市教育方面的"创新性"和"发展性"，给受众呈现出一个教育实力雄厚且具有创新性的城市。总而言之，我国媒体报道塑造的武汉市教育形象良好。

5. 体育方面，体育竞技水平受到媒体肯定，体育发展势头得到媒体认可

在选样本中，有关武汉市的体育类报道共106篇，占报道总量的8.7%，说明我国媒体对武汉市体育方面的关注度相对于其他主题较弱。但是对比媒体对其他省会城市体育事业的关注度，我们会发现，武汉市的体育事业受到媒体的关注度远远高于平均水平。这说明武汉市在体育方面的表现突出，能引起受众的关注。并且在所选样本中有多篇都是对武汉市高超的体育竞技水平的赞扬，如《搭末班车的武汉队淘汰全胜的大连队》（《中国体育报》2003年10月23日消息）、《全国田径大赛武汉站　东道主摘下两金》（2007年7月9日）等。媒体除了赞扬武汉市专业体育人员的竞技水平高外，对武汉市极力促进市民健身意识的做法也给予了充分的肯定，如《武汉体育设施建设上新台阶》（《中国体育报》2001年3月12日）《武汉用民俗体育提升"年味儿"》（《中国体育报》2009年2月13日）。

6. 文化方面，媒体视野中的武汉是一个文化底蕴充足、文化事业发展势头强劲的城市，但也存在一些问题

在选取的样本中，文化类报道数量相对较多，紧随经济和教育类报道，并且所选样本在具体报道中多次提及武汉市是文化古都，其文化发展基础良好。文化类报道中有近87.0%的是以信息和通讯的形式进行刊登的。这说明我国媒体比较关注武汉市的文化动态。文化类报道中位于头版的新闻在其报道总量中所占比例在六类报道主题中排第二，说明武汉市文化方面的新闻能引起受众的重视。文化类报道中正面报道的比例位居六类报道第二位。从报道内容上看，这些正面报道大部分是反映武汉市着力发展自身文化事业的良好态势，如《武汉出台鼓励剧本创作》（《中国文化报》2003年8月12日通讯）、《武汉城市圈图书馆联盟启动》（《中国文化报》2009年3月20日消息）等。文化类的正面报道虽占绝大多数，但这并不能说明武汉市文化建设方面不存在问题。在11.9%的负面报道中，媒体主要揭露和批评武汉市文化监管力度弱以及市民素质差等问题。比如，《武汉人有没有丢脸》（2009年6月24日评论）这些负面报道的出现极大影响了武汉市文化建设方面的形象。因此，武汉市要在继承和发扬文化古都这一优势的同时，加大提升市民文化素质以及加大文化监管力度。

（二）相关讨论

1. 媒体报道中呈现出的武汉市良好整体形象的原因探析及相关建议

从上述研究结论中我们可以知道，媒体报道中呈现出的武汉市的整体形象良好。然而媒体塑造的良好形象并未使武汉市的城市地位有大的提高。近些年发表的城市竞争力蓝皮书显示，武汉市的城市地位在全国范围内并不显眼，无法与东南部的城市相比，21世纪后的武汉早已失去"大汉口"时期的辉煌。究其原因有很多方面，如国家政策、自身因素等。鉴于本章研究的是媒体报道与城市形象塑造的关系问题，下面笔者将从媒体报道的角度来探析其中缘由：

第一，与我国新闻报道政策相关。我国新闻报道一直以来的总方针是"以正面报道为主，负面报道为辅"。在这种报道方针的指引下，报纸上的新闻大多数是正面报道，给受众呈现一幅良好的社会画面。而作为湖北省省会城市的武汉又是这幅画面的一个组成部分。这样，《人民日报》等5家中央级报纸呈现出的武汉市的形象必然是良好的，而且全国其他城市形象也同样良好。在"你好，我好，大家好"的境遇下，武汉市的良好形象就显得不突出。媒体在塑造城市良好形象上立下了汗马功劳，但对城市发展却没有起到真正的推动作用。因此，作为城市发展的助推剂，我国的媒体应当真正担负起舆论监督的职责，只有这样，我们才能呈现给受众一个相对真实的城市形象。

第二，与媒体中的武汉定位相关。随着改革开放的深入，我国城市化进程逐步加快。尤其是进入 21 世纪，我国城市间的竞争更加激烈，每个城市都使出浑身解数来获取自己的一席之地。故步自封已不是当今城市的生存之道。因此，每个城市都要放宽视野，不能再将自己置于狭小的范围内进行比较，不然，迟早会在城市竞争这个赛场上消失。而媒体中的武汉市就是在小范围内定位的城市。从具体的报道中可以看到，我国媒体一直将武汉市定位于中部城市，将之称为中部的"领头羊"，很少会将它与东南部一些发达城市进行比较。久而久之，武汉市在受众心中的印象是中部地区的强市，而在全国中心城市中地位较低。另外，这种长时间的区域性定位也会使武汉自身盲目自信，失去奋力前进的动力。因此，作为城市发展的向导，我国媒体在以后报道中要改变这种刻板定位，不能只将武汉市置于中部这样狭小的范围，而应该尽量将之放置在全国大环境中。只有这样，为了获取自身生存的武汉才能真正进步，涅槃重生，重树"大汉口"时期的威望。

2. 媒体报道呈现的环境污染问题对武汉经济形象影响程度及相关建议

随着改革开放的深入，我国各地区的经济得到了迅猛发展。然而，在不断攀升的 GDP 数字背后却隐藏着巨大的发展危机——环境污染。进入 21 世纪以来，在注重经济发展的同时，人们越来越关注环境问题。环境保护问题被提升到国家经济发展总战略的高度。同时，伴随着生活水平的提高，人们越来越关注自身的生活质量和生存环境。而近三年来频发的几次自然灾害再次将人们的注意力集中到环境污染问题上来，环境保护越来越受到人们的关注。在当今社会中，环境污染程度已作为考量某个城市经济形象的一个重要指标。可以说，一个城市经济环境的优劣在很大程度上已决定了人们对其经济印象的好坏。在本研究中，有数篇新闻报道武汉市环境污染问题，这严重影响了武汉市经济形象。尽管如此，作为舆论监督主体，媒体要坚持自己立场，对阻碍我国经济持续健康发展的行为要勇于揭露，使其尽快走到正确轨道上来。而作为武汉市的相关执法部门，应当正确严肃地对待媒体暴露的问题，及时地制订并实施相应措施，使武汉市尽快成为"资源节约型，环境友好型"的城市，进而树立良好的经济形象。

3. 媒体报道中六个报道主题在决定武汉市形象上的主次关系及相关建议

为了使研究更全面、准确，本章从政治、经济、文化、教育、体育和其他六个层面分析武汉市形象。六个层面对武汉城市形象的影响在程度上有所不同，而影响程度的大小是与社会总的发展形势相关。在当今社会中，经济发展水平最受关注。一个城市经济形象成为该城市整体形象的重要决定因素。这也是在文本分析中经济类报道数量位居六大类报道之首的重要原因。因此，要想树立城市的良好形象，首先应该建立其良好的经济形象。而经济形象不仅包括其经济发达程度，也包括其环境保护程度。对于武汉市来说，经济方面取得了一定的成绩，但与东南部一些城市还存在一定的差距。同时武汉市环境污染问题又被中央级的大报曝光，影响了武汉市的经济形象，进而对武汉市的整体形象不利，尽管其在教育、文化、体育方面表现相对突出。因此，要想提升自身的整体形象，武汉市政府必须狠抓经济发展，但也要兼顾环境污染问题。同时，政治、文化、教育、体育等方面也不能松懈。

五　研究结论

本章对10年间《人民日报》等5家媒体有关武汉市的新闻报道内容进行了分析，对提出的两个研究问题进行了探讨，研究发现：（1）媒体塑造的武汉市整体形象较好，其中政治方面受媒体关注度相对较低，政治上的负面新闻在媒体上出现；经济发展成为媒体关注的焦点，但环境问题在媒体报道中成为高频词汇；武汉市作为教育强市已基本成为媒体报道的"刻板印象"；体育竞技水平受到媒体的肯定，体育发展的良好势头受到媒体认可；武汉在媒体视野中是一个文化底蕴充足、文化事业发展势头强劲的城市，但它也存在一些问题。（2）媒体报道呈现出武汉市的整体形象良好，但这并未促使武汉市城市地位的提升，除了武汉市自身建设存在某些问题外，我国新闻报道政策、媒体中的武汉市定位以及武汉市环境污染问题对武汉市城市地位的提升也带来一定负面影响。（3）我国媒体有关武汉市报道的研究对我国其他城市形象的塑造有一定的指导意义。具体来说，媒体在报道某城市的时候，要真正履行自己的职责，客观地呈现该城市的"拟态环境"，不能只是"报喜不报忧"；同时，媒体报道某城市或某一个区域时不能对其进行"刻板"定位，媒体应该将其放置于全国乃至全世界这样的大环境下进行报道，并结合新形势的发展，尽量规避媒体"刻板印象"对城市真实现状所带来的不真实性，准确地勾勒出城市发展的优势与差距，为政府对城市的发展做出的科学决策提供正确的舆论支持。至于当地政府，首先要敢于倾听媒体对城市报道的"逆耳忠言"，其次要善于从媒体的报道中找出本地区真实情况与媒体所塑造的城市形象之间的差距，要主动做好城市的舆情监测，及时了解影响城市的整体形象的事件或相关因素，清醒地认识城市发展的优势和不足，根据实际情况为城市的发展做出科学决策，进而在激烈的城市竞争中立于不败之地。对于受众而言，对某一个城市或区域的认识，既要参考其媒介形象，考虑其"拟态环境"，更要分析其现实状态，从而较真实地认识其面貌，用自己的言行去促进城市或区域的发展。

最后，由于5份报纸上有关武汉市的报道数量大，时间跨度也较大，而资料阅读、文本分析与统计又是一项准确度要求很高的工作，虽然在方法和操作上尽量追求精确，但是由于内容分析法自身的缺陷，最终获得的相关数据只能展现武汉市大致的新闻图景，结果难免会存在一些偏颇和失误，这需要在今后的学习研究中逐渐完善。

第十五章　大众传媒对长江中游城市群建设的舆论作用

一　长江中游城市群舆论关键节点：从《武汉共识》到《长沙宣言》

2013—2014 年，据长江中游四省分别在武汉和长沙会商会议签署的《武汉共识》和《长沙宣言》，长江中游城市群主要指以长江中游四省省会城市武汉、长沙、南昌和合肥为核心，形成沿长江、环洞庭湖、环鄱阳湖和沿皖江城市带的 37 个地级市横跨四省的合作区域。2013 年 2 月，长江中游四省在武汉缔结《武汉共识》。《武汉共识》重点在长江中游城市群区域合作关系上达成共识，一致认同该区域是中国经济增长"第四极"，并共同落实区域框架协议，共同抱团争取国家支持，申请把"长江中游城市群"纳入国家战略。《武汉共识》为"长江中游城市群"进行了全面的舆论造势。2014 年 2 月，四省会城市在长沙再次会商，并形成《长沙宣言》。宣言认为长江中游城市群一体化发展是国家打造长江经济带的核心，是中部崛起战略实施的重要一环。《长沙宣言》标志着长江中游城市群区域发展进入全面推进阶段。《武汉共识》重在区域的"框架定位"，《长沙宣言》则重在区域的"精准定位"。《武汉共识》和《长沙宣言》共助国家层面将出台长江中游城市群发展总体规划草案，届时，长江中游城市群区域建设将在国家层面正式确定。

二 长江中游城市群大众传媒发展指数分析

据喻国明教授《中国传媒发展指数报告》（2013 年）相关数据资料，我们把长三角（上海、江苏、浙江）、珠三角（广东、广西）、京津唐（北京、天津、河北、辽宁、山东）三大经济圈与中三角（长江中游城市群区域内）2011 年传媒发展指数进行列表比较，旨在考察长江中游城市群区域内传媒发展情况以及在全国主要城市群中传媒发展水平，见表 15—1 至表 15—3。

表 15—1　　中国四大城市群传媒发展消费时长指数（2011）　　（分钟／天）

城市群	省份	报纸消费	电视消费	广播消费	期刊消费	互联网消费	消费时长省均排名
长三角	上海	30.79	163.68	10.50	3.52	99.57	303.09 (3)
	江苏	34.83	185.61	7.37	1.21	92.02	
	浙江	34.47	142.52	8.93	1.51	92.73	
京津唐	北京	36.27	167.31	21.13	6.09	148.13	326.11 (1)
	天津	27.26	177.65	27.87	1.54	85.77	
	河北	33.52	155.48	10.34	3.90	105.82	
	辽宁	36.47	171.82	21.49	4.89	81.62	
	山东	26.95	191.94	6.84	1.16	78.30	
中三角	湖北	29.94	154.93	3.59	1.66	89.58	286.05 (4)
	湖南	14.63	168.98	7.35	1.84	110.63	
	江西	38.24	137.35	6.63	3.57	112.87	
	安徽	29.02	147.36	6.65	2.49	78.88	
珠三角	广东	34.25	175.36	5.86	2.59	81.67	314.34 (2)
	广西	26.97	177.76	5.24	2.03	116.95	

表 15—2　　　　中国四大城市群各省传媒核心受众人数　　　　（万人）

城市群	京津唐	长三角	珠三角	中三角
总人数	619.6	378.2	268.2	199.3
名次	1	2	3	4

表 15—3　　　　　　中国四大城市群传媒广告收入指数和 GDP 情况

城市群	长三角	京津唐	中三角	珠三角
广告收入	908.1 亿元	1113.4 亿元	261.64 亿元	379.27 亿元
名次	2	1	4	3
GDP 总量	91624.8 亿元	119663.5 亿元	66305.3 亿元	64931.2 亿元
名次	2	1	3	4
人均 GDP	69200 元	59787 元	28972 元	38066 元
名次	1	2	4	3

在表 15—1 "中国四大城市群传媒发展消费时长指数"中，"中三角"四省的报纸、电视、期刊、广播和互联网等所有媒介的总消费时长为 286.05 分钟／天，排名第四；"京津唐"五省市所有媒介的总消费时长为 326.11 分钟／天，排名第一；"长三角"三省市所有媒介总消费时长为 303.09 分钟／天，排名第三；"珠三角"两省所有媒介总消费时长为 314.34 分钟／天，排名第二。在表 15—2 "中国四大城市群各省传媒核心受众人数"中，"京津唐"五省市传媒核心受众人数为 619.6 万人，排名第一；"长三角"三省市核心受众人数为 378.2 万人，排名第二；"珠三角"两省核心受众人数为 268.2 万人，排名第三；"中三角"四省核心受众人数为 199.3 万人，排名第四。在表 15—3 "中国四大城市群传媒广告收入指数和 GDP 情况"中，"京津唐"五省市传媒广告收入 1113.4 亿元，排名第一，GDP 总量第一，人均 GDP 第二；"长三角"三省市传媒广告收入 908.1 亿元，排名第二，GDP 总量第二，人均 GDP 第一；"珠三角"两省传媒广告收入 379.27 亿元，排名第三，GDP 总量第四，人均 GDP 第三；"中三角"四省传媒广告收入 261.64 亿元，排名第四，GDP 总量第三，人均 GDP 第四。

以此分析得知，在四大城市群中，"中三角"城市群在"媒介总消费时长"、核心受众人数和传媒广告收入以及人均 GDP 方面排名都位居第 4，但其城市群发展已形成相当规模，有些指标已缩小了与其他几个城市群的差距，甚至实现了超越，如"中三角"城市群 GDP 总量已超过珠三角，排名第三。"中三角"城市群区域内传媒生产能力较强，在 GDP 总量支撑下，广告能力和内容的销售能力对传媒的发展贡献较大。"中三角"城市群区域内传媒完全有能力承担长江中游城市群舆论上的推动作用。

三 大众传媒对长江中游城市群舆论上的推动作用

报道政府谋划发展战略，把握长江中游城市群发展动态，构建"舆论场"推动城市群发展，营造长江中游城市群舆论氛围，推动长江中游城市群成为国家战略，这是长江中游大众传媒服务长江中游区域的舆论责任。基于此，以长江中游的湖北广播电视台等大众传媒，依据媒介地理学、区域理论、"空间意象"理论和符号理论等，联合各大媒体，组织"舆论领袖"，对长江中游城市群进行深度和广度报道，在舆论上实现推动长江中游城市群发展目的。

1. 运用"空间意象"塑造"地方特性"，形成长江中游城市群的"地方感"

媒介地理学理论认为"地方感是关于人们对特定地理场所的信仰、情感和行为忠诚的多维概念，主要包括地方依恋、地方认同和地方意象等"。① 其内容包括对故里的思念、宗教的崇拜、大自然以及文化底蕴深厚地方的归属。地方感常常通过"空间意象"塑造"地方特性"实现。"空间意象"理论认为："每个人在自己的环境中形成了对城市的局部印象，叠加后则对城市的整体印象形成共识。"② 本章的"空间意象"主要指人们调动自己的感觉功能，由长江中游模糊的地域空间形成的一种主观心理环境，从而在心理再接受一种固定的长江中游城市群板块结构。人们通过从媒介获得的相关信息经过内心信息处理，做出在现实的长江中游城市群区域中的相关行为。大众传媒在地方感的形成过程中起到了重要作用。经济社会人的地方感产生主要依赖媒介为人们提供的各种感觉体验，特别是遇到电视影像

---

① 邵培仁：《媒介地理学》，中国传媒大学出版社 2010 年版，第 103 页。
② 李雪铭：《大连城市空间意象分析》，《地理学报》2006 年第 8 期，第 809 页。

视觉的冲击时，这种对地方感体验的"可意象""明晰性"和"易读性"更加直接。在影像构建时代，流动的人们可以足不出户产生一种区域的强烈归属感。2011年11月22日，为了更好地促使长江中游城市群在区域内省份形成一个完整区域概念，营造一种构建中国经济发展第四极的热烈讨论氛围，湖北广播电视台牵头，联合中央电视台、凤凰卫视等主流媒体，及江西、湖南等省级广播电视媒体，组建大型采访团队，聚焦专家、政府官员以及老百姓对"长江中游城市群"发展的意见，通过视觉影像强化人们对"长江中游城市群"认同，把人们对地方形象的碎片化进行拼接，从而形成一个较为完整的地域空间归属感。

2. 形成"舆论场"，激活长江中游城市群的"话语表达"

"舆论领袖"理论认为："那些经常接触传播媒介热衷选举和关心政治问题的人能够在人际交流中对周围选民的态度产生这样或那样的影响，这些人被称为'舆论领袖'。"①"舆论领袖"的言论具有较高的公信力，在一定程度上能够左右公众的态度或改变公众的行为。长江中游城市群的现状、优势以及未来发展趋势，通常从报纸、广播、电视、网络媒体等流向"舆论领袖"，由"舆论领袖"消化后再流向人群中不太活跃的部分。换言之，信息在传播过程中并不是直接作用于每个个体，而是存在"两级传播"现象，即大众传媒——"舆论领袖"——公众。为了更好地实现"打造中国经济发展第四极"的宏大梦想，湖北广播电视台联合《湖北日报》及各大网络媒体，于2011年12月启动《中三角在行动》等专栏，历时3年，邀请国家级专家学者辜胜阻、樊纲及四省社科院专家教授等加入论坛讨论，采访了600多位包括政企、市民、大专院校及科研院所各界人士，报道主题涉及长江中游城市群区域内的交通、教育、经济、旅游、民生等方面的合作与融合。湖北广播电视总台开办的《火凤新观察》时事评论栏目中聘请城市群著名研究专家秦尊文、宋亚平等社会精英，运用"舆论领袖"引爆"舆论场"，全面激活长江中游城市群的"话语表达"。

---

① 张隆栋：《大众传播学总论》，中国人民大学出版社1999年版，第161页。

四 大众传媒对长江中游城市群政治上的协调作用

1. 及时解读传达宣传长江中游城市群相关政策，保证长江中游城市群政府工作良性有序运行

国务院及有关部门对长江中游城市群发展的相关政策主要包括：2009 年，"沿长江经济带"在国务院《促进中部地区崛起规划》中被正式提到，主要包括湖北、湖南、江西和安徽四省。2010 年，与长江中游相关的武汉城市圈等区域被国务院文件《全国主体功能区规划》明确定位为国家重点开发区。2010 年至 2011 年，长江中游城市群问题分别得到胡锦涛和温家宝的重要指示：相关部门对长江中游城市群问题要进行专题论证和汇报。同时，长江中游城市群发展问题得到国家发改委的重视。2011 年，李克强多次对长江中游城市群发展表态：长江中游城市群发展符合国家发展战略；长江中游城市群发展应纳入全国城镇化规划发展中；中央将鼓励支持长江中游城市群一体化发展等。2014 年 4 月底，李克强在重庆调研时强调要依托长江黄金水道，打造中国长江经济带，并纳入国家级规划。湖北广播电视台多次联合国内、省内以及长江中游区域内多家主流媒体，开办《中三角在行动》《火凤新观察》和《荆楚夜新闻》等专栏，对长江中游城市群相关政策进行及时解读、传达和宣传，使政策的难点、重点和疑点在理论界、政界和民众多方中形成共识，保证长江中游城市群相关政府工作有序运行。

2. 积极肩负区域城市之间信息"沟通桥梁"重任，促使长江中游城市群政治信息的流通和共享

我国地域广阔，各地条件差异很大，经济发展不平衡。应当在国家统一规划指导下，按照因地制宜、合理分工、各展所长、优势互补、共同发展的原则，促进地区经济合理布局和健康发展。① 长江

---

① 《中国共产党第十四次全国代表大会文件汇编》，人民出版社 1992 年版，第 31—32 页。

中游城市群欲谋求更好的发展，相邻地带政府不能只追求自身利益，彼此之间需要相互信任。政治协调是国家行政职能之一，处在行政管理过程中的重要环节，关系到社会利益分化与政治整合的共同要求，是针对国家整体利益与长远利益而做出的。完善沟通与信息共享机制是实现政治协调的重要途径。2014年3月，湖北电视台在《湖北新闻》中，通过讲故事的方式，围绕长江中游四省分别在武汉和长沙签署的《武汉共识》和《长沙宣言》，聚焦中三角改革话题。湖北电视台在长江中游城市群的政治协调过程中，肩负起各城市之间信息沟通桥梁作用，促使政治信息的流通和共享。同时跨省际边界区域的合作需要一个"中间机构"来协调区域发展，确立各级政府之间互信、互动。湖北电视台在相关报道中提到："湘鄂赣皖四省交界处，已有十余条高速断头路相继打通；建立新型合作医疗跨省结算；消费投诉一站式维权……"大众传媒在区域协调发展中，能够将长江中游城市群建设的政策、纲领传递给政策执行者和民众，获得理解和支持，以便于政策更好执行和落实，带动区域之间的共同发展。同时，大众传媒作为一种工具、手段、途径，旨在打破区域发展存在的壁垒，完善长江中游城市群跨区域合作机制。

五　大众传媒对长江中游城市群经济上的拉动作用

1. 置地域流动的经济报道于"热点地带"，形成城市群经济的"热关注"

经济报道要从生活视角、民生视角出发，从微观角度透视宏观经济发展。在对长江中游城市群经济发展报道中，湖北电视台记者采用地域交叉关注法，报道江西人在武汉成功开办大型连锁家具店实例；报道湖北人在长沙成功投资太阳能光伏高科技企业等。通过两个跨区域经营的成功案例报道可看出，一条跨地域资本运营、人才互通、技术合作、市场共谋的融合之路正在长江中游城市群之间悄然打通。大众传媒对中国区域经济发展有较大促进作用，媒体置地域交叉流动的经济报道于"热点地带"，通过有效的传播，让长江中游城市群汇聚受众目光，形成一种城市群经济的"热关注"。

2. 借力推介会吸引企业投资，宣传城市群优势，扩大国际影响力。

产业转移理论认为："区际产业转移是指在市场经济条件下，发达区域的产业顺应竞争优势的变化，通过跨区域直接投资，把部分产业的生产转移到发展中区域进行，从而使产业表现为在空间上移动的现象。"① 产业转移理论意义在于能够对区域经济发展带来关联效应、优势升级的影响、产业结构的优化效应和竞争效应等。长江中游城市群的形成必将促使长江中游区际产业转移现象发生，区域产业的集中化和分工专业化将促使区域经济的协调发展。

以湖北广播电视为主的大众传媒对长江中游城市群产业转移理论的把握，首先在于其经济信息报道要有意识地突出长江中游地方经济发展的特色，为城市群的经济发展服务。依据梯度理论，长江中游区域属于中梯度地区，产业投资、产业转移等经济活动在此区域会频繁发生。2012—2014 年，湖北电视台多次借力中博会、博鳌亚洲论坛等大型活动，策划宣传长江中游城市群的投资环境，利用《湖北新闻联播》黄金时段和影响力着力宣传介绍中三角优势，吸引区域外有实力的投资商，并将本地的优势资源突显出来。其次，长江中游城市群经济报道要立足全国和全球视角，报道的经济新闻事实既要有全国眼光，更要有国际背景作比较，突显长江中游城市群经济实力在全国和国际氛围中的水平、位次及优势。2013 年 4 月上旬，湖北电视台抓住博鳌亚洲论坛"鄂皖赣湘'长江中游城市群'午餐会——中三角时间"这个吸引全球目光的时间节点，在报道中引用了诸多领导及专家学者对长江中游城市群经济发展的献言建策，传播城市群综合实力以及可发展潜力。类似的经济新闻报道成为长江中游城市群发展的催化器和推进器，凝聚和激发了四省经济力量，促进了长江中游城市群经济进步与变革。

---

① 陈刚、陈红儿：《区际产业转移理论探微》，《贵州省社会科学》2001 年第 4 期，第 2 页。

六 大众传媒对长江中游城市群文化上的引领作用

1. 运用"媒介符号"包装人文景观，提升城市群人文环境

媒介符号理论指出："媒介符号的产生与发展要受到一定地理环境的影响；而特定的媒介符号也反映出特定的地理景观，尤其是特定的文化景观。"① 作为城市软实力的文化，经过千百年积淀和传承，记载了当地的民俗风情，以及该区域的精神风貌和奋斗历史。文化是城市独有的风景和财富。人们对新环境的向往，对有内涵人文环境的追求，是旅游者的心理动机。同时，旅游是获取一个城市文化不可或缺的途径。湖北电视台在打造长江中游城市群人文环境过程中，运用视觉影像的特有传播效应，把有地方特色的长江中游区域的符号信息，转化为长江中游区域的媒介符号，再用媒介符号包装该城市区域的文化精髓。首先，湖北广播电视媒体在长江中游城市群区域精心筛选该区域典型性文化的地理人文景观。其次，把精心筛选出的地理人文景观用媒介符号进行包装、强化、突出，再赋予该区域独特的媒介传播理念，丰富其文化内涵，从而达到提升城市群人文环境的目的。例如湖北电视台联合江西电视台和湖南电视台，举办"黄鹤楼、滕王阁、岳阳楼"江南三大名楼中秋晚会，提升中秋传统文化在该区域的分量；长江中游城市群区域内的黄山、大别山、武当山、衡山、井冈山、庐山等作为一种符号信息，被电视媒体传播后赋予了一种媒介符号意义，再经过媒介符号包装后，旅游文化、红色文化、佛教文化等被强化为该区域的典型文化代表。

2. 传递红色文化，引领城市群文化内核

红色文化在中国既是一个政治属性的词，也是一个有特定文化系统和文化价值的文化词汇。红色文化具有先进性、地域性、革命性和通融性等特点。长江中游城市群区域是中国红色文化最为集中的区域。红色文化是该区域最为生动、最具影响力和最具传播力的优质文

① 邵培仁：《媒介地理学》，中国传媒大学出版社 2010 年版，第 185 页。

化。大别山、井冈山、韶山等红色名山见证了中国革命胜利的宏伟篇
章。红安、金寨、兴国、浏阳等都是全国赫赫有名的将军县。红色文
化已成为长江中游区域文化的标志和灵魂。依据这些红色文化特质，
在长江中游城市群红色文化的发展过程中，大幅度地宣传和推广红色
文化，是提升城市形象、引领城市文化内核的最直接手段，也是增强
该区域的凝聚力和创造力的有效传播方式。

第十六章　电视问政节目的传播机制与武汉市城市发展

——以武汉市《电视问政》为例

"电视问政"是当今媒体利用其"注意力"对政治实行直接作用的一种新的传播形式。武汉电视台的"电视问政"节目自 2006 年开播以来陆续在全国主流媒体和民众中引起了广泛的关注，现已成为武汉市纪委、市委宣传部、市监察局、市广电局等联合打造的知名电视传媒品牌。节目的成长轨迹包括：2005 年，广播问政《行风连线》开播；2006 年，电视直播介入广播《行风连线》；2007 年，广播问政正式植入电视，形成了电视问政"对话、互动、点评"三位一体的基本节目范型；2008 年，电视问政《行风面对面》连场推出，引入"现场办公"理念，探民生，接地气；2009 年，推出《区长百姓面对面》，进社区活动与演播厅访谈有机衔接；2010 年，推出大型"电视问政"直播节目，中央媒体强力推介，影响全国；2011 年，《兑现承诺　优化环境——2011 十个突出问题整改电视问政》——由"电视问政"到"新闻执政"；2012 年，"电视问政"成为党和政府工作的一个重要平台。[①] 本章主要从传播机制角度解析武汉电视台的"电视问政"节目的有效传播之路。

一　规范的传播制度与"红头文件"

规范的传播制度是《电视问政》节目实现有效传播的有力保证。

---

① 参见黄鹤 TV《〈电视问政〉的发展历程和创新轨迹》，2012 年 12 月，黄鹤 TV—武汉电视台（http：//www.whtv.com.cn/2012zt/x/f/201212/t20121211_ 345307. shtml）。

任何大众传播活动都是在特定的社会制度下进行的。所谓社会制度，是指在特定的社会活动领域中围绕一定目标形成的具有普遍意义的、比较稳定的和正式的社会规范体系。[1] 而大众传播活动受到社会制度的控制表现为一定形态的传播制度。可以说，传播制度是社会制度中对大众传播活动直接或间接起着制约和控制作用的部分。[2] 社会制度对大众传播活动的控制主要体现在三个方面：国家和政府的政治控制、利益群体和经济势力的控制、受众的社会监督控制。其中，国家和政府的政治控制是限制媒体活动的主要方面，它包括规定传媒组织所有制形式、对传播媒介的活动进行法制和行政管理、限制或禁止某些信息内容的传播、对传播事业的发展制定总体规划或实行国家援助四个方面。

我国大众传播媒体所有制形式主要是公有制形式，采用政府领导制，各级党委是新闻媒介的最高决策机关。对于广播电视传媒而言，其管理体制是中央与地方双重领导管理。1997 年 9 月 1 日中华人民共和国国务院颁布的《广播电视管理条例》规定："国务院广播电视行政部门负责全国的广播电视管理工作。县级以上地方人民政府负责广播电视行政管理工作的部门或者机构负责行政区域内的广播电视管理工作。"[3] 据此，武汉电视台相关节目的制作与播出要受到武汉市人民政府的管理，未通过审批的节目不能在该台播出。《电视问政》是一档对武汉市相关领导进行舆论监督的节目，虽然该节目的播出，可能会让很多政府官员因失职而在节目上出尽"洋相"，但《电视问政》节目得到了武汉市委书记阮成发的大力支持，由武汉市委、市政府以发文的形式，明确要求各相关职能部门的"一把手"负责人必须参加，并要求电视台坚持直播，节目的播出时间指定为晚上 8 点档黄金时段。文件还要求电视问政每年坚持进行，各级领导干部必须勇

---

① 参见张隆栋《大众传播学总论》，中国人民大学出版社 1993 年版，第 41 页。

② 参见郭庆光《传播学教程》，中国人民大学出版社 2008 年版，第 129 页。

③ 《广播电视管理条例》，2005 年 8 月，中华人民共和国中央人民政府网（http://www. gov. cn/banshi/2005 –08/21/content_ 25111. htm）。

于面对问题，竭尽全力改进工作，让群众满意。① 武汉市政府在节目的制作与播出上给予的规范的传播制度，保障了《电视问政》节目的有效运行。《电视问政》成为市政府的"红头文件"，为节目的有效传播提供了规则保障。

二　契合需求的传播内容与精准"四心"生产

契合受众需求的内容是《电视问政》节目实现有效传播的核心条件。无论是媒介技术还是传播制度，受众接受的传播内容始终是传播的枢纽。传播学认为，传播过程有三个重要环节：传播者、传播内容、接受者。其中，作为传播活动的中心环节，传播内容对传播效果的最终实现起着决定性作用。传播内容主要由两部分组成：一是"说什么"，即内容系统所包含的特定意义，这是传播内容的核心；二是"怎么说"，即内容系统包含的传播方式。② 对于"电视问政"节目而言，其传播内容主要包括每期节目中涉及的选题内容以及相应内容的具体传播方式。武汉电视台的"电视问政"节目的内容主要体现精准的"四心"生产：

1. 选题贴近"民心"

纵观武汉电视台《电视问政》每期节目内容，发现节目的选题都是民生问题：民众"衣食住行"等微民生问题、政府管理层的中观民生问题和城市建设规划的宏观民生问题。例如，2012 年 12 月 17 日至 21 日五场"电视问政"分别讨论了五方面话题：一是小餐馆管理规范、食品安全、建筑垃圾处理、油烟扰民、出店经营管理问题；二是违法建设、餐饮小摊点管理、政务中心新型审批流程、楼顶违建等问题；三是客运站"兔子"拉客、电招的士难、交通秩序管理、停车难、非法营运"三车"等问题；四是工业社区公共设施缺失、武汉市工业园区的"七通一平"，包括水通、电通、气通、路通等问

---

① 参见李晓萌《阮成发看望问政直播工作人员提出——电视问政年年开展　欢迎群众再出考题》，《长江日报》2011 年 11 月 26 日。

② 参见胡正荣《传播学总论》，中国传媒大学出版社 2005 年版，第 213—215 页。

题；五是湖泊污染和缩小、保障房和经济适用房质量、老旧危房拆除、古建筑修复等问题。这些话题虽只涵盖了民生问题中微小部分，但却是武汉群众最关心、最直接、最现实的问题。《电视问政》节目选取这些问题作为传播内容受到了群众的关注和认可。

2. 内容体现"真心"

《电视问政》节目内容设置主要分为四个环节：问题呈现、部门领导回应、现场观众评价、特约评论员点评，这些环节均体现了"真"的特色。

首先，内容的"真心"体现在一线记者记录素材的"真功夫"。为保证素材真实、准确，"电视问政"节目组采用记者暗访的形式，将这些问题的真实情况用镜头记录下来，进行现场呈现。节目呈现的素材由有多年民生新闻采访经验的武汉电视台《百姓连线》节目组的记者完成。新闻素材经过记者们多次采访而得，素材真实全面。例如，为了反映武汉"南大门"2.8公里道路的破损实况以及对周边居民生活带来的影响，拍摄组前后共去了10趟。经过多次暗访获取的素材最大限度地呈现了事实原貌，保证了节目内容的"真"。

其次，内容的"真心"体现在节目策划者做应急预案的"快速反应"。在部门领导回应环节，为避免官员场上"作秀"，节目组对所有采访到的一线"问题"事前均采取严格的保密措施，让被问政者事前无从准备。由于不少官员事先对这些"问题"不甚了解，官员现场的回答真实反映了官员平时管理水平和状态。被问官员场上尴尬局促的表情与平时媒体呈现的自信、侃侃而谈的形象形成了强烈的反差，但还原了官员面对问题时的真正情境。这种现场对官员拷问的做法体现了节目的"真"。

内容的"真心"还体现在现场观众和特约评论员语言的"硬度和犀利"上。在节目设置的现场观众和特约评论员评论环节，观众和特约评论员并未因被问官员的特殊身份而给其面子，其语言风格直接、犀利，有硬度。比如现场点评嘉宾、武汉市社会科学院黄红云教授针对黄陂区前川新城工业园区撂荒的现状评价说："我如果是在座的6位区长，晚上肯定睡不着。如果下一个园区就此延续建设武汉的'工业倍增'的计划，工业没有倍增，半拉子的工业园区倒是倍增了。"① 这种"有硬度"的语言风格，是节目组巧妙地把电视评论与舆论监督融合的创新，提升了节目的传播效果。

3. 提问设置"入心"

"电视问政"节目的内容除了真实外，还做到了深入，主要体现在两个方面：第一，节目内容设置逐步深入，即 2011 年问政主要内容是对"十大突出问题"的相关官员进行问责并让其做出整改承诺，2012 年上半年问政的主要内容是"十大突出问题"整改的"期中考"，2012 年下半年问政的主要内容则是"十大突出问题"整改的"期末考"，这种递进式的设置方式，使节目的内容逐步深入。第二，主持人通过追问使内容深入。在"电视问政"中，主持人尹晨芳针对部分官员"打官腔"式的回答采取追问方式，使官员的相关承诺更具体、更明晰。例如，2012 年上半年第四场"规范更和谐"中，主持人针对市城管局相关负责人的承诺步步逼问，最后使其承诺由"尽快办"这种"官腔"式回答变为一个星期内解决问题。《电视问政》节目在提问方式上的深化处理，使其节目更具可看性和观赏性。

4. 形式呈现"服心"

一个节目的内容要实现有效传播，除了选题精准、内容真实深入外，还要有良好的表达形式。在我国传统官员政绩考查体系中，普通民众对官员的监督有时只能通过媒体间接实现，自己无法与官员进行直接交流。而《电视问政》节目对我国传统舆论监督形式进行了颠覆，民众可以与官员进行直接对话，并且会留下对话的影像资料。民众可以通过电话、报纸、网络等方式报名参与《电视问政》，最后组成现场考评团，而场外观众也可以通过热线和官方微博进行提问。现场考评团的民众还可以对官员表现进行现场评价。同时，特约评论员和专家还可以对不作为官员进行现场尖锐批评。这样，通过"服心"的交流、互动呈现出来的内容就使得《电视问政》节目更加充实、丰满，《电视问政》节目的内容也因此变得更加厚实。

---

① 程久龙：《武汉直播"电视问政"：不怕尖锐，再犀利点》，《经济观察报》2012 年7 月 7 日。

三 "直播式"传播模式与核心"看点"场景的设置

"有看点"的直播报道是《电视问政》节目实现有效传播的制胜法宝。在传播过程中，同一媒介相同的传播内容在不同的传播模式下会产生不同的传播效果。对于电视节目而言，根据制作方式的不同，大致可以分为录像节目播出、实况录像转播、现场直播三种传播模式。而现场直播是当前电视节目中运用广泛且非常重要的报道形式。《电视问政》节目采用现场直播，就是利用其传播优势增加节目的"看点"，进而实现自己的传播目的，具体体现在以下两个方面：

1. "原生态"的现场呈现增强了节目的"可信度"

在录像播出、实况录像转播两种传播模式中，节目的最终播出必须经过现场拍摄、编辑、审片三大环节。在后期编辑、审片过程中，经过"把关人"过滤后节目内容很可能失真。但在现场直播中，现场拍摄和播出基本同步。由于时间限制，编辑无法对画面内容进行太多的加工，审片过程也基本省略，这样展示给受众的画面是现场的原生态。而这种原生态的现场情景恰好是《电视问政》节目的核心"看点"。《电视问政》节目采用现场直播的传播模式，将原生态的现场情景呈现给受众，增强了节目的可信度，进而使节目的传播效果得到提高。

2. 同步播出增加了节目的信息量

20世纪四五十年代，信息理论奠基人美国著名传播学者香农和维弗在《传播的数学理论》首次将"熵"概念引入信息论中，提出信息量与传播中熵值密切相关。"熵"是热力学中的一个概念，它表示传导过程中无序性和不确定性的量。在信息理论中，信息量与传播中的熵值成反比，即传播的内容对接受者越是不确定和难以预料，传播信息量越大，反之亦然。在电视节目现场直播过程中，由于直播形式与现实事件是同步进行的，每个环节之间都存在不可确定性，这种不确定性正好增加了其内容上的信息量。对于接受者而言，《电视问政》内容上的不可控性恰好可以在其心理上产生"悬念"，激发其观

看的欲望以及对最终结果的期盼。这样，节目直播的过程就为受众提
供了较大的心理张力，甚至超过了节目内容本身，节目的信息量也因
此得到扩增。

四　多渠道传播与"品牌"传播

多渠道传播是《电视问政》节目的传播范围和影响力扩大的基本
要求。在传播过程中，传播内容要最终到达受众并实现传播价值，必
须通过一定的传播渠道。在当今全媒体时代，尽管电视在传统媒介中
占据强势地位，但多样化媒体的选择仍导致不少受众流失。尤其是对
于地市级电视节目而言，由于播出平台的传播范围和影响力的限制，
要想使节目达到良好的传播效果，除了节目内容质量过硬外，还必须
通过多渠道传播，以扩大节目的传播范围和影响力。武汉电视台的
《电视问政》主要通过三种渠道实现扩大传播：

1. 本地媒体联合，实现"扩大式"传播

武汉电视台的《电视问政》节目在传播过程中，联合本地相关媒
体进行报道，其中包括《长江日报》《武汉晚报》《武汉晨报》《楚
天都市报》等。这些媒体采用开辟专栏、连续多日整版报道的方式对
该节目进行聚焦，既为节目的传播创造了良好的舆论氛围，同时也弥
补了该节目传播的缺陷。由于《电视问政》节目一年只播出一两次，
且每期节目播出的时间、频率和内容受到很大限制。如果后期不对每
期节目中官员的相关承诺内容进行追踪报道，节目的传播效果就会大
打折扣。反之，则可丰富节目的内容，并维持受众对节目的持续关注
度。例如，武汉电视台联合《长江日报》，在《电视问政》节目播出
前对该节目播出时间和相关内容等策划一些提示性报道。每期节目结
束后，又会对节目涉及的相关内容进行"再造式"报道，以补充和
丰富节目的内容，进而实现该节目的扩大式传播。

2. 新旧媒体融合，实现"互动式"传播

中国互联网络信息中心（CNNIC）发布的《第39次中国互联网
络发展状况统计报告》称，截止到2016年12月底，我国网民的数量
已达到7.31亿，手机网民规模达6.95亿，手机网上支付用户规模达

4.69 亿。① 拥有庞大用户群和具有开放性的互联网等新媒体为电视节目扩大传播提供了可能，同时也对传统媒体的传播起到了补充与延伸作用。武汉《电视问政》在武汉网络电视首页开设了专栏，以供网民观看和评价节目。同时，该节目还专门在新浪、腾讯微博上开设"武汉电视问政"讨论专区和武汉电视台百姓连线官方微博，即时发布和更新节目相关内容，以实现与受众互动式传播。

3. 本外地媒体聚合，实现"注意力"传播

武汉"电视问政"由一档市级节目衍变为全国知晓的品牌节目，除了本地媒体和网络新媒体宣传协助外，外地媒体的关注与报道起着重要作用。尤其是中央媒体，如《人民日报》《中央电视台》等对该节目的报道和肯定，《电视问政》传播范围进一步扩大，为更多的人熟知。例如，2011 年 11 月 25 日，《人民日报》刊发了该节目的评论文章——《多一些"电视问政"的良性互动》，文中对武汉电视台的做法进行了肯定。《人民日报》这类权威性媒体正面报道无疑为《电视问政》的进一步扩大化传播添加了加速剂，为该节目衍变为全国性节目提供了可能。另外，新华网、人民网、中国共产党新闻网、新浪网等新型媒体也对该节目的相关报道进行了大量转载。其中，新华网还专门为"电视问政"开设了专题。新媒体的持续关注使其传播范围逐步增多，覆盖人群也日益增多，有效实现"电视问政"由"注意力"传播向"品牌"传播渐进。

---

① 参见中国互联网信息中心《第 39 次中国互联网络发展状况统计报告》，2017 年 3 月，中国互联网信息中心网（http://www.cnic.cn/xw/kydt/201301/t20130117_ 3751850. html）。

第十七章　电视剧与武汉市城市
　　　　精神的契合

　　2014 年暑期，《汉阳造》作为入选"中国梦"主题电视剧重点推荐剧目，在湖北卫视、重庆卫视、天津卫视开始播放，立即把受众的眼光聚焦于中部城市大武汉。37 集电视剧《汉阳造》，以晚清末年湖广总督张之洞为强国兵工之梦创立汉阳兵工厂为背景，以"中国第一枪——汉阳造"的研发、制造为主线，真实再现了中国近现代一批杰出的造枪人从辛亥革命到解放战争，用生命谱写枪魂的战斗历程。《汉阳造》不仅为受众讲述了当时中国最大的钢铁企业、军工企业汉阳铁厂和汉阳兵工厂，克服重重困难，联合打造了为推翻封建帝制的辛亥首义射出第一枚子弹的"汉阳造步枪"的传奇史诗，而且向受众展现了一批有抱负、有理想、敢为天下先、追求卓越的武汉人精神形象，更向受众传递了武汉市从晚清政府、中华民国到新中国近百年的辉煌历程和城市精神形象。

一　武汉城市精神与影视传播

　　"城市形象是人们对一个城市的主观看法、观念及由此形成的可视具象或镜像，由精神形象（信念、理念等）、行为形象与视觉表象（形象与识别系统等）三个系统构成。"[1] 所以，城市精神是城市形象的一项重要内容，是传递城市形象的一个重要符号特质。"城市精神

---

[1] 何国平：《城市形象传播的理论模型与基本策略》，载中国人民大学新闻与社会发展研究中心《新闻学论集》第 24 辑，2010 年，第 92 页。

是一个城市通过其自然景观特征、历史传统文化、社会制度理念、市民行为方式等表现出来的城市文明素养；是植根于城市的历史、体现于城市的现实、引领着城市未来、区别于其他城市的灵魂。"① 城市精神具有整体性、地域性、历史性、应然性和践行性五方面特征。在当前激烈的城市圈竞争中，城市精神既是城市的人文气场，也是一个城市竞争优势的重要标识。作为中部大都市，武汉城市发展需要什么样的城市精神引领？武汉的城市精神在哪里？武汉的城市精神应该怎样培植与传播？2011 年 12 月 1 日，依据武汉市的历史、现实和未来，经过广泛征询各方意见，"敢为人先、追求卓越"被武汉市政府正式确定为"武汉市精神"表述语。"敢为人先、追求卓越"的城市精神，既是对武汉市历史文化的升华，也是对当前大武汉市民精神气质的提炼，更是对武汉未来发展为国家中心城市的向往和追求，"武汉市精神"真正有了自己的官方身份。"'敢为人先'就是勇于开拓创新，敢于担当大任，不畏艰难险阻，不怕承担风险，是对武汉历史文化特质的提炼概括；'追求卓越'就是做人做事高标准，严要求，追求完美，止于至善，寄托了武汉对未来发展的向往和追求。"② 武汉市社会科学院专家张笃勤对武汉市精神所做的全面阐释，得到了湖北学者专家的普遍认可。

　　武汉城市精神要想得到更大众层面的认可，甚至践行，影视传播是一个行之有效的途径。影视剧对城市精神的传播，消除了新闻媒体那些直接推销和宣传的印痕，采用通俗、自然的方式，让受众可以更加充分感受城市的精神风貌。近年来，武汉市逐渐成为影视剧拍摄热土，《汉口码头》《国门英雄》《特别使命》《幸福在身边》《大汉口》《武昌首义》等热播影视剧，把武汉市城市形象和特有的精神特质进行了极大的彰显。但真正全面而又有自主意识地成功推介"武汉市精神"的电视剧还是非《汉阳造》莫属。

---

① 吴标兵：《武汉城市精神定位与重塑》，《学习与月刊》2010 年第 7 期，第 24 页。
② 陶维兵：《武汉精神的蕴涵、价值及实践意义》，《学习与实践》2012 年第 9 期，第122 页。

二 《汉阳造》与武汉城市精神的艺术代言

1. 为"勇于开拓创新"的精神代言

《汉阳造》电视剧向受众传递了武汉人敢于尝试的精神特质。汉阳兵工厂建立在洋务运动的背景之下,"革新鼎盛,造枪强国"是张之洞一生的梦想。他将刘鄂等"四大弟子"带到书房参观各国大使送给自己的礼品——各种新式枪支。没有想象中的自豪,张之洞反而表现得痛心疾首:"虽然这些礼物彰显了我地位的荣誉,但是没有自己的枪,老夫永远觉得矮人三分。"可现实是,无论是原料、技术还是经验,中国都处于零的匮乏阶段。四大弟子狠下心来在张之洞面前立下军令状,不造出枪愿意受军法处置。"我们不敢保证成功,但如果我们现在想都不敢想,试都不敢试的话,那永远都迈不出第一步。人生就是那么几个节骨眼,走过了可能就后悔一辈子,要争口气给外国人看。"敢于尝试,勇于挑战的武汉人精神特质展现无遗。

《汉阳造》电视剧向受众传递了武汉人善于创新的精神特质。电视剧中刻画了汉阳兵工厂一群历尽千辛万苦的工人善于创新的精神风貌。从最初的调试火炮,到发明自己的火药机,再到仿制德国的格鲁枪,直至研发出独一无二的"汉阳造",处处体现出武汉人善于变革和敢于创新的勇气。没有模型,"汉阳人"根据别人的描述用笔在图纸上画;不知道原料的配置比例就一次又一次地进行配置,直到达到标准;没有钱买零件就把原本微薄的家底掏空。最困难的莫过于每一个步骤都是"第一次",丝毫没有任何经验,但最终,他们成功了。"从无到有,从小到大,从弱到强",这是一个过程。而从零开始的勇气却是一个开创性的阶段,这里最需要的就是"敢为人先"的开拓创新精神。汉阳兵工厂做到了,武汉这座城市做到了。

2. 为"敢于担当大任"的精神代言

《汉阳造》电视剧向受众刻画了武汉人勇于承担责任的精神风貌。"大丈夫流血不流泪"一直是中华民族的传统美德。汉阳兵工厂的建立是开天辟地之举,承担责任是家常便饭的事情。最具有代表性的当属"比枪一事"。

一方面，由于屡次试枪失败，汉阳兵工厂在耗费了巨大的人力物力之后依然没有获得突破性进展。清廷逐渐表现出了对张之洞的不满，并派人调查他。一旦张之洞倒台，整个汉阳兵工厂危在旦夕。另一方面，由李鸿章创办的江南制造总局妄图总揽全国的枪炮生产，对于汉阳兵工厂也是百般阻挠。最后朝廷宣布，由江南制造总局和汉阳兵工厂各自出一款自己研制的枪，谁的性能好就用谁的。

前有"追兵"，后有"拦路虎"，危急关头，"四大弟子"迎难而上，承担起造枪重任。整整一个星期足不出户，尝试各种方法和原料，最终"汉阳造"诞生。

紧张的比试时刻终于到来。总共50发，两边的枪都准确地击中了靶子。但是江南制造总局的枪打出来的弹洞是环形的，而"汉阳造"枪枪命中靶心。结果匪夷所思，为了偏袒江南制造总局，考官以此次比赛是测试枪的性能而不是准确度为由，宣布平局。刘鄂再也抑制不住心中的不满，他斗胆恳请考官再让他试射50发，如果"汉阳造"出现问题，他甘愿受罚。最终，"汉阳造"取得了一致性的认可。

在那个朝代，不遵从比赛规则属于以下犯上，轻则入狱，重则杀头。在严刑峻法面前，造枪人顾不了那么多，为了让军队能用上真正好的枪，就是死也在所不惜。可以说，没有将生命置之度外的担当大任的精神，就没有"汉阳造"的问世。"怕死当不了大丈夫"的豪迈气概至今还在武汉人民心中流传。

《汉阳造》电视剧向受众刻画了武汉人临危不惧、处危不惊的决断能力。以江雷、刘鄂为首的一帮"汉阳造"弟子，认识到风雨摇曳中的清政府必将土崩瓦解，尽管他们还身处清政府的控制之中，但他们依然冒着生命危险，毅然参加了辛亥革命。"四大弟子"中的江雷，能够接受新的思想，积极投身到孙中山先生的革命号召中。他冒着生命危险，四处进行宣讲，认为革命是国民革命，是为了全民族的幸福。最终，他用汉阳兵工厂的武器插向了敌人的心脏，自己也死在炸药之下。正如他宣誓的那样："革命必须要流血，要牺牲，就让我来做第一个。"星星之火，可以燎原。在他之后，无数的壮士前赴后继，让本来就在风雨飘摇中的清廷彻底垮掉。"汉阳造"成为辛亥革命打响封建王朝的"第一枪",汉阳兵工厂也迎来了发展的春天。

抗战时期,汉阳兵工厂一度成为部队炮火输送的排头兵。由于抗战的需要,他们承担一天一夜生产出18万发子弹的重任。而这些,都是在没有任何先进机器设备的状况下用手慢慢磨出来的,其中饱含了多少"汉阳造"工人的血汗!当日本人占领武汉之后,汉阳兵工厂又成为抗战的秘密联络点,各种情报和武器都在兵工厂被运往抗日前线。工人们用自己的智慧和不屈的意志保证了我军武器的补给与武汉的解放。"汉阳造"不仅仅是枪,更是一种精神,一种敢于担当的大无畏精神。

3. 为"善于融通天下"的精神代言

所谓"融通天下"的精神,就是要具有吞吐吸纳、兼容并蓄、通达内外的精神。在洋务运动时代,全中国人的思想基本上处于"两极分化"的状态。一种固执地认为大清朝地大物博,根本无须向洋人学习"奇技淫巧",老祖宗留下来的东西就是最好的。另一种是"崇洋媚外"型,因为清政府在战争中被打得落花流水,所以对旧中国的一切都持否定态度。认为中国没有什么比外国强,造枪也一定要是国外的才行。

"汉阳造"初期,"四大弟子"首先想发明的并不是现在的"汉阳造",而是代表当时枪类武器中最高水平的德国格鲁枪。但是无论他们怎样调试配方和改进制造工艺,生产出来的枪总是出现打不响或是炸膛的状况。后来他们才逐渐意识到:在那样的大环境下,中国根本不具备造格鲁枪的条件,有些原料和设备问题单靠人力无法解决。如果硬着头皮上,无异于以"下里巴人"的资质来唱"阳春白雪",结果只有自掘坟墓。

他们没有灰心和气馁,而是静下心来,把中国原产的土枪和先进的格鲁枪进行对比。他们改进中国土枪重量大、长度长的缺点,再融入格鲁枪轻便易携的特点,最终研制出一款符合中国人身形并且操作简单的"汉阳造"。"汉阳人"并没有满足于能造真正属于自己的枪,他们没有停下自己的步伐,而是远涉重洋,东渡日本继续进行深造,之后又在德国进修。回国之后,经过不断的改进,终于造出无论是质量还是外形都处于最佳水准的"汉阳造"。1915年,由留学德国的刘庆恩主持研制的我国第一部半自动步枪试射成功，中国第一次站在了世界造枪史的最高峰。

大江大河大武汉，武汉人用一种海纳百川的气势、融通天下的精神，向世人展示了中国人也会向别人学习，只要是有利于我们发展的地方，都会虚心请教。

4. 为追求"严谨态度"的精神代言

"汉阳造"的步枪，质量堪称世界一流，坚固耐用，经久不衰，武装了中国无数的军队。"汉阳造"的产品多次在世博会上获奖。这一系列的荣誉，都是造枪人在孜孜以求的打磨中创造出来的。

首先从选人来看，汉阳兵工厂遵循"造枪先要知枪"的原则。每位想进入工厂的学员都会经历一轮拆枪和装枪以及对于枪的性能了解的测试期。如果不合格，就是总统的亲戚都没有资格进入。在造枪车间一直悬挂着一块牌子：枪是有生命的，造枪人只有将自己融入进去，它才会活，才能生产出好的产品。对于员工，要求他们每时每刻都要全身心地投入，任何投机取巧的做法都会受到严厉的处罚。

从枪的制造过程说，精确度要求正负不差 0.01 毫米。有很多次，枪已经接近完美，但是都因为差那么一点点而被当作废枪处理掉，在质量面前没有丝毫商量的余地。为了调试枪的精度和硬度，在缺乏先进设备的情况下，"四大弟子"制作出超级大风扇，用人工移动的方法来进行测量，结合多方条件，拿出"鸡蛋里挑骨头"的精神，中国第一枪"汉阳造"最终出炉。在日后的较量中，"汉阳造"战胜了日本人的"三八大盖"。而取胜之道，正是对于精确度的严格要求。

"汉阳造"的历史告诫我们，发展工业，质量是第一位，质量就是工业的生命，而一丝不苟的严谨态度又是保证质量的必要前提。

在《汉阳造》这部电视剧中，"汉阳造"不仅仅是枪，它更是一种精神，一种伟大的不服输的精神，一种活力四射的创造精神，一种会永远流传的民族精神。有了它，我们告别了封建愚昧；依靠它，我们打碎了独裁专制；坚守它，我们建立了人民共和；发扬它，我们迈入了新的纪元。"汉阳造"是昨天的骄傲，更是明天的自豪。

三 《汉阳造》与武汉城市精神的塑造方法

1. 典型的环境塑造法

汉阳兵工厂诞生在洋务运动时期，清朝末期，中国仍处于冷兵器时代，手里除了长矛就是大刀，在威力巨大的洋枪洋炮面前显得不堪一击，毫无还手之力。摆在汉阳兵工厂的首要任务是发明属于自己的枪。但是，由于中国几千年来传统封建观念作祟，对于外来物又抱有一种抵制的心态。在这样的环境下，就需要第一个敢于"吃螃蟹"的人站出来。武汉因其地处长江汉水的交界，再加上湖广总督张之洞的大力支持，以一种敢为人先、兼容天下的气魄站到了历史的前台。《汉阳造》电视剧很自然地运用了中国兵工厂诞生所处的社会环境，塑造了"汉阳人"敢为人先、追求卓越的城市精神。

2. 典型人物的刻画

精神的传承是需要有时代精神的人完成。"汉阳造"的制造发展史实际上就是刘鄂、刘汉阳父子的成长史或者说是血泪史。"四大弟子"中的老大江雷，虽然对于枪支设计很在行，但是脾气急躁；老二荆尚柯有一手好枪法但是贪玩成性，无法静下心来搞研究；老四夏之前对枪很敏感却又贪图小便宜，难成大器。只有老三刘鄂为人忠厚老实，心思缜密，是造枪的不二人选。刘家的一间小破屋就成了造枪的重要场所。他们经常会为了造枪中的一点小细节争得面红耳赤，但是放下图纸之后他们又是最好的兄弟。人性间的情谊在那一刻充分展现。

命运弄人，在新枪即将出炉之际，刘鄂因为拆除日本人新型炸药不成功而被炸死。这个惨痛的消息让小汉阳备受煎熬。从小就目睹父辈们造枪的他暗下决心，长大后一定要完成父辈的遗愿。成年的刘汉阳四处访学，潜心研究，对于每一个细节都进行一丝不苟的研究和处理。在两代人的努力下，"汉阳造"终于问世。

在电视剧《汉阳造》中，刘鄂父子就是"追求严谨态度和高目标"的城市精神化身。他们既是汉阳兵工厂的代表，更是武汉这座城市的延伸。

3. "高潮迭起"的情节设置

如果《汉阳造》中造枪过程从开始到结束都是一帆风顺的，那么该剧中所体现的城市精神无疑会大打折扣。正是由于从"签生死状"造枪情节的开始，到造枪过程中的几十次失败仍然坚持不懈，到制造工序的严格把关，再到结尾的完美交货，这一系列"高潮迭起"情节的设置，将人物精神淋漓尽致地展现出来。一种永不放弃、永不言败的精神特质支持着"汉阳造"，支持着革命走向胜利。

《汉阳造》电视剧无愧于武汉市城市精神的最佳代言！

第十八章 "长江中游城市群"新闻报道与武汉市城市发展

一 绪论

（一）研究背景与意义

1. 研究背景

学术界的前瞻性吸引政治界关注。从 1992 年开始，学术界就长江中游地区经济区域发展不断提出新的设想，湖北、湖南、江西、安徽等地的学者就此问题深入研究。学术界的前瞻性引起了政治界的关注，从 2009 年开始，国家逐步重视长江中游城市群的建设。

舆论界助推促使地方政府抱团争取国家政策支持。2013—2014年，据长江中游四省分别在武汉和长沙会商会议签署的《武汉共识》和《长沙宣言》，长江中游城市群主要指以长江中游四省省会城市武汉、长沙、南昌和合肥为核心，形成沿长江、环洞庭湖、环鄱阳湖和沿皖江城市带的 37 个地级市横跨四省的合作区域。

中部四省是中国目前经济发展新的动力支点。四省总面积达到704200 平方公里，总人口约 2.46 亿，经济总量 74600 亿元。可以说要想成功实现中部崛起，就必须加快发展"长江中四角"。中部崛起是国家对于中西部经济发展战略的又一次伟大提议，中部崛起有利于中国经济的稳步向前发展。改革开放 30 多年以来，中西部受到的关注远远低于东部沿海地区，但是中西部的资源和经济基础优势以及人口优势都注定在未来的时间内，中西部会成为中国经济新的增长点。中国作为一个大国，若仅仅只是依靠东部沿海地区是不足以凝聚强大的国际竞争力的，发展中部和开发西部都是大势所趋。本章选择电视传媒作为大众传媒的代表，从长江中游电视传媒角度关注长江中游城市群的建设，讨论长江中游大众传媒对长江中游城市群建设的影响，有利于传媒更有目的、有效果地推动长江中游城市群的建设，有利于媒介议程更有效地推动公众议程和政策议程的发展。

2. 研究意义

"长江中游城市群"形成与发展是我国区域经济发展的必然结果，也是长江中游区域经济和资源聚集规模的必然结果。2014 年 4 月，李克强指出，长三角地区是我国经济增长的重要一极，要依托黄金水道建设长江经济带，为中国经济持续发展提供重要支撑，预示着长江经济带已正式上升为国家战略。"长江中游城市群"的形成与发展预兆武汉市进入"黄金"发展时代，为武汉市经济与社会发展带来重要的历史机遇，同时也为武汉市"建成支点、走在前列"，打造全新的"九省通衢"重要格局带来引爆点。具体而言，研究"长江中游城市群"区域发展新闻报道影响力问题，符合促进中部地区崛起战略、符合国家主体功能区战略和符合国家长江开发战略需要。为了更好地服务"长江中游城市群"这个国家战略，凸显长江中游传媒，尤其是湖北传媒，在长江中游城市群和长江经济带的舆论推动作用，研究"长江中游城市群"视域下传媒对"长江中游城市群"区域发展新闻报道"影响力"问题意义重大。

从实践层面看，首先，从目前长江经济带沿线城市群来看，长江通道沿江正如一条"珍珠链"，将长三角城市群、长江中游城市群和成渝城市群串联起来。长江经济带发展已超越了地域限制，由地域临近、经济上互补的若干城市组成的城市群成为新的竞合单元，城市群内部间的资源重整、合作共赢正成为新的经济特征。因此，传媒在传媒布局和传播方式上必须打破原先的地域限制，立足新的城市群，让城市与城市之间实现传媒快速联动。所以，研究城市群传媒新的内容布局和传播新方式将有助于城市群区域经济发展。

其次，城市群的融合流通会带来新的消费变革，城市群的集合也同样会对消费符号、传媒接触习惯以及文化产生影响。因此长江中游传媒在服务城市群的理念、传媒间的合作方式等方面有突破的必要。

再次，长江中游城市群中的单个城市有自己个性差异，政府政策会改变其产业结构，新的产业布局会影响到城市之间的人口流动和人口结构，又会驱动人们消费行为的改变和对新闻信息新的需求，以及对新区域的文化重新认同。所以传媒企业不仅需要去思考城市群视域下传媒传播营销渠道的布局，也需要去思考城市群区域传媒市场信息传播营销整合策略，而不仅是单个城市的传媒营销策略。

最后，城市群形成带来了流动频率的增加，商务往来的频繁，活动半径的扩大，原有的仅仅依靠全国、省、市作为企业传播布局的模式将发生变化，传媒的传播效果从传统的省际和市的概念逐渐转变为"城市群"概念，因此，城市群也将会对现有的传播方式和传媒格局产生变革与影响，依照城市群进行的传播，可以让媒体组合的影响力更大。

从理论层面看，在"长江中游城市群"视域下，研究"长江中游城市群"区域发展新闻报道影响力问题，可为其他经济带和城市群区域内传媒的发展提供理论参考，进一步丰富中国特色社会主义新闻理论体系。

（二）研究方法

（1）比较研究法。相对于报纸、广播、电视三大传统媒体而言，电视媒体有其独特优势。城市群是区域之间的合作，地方报纸和广播的传播范围还多停留在当地，影响力有限。而1992年电视台开始掀起上星热潮，地方电视台上星后逐渐突破地域限制。同时，依据南京大学新闻传播学院教授郑丽勇2010年7—8月实施的一个全国性问卷调查结果得知，省级卫视的影响力在所调查的14个传媒中仅次于央视和非官方综合网站。所以，选择电视媒体作为研究长江中游大众传媒对长江中游城市群建设的影响力，更有实际意义。

上星频道是电视台将节目发送至卫星，然后转发到其他地方，所以各省电视台的频道覆盖率增大，受众范围也广为增加。各省电视媒体的主要代表是各省上星卫视，其发展状况很大程度上代表了各省电视媒体实力。1997年长江中游城市群的四省卫视都成为上星频道，所以研究长江中游大众传媒对长江中游城市群的影响，要关注长江中游四省卫视对长江中游城市群的宣传报道，比较卫视在合作方式、合作理念以及传播内容的异同，从而考量传媒的影响力。同时，因为武汉是"长江中游城市群"的核心城市，所以本课题主要以湖北卫视对"长江中游城市群"区域发展新闻报道为主要考察样本。

（2）个案分析法。《长江文化潮》节目是湖北卫视对长江中游文化的介绍，节目宗旨是向观众介绍长江中游文化，促进周边省份的文化交流，增强湖北文化软实力。对《长江文化潮》节目作个案分析，用以了解湖北卫视能否突破区域限制，能否在区域文化传播方面对长江中游城市建设有所帮助。

（3）定性研究与定量研究结合。在定性研究方面，本章对收集资料的深入研究了解长江中游城市群的建设背景、过程及现状，运用议程设置理论评析长江中游大众传媒对长江中游城市群建设的影响。在定量研究方面，本章主要是收集四省卫视对长江中游城市群的宣传报道，以及对四省卫视报道数量进行定量分析，考察其影响力。

（三）文献综述及梳理

国外对城市群的研究多为城市群经济、城市群规划发展等。其中有很多代表人物和代表著作，如英国的埃比尼泽·霍华德的《明日的田园城市》。这本书在世界范围内不仅被翻译成各种语言，而且还掀起了世界田园城市的建设热潮。苏格兰学者帕特里克·格迪斯写的《进化中的城市》，也为我们揭开了一幅城市建设的美好画景。然而国外关于传媒对城市群影响力的文献较少。

国内学者对我国城市群和传媒影响力关系研究包括以下几方面。

1. 对长江中游城市群建设的研究

国内学者对我国城市群的研究比较多，但大部分研究主要集中于长江三角、珠江三角等发展较成熟的城市群，较少有人关注中西部城市及城市群。从大众传媒角度对中西部城市群进行研究的更少。对长江中游城市群（中四角）研究的有江西学者陈雁云、湖北学者温如春。较有代表的是湖北社科院的秦尊文先生，他在长江中游城市群问题上著作颇丰，是一位不折不扣的专家。他写的《长江中游城市群构建》《第四增长极崛起的长江中游城市群》等都影响很大。秦尊文先生重点探讨长江中游城市群的意义及发展，同时也关注媒体对长江中游城市群的宣传报道。

2. 从大众传媒角度关注长江中游城市群建设研究

主要著作有邹贤启主编的新闻报道集《风起中三角》和《逐梦第4极》。其中在《风起中三角》中，《湖北日报》浓墨重彩地对构建中三角的意义做了进一步的说明和介绍，让老百姓产生更好的生活愿景，因此广受好评。《逐梦第4极》则聚焦于中三角城市群近一年的进展，用生动的语言描绘了一幅城市高速发展、人民生活欣欣向荣的美好图景。除此之外，秦尊文先生写过的《长江中游城市群的发展过程及前景——兼谈大众媒体重要的推动作用》《发挥媒体对长江中游城市群发展的推动作用》等论文也为我们解答了传媒对城市群的推动作用有多大以及传媒如何对城市群发展产生推动作用等问题，使中三角发展的思路以及传媒和城市群发展的关系日益明晰。而江萌的《中三角报道的素材选择》和王健、孙凌等人的相关文章则更深入细致地为我们揭示传媒对城市群发展的影响。

3. 主流媒体影响力专项调研

南京大学新闻传播学院教授郑丽勇 2010 年 7—8 月实施了一个全国性问卷调查，以探讨新闻媒体的影响力问题。其调查采用南京大学新闻传播学院 CATI 电话调查系统，该学院 2009 届广告专业本科生担任全部电话调查工作。调查覆盖全国各地，包括 7 个省会城市、7 个地级市、2 个直辖市，每个城市的有效样本量为 110 个，合计为 1760 个，实际完成的样本量为 1824 个。从样本的人口统计学构成来看，该调查的样本对全国人口具有比较好的代表性。最终，调查获得的数据涉及 376 家新闻媒体，包括 96 家报纸、15 家杂志、154 家电视、96 家广播和 15 家网络媒体。

在该调查中，媒体影响力定义如下：

媒介影响力 = 受众规模（万人）× 平均接触时间（小时/人）× 可信度/公信力（%）× ［1 + 主流人群比率（%）］

其中，"主流人群比率"指受众中的意见领袖通过人际传播产生的影响力，受众中的主流人群比率越大，二次传播产生的影响力越大。在其调查中，党政机关公务员、事业单位中高层领导、事业单位普通员工、私营企业主、教师医生律师等专业技术人员、企业中高层管理人员被认为是舆论领袖。

其调查发现（表18—1、图18—1），在整体上，报纸的影响力（56.49）低于媒体平均水平（107.24），说明当今平面媒体影响力的萎缩。相反，新媒体网络（273.85）的影响力最大，是平均值的2.55倍，说明网络新媒体影响力的凸显。电视（175.95）的影响力仅次于网络；而杂志（47.38）和广播（31.10）的影响力，相对于报纸也仅仅稍稍逊色，尤其是杂志的影响力在整体上逼近报纸。

表18—1　　　　媒体影响力的跨渠道比较（2010年南京大学调查）

媒体	调查数（家）	影响力均值
报纸	96	56.49
杂志	15	47.38
电视/频道	154	175.95
广播	96	31.10
网络	15	273.85
合计/平均	376	107.24

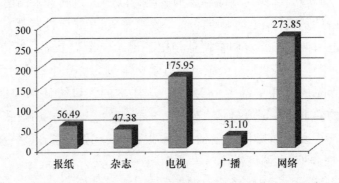

图18—1　媒体影响力的跨渠道比较（2010年南京大学调查）

不同级的媒体，影响力差别明显（表18—2、图18—2）。其中，央视和综合门户网站的影响力处于绝对优势地位，其影响力均值分别达到923.82和620.63，令其他任何级别的媒体望尘莫及。在它们之后是省级卫视（118.76），但其影响力不及综合门户网站影响力的1/5。

表18—2　不同级别媒体影响力比较（2010年南京大学调查）

媒体	调查数（家）	影响力均值
中央级报纸	7	95.72
省级报纸	51	59.91
市级报纸	38	44.68
央视频道数	15	923.82
省级卫视频道数	102	118.76
市级电视频道数	37	30.40
中央级广播频率	7	68.97
省级广播频率	61	35.16
市级广播频率	28	12.79
中央级杂志	7	54.41
省级杂志	6	50.71
市级杂志	2	12.83
官方新闻网站	9	42.64
非官方综合网站	6	620.63

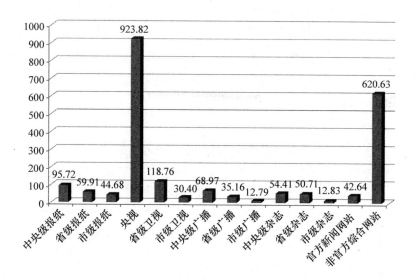

图18—2　不同级别媒体影响力比较（2010年南京大学调查）

主流与非主流媒体影响力比较见表18—3。按照媒体性质看，只有在电视媒体中，主流媒体体系（央视和省级卫视新闻综合频道，390.02）的影响力要高于非主流媒体体系（46.61），是后者的8.37倍。在报纸中，都市类报纸的影响力是69.50，是党报影响力（27.86）的2.49倍。在网络媒体中，非官方综合门户网站（620.63）的影响力远远超越官方新闻网站（42.64），是后者的14.56倍。

表18—3　　　主流与非主流媒体影响力比较（2010年南京大学调查）

媒体		调查数（家）	影响力均值
报纸	党报	30	27.86
	都市报	66	69.50
电视	主流电视频道	58	390.02
	非主流频道	96	46.61
网络	官方新闻网站	9	42.64
	非官方综合网站	6	620.63

从目前学界研究来看，主要存在两方面不足：

其一，学界并未结合传媒与城市群的关系探讨传媒对城市群的促进作用，很多研究停留在理论的空洞说教上，缺乏实践层面观照，亦缺乏研究的自觉，忽视了对传播与宣传管理实践的指导性。

其二，现有研究多为定性研究，偏重于思辨，实证性的经验研究较少。研究者提出的有关改进传媒影响力的措施，缺乏针对性、现实性和可操作性。

二 "长江中游城市群"区域发展建设概况

（一）"长江中游城市群"区域发展建设背景

1. 城市群与长江中游城市群

法国学者戈特曼是进行城市群研究的学者，也是第一个提出城市群概念的学者。戈特曼在考察北美城市化后认为城市区域通过集聚作用相互结合在一起，形成紧密的联系，而每一个这样的城市集聚区都会围绕着一个城市核心发展。他把这样形成的区域经济体系叫作城市群，并预言，城市群将成为城市发展的高级阶段，是城市经济发展的未来趋势。

中国学者周一星从本国国情出发，提出了具有中国特色和中国实际意义的城市群概念，他认为中国化的城市群就是都市连绵区，即大城市和周围地区保持强烈交互作用与密切社会联系，以若干城市为核心，沿一条或多条交通走廊分布形成的巨型城乡一体化区域。

2013—2014 年，据长江中游四省分别在武汉和长沙会商会议签署的《武汉共识》和《长沙宣言》，长江中游城市群主要范围不仅包括武汉、长沙、南昌、合肥等核心城市，还包括沿长江、环洞庭湖、环鄱阳湖和沿皖江城市带 37 个地级市，形成一个前所未有的大中三角、一个横跨四省合作区域。武汉距长沙 300 公里、距合肥 320 公里、距南昌260 公里。如图 18—3 所示。长三角面积约 201600 平方公里，珠三角面积约为 41698 平方公里，长江中游城市群面积约为 704200 平方公里。

2. 传媒影响力

传媒影响力是媒体传播行为所形成的效果。目前学界对"影响力"概念的阐释不多，一般将"影响力"视为不证自明的概念。部分学者认为"媒介的影响力是媒介（或媒体）为达到某种传播效果，而借助某种传播手段向受众传递某种信息而对社会所发生作用的力度。媒介影响力的基本目的就是让受众得到信息，并使受众能够理解和接受信息传播者的传播意图"。①

这种界定将影响力视为媒体报道对受众产生的不同程度的影响，实际上假定了媒体报道必然对受众产生影响，具有较强主观色彩，同时，将受众得到信息、接受传者的意图视为影响力的目的，实质上是将媒体的传播行为简单化为一种理想状态，否定了接受者所具有的能动性。本质上，影响力是一种控制力，一种左右他人行为的能力。从内涵上看，影响力是"由'吸引注意（媒介及媒介内容的接触）'+'引起合目的的变化（认知、情感、意志行为等的受动性改变）'两大基本的部分构成的"。

---

① 华文：《媒介经济影响力探析》，《国际新闻界》2003 年第 1 期，第 78 页。

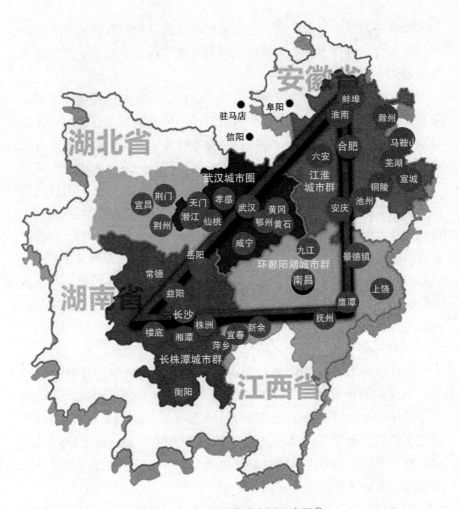

图 18—3　长江中游城市群示意图①

　　因此，我们认为，影响力是媒体的新闻报道在广度和深度上对
公众造成影响的能力，表现为受众规模、受众接受程度，以及受众
受新闻报道的影响而在言行方面的变化。影响力具体可外化为社会
影响力和市场影响力。关于影响力评价指标的研究，喻国明从品牌
影响力的角度对影响力指标体系的建构要素进行了阐释。

---

　　①　《长江中游城市群》，2013 年 6 月，360 百科网（http：//baike. so. com/doc/5613971 -
5826581. html）。

南京大学的郑丽勇对北京、上海等城市居民实施了实证调查，在喻国明教授的指标体系基础上对影响力指标测评进行研究。2010年9月，该校新闻传播学院融合应用传播实验室对全国16个城市的媒体种类受众规模（万人）、接触时间（小时）、可信度、主流人群比率等核心指标进行电话随机抽样调查，涉及376家传媒，该调查是迄今为止我国最为系统和科学的媒体影响力研究。本章的影响力考察指标主要参照南京大学郑丽勇教授的指标体系。

3. 长江中游城市群建设背景

从国际上看，城市群的建设是世界潮流。从国内看，城市群建设能够成为该区域迅速发展的核心增长极；也是中国政府实施"第二个大局"的重大战略举措。图18—4是中国主要城市群分布图。

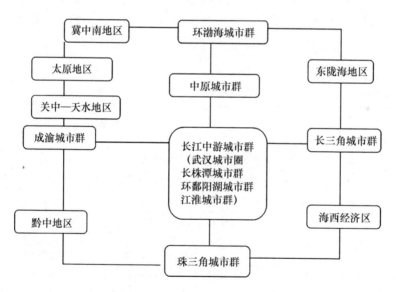

图18—4 中国主要城市群分布图

（1）政治背景。纵观珠三角地区的发展可知，一个成熟城市群的发展是循序渐进的，需要国家一系列的政策开放和扶持。从1980年到2010年，依次通过了《中华人民共和国广东省经济特区条例》《珠江三角洲地区改革发展规划纲要（2008—2020年）》《前海深港现代服务业合作区总体发展规划》，使得珠三角地区得以逐渐高速发展。

　　长三角的发展也没有急于求成，在多方努力下，1992 年长江三角洲 14 个城市协作办主任联合会，1997 年区域内城市举行长江三角洲城市经济协调会，随后依次通过了《国务院关于进一步推进长江三角洲地区改革开放和经济社会发展的指导意见》、《长江三角洲地区区域规划》（2009），至此长三角在国家政策方面得到了前所未有的扶持和帮助，整个区域以更稳健的步伐迈向未来。

　　从珠江三角洲城市群、长江三角洲城市群各区域建设过程看，区域经济发展不是一蹴而就的，需要区域自身联合来争取国家政策扶持。在沿海经济发展大潮下的中部地区一直以来关注度不够，无论是政策扶持还是外资的焦点都主要在沿海城市，尽管河南省被列为中原城市群的发展重点，但中国的中心区域——长江中游地区仍然没有得到国家政策的大力支持。随着珠三角的发展饱和，中部地区越来越受中央关注（表18—4、表 18—5）。

表 18—4　　　　　近年国家对中部地区有关政策支持概况

时间	文件
2009 年 9 月 23 日	《促进中部地区崛起规划》
2010 年	《促进中部地区崛起规划实施意见》
2010 年	《国务院关于中西部地区承接产业转移的指导意见》
2010 年 1 月	《鄱阳湖生态经济区规划》
2010 年 1 月	《皖江城市带承接产业转移示范区规划》
2010 年	《湘潭市城市总体规划（2010 年—2020 年）》
2012 年	《关于大力实施促进中部地区崛起战略的若干意见》

表 18—5　　　　　湖北省对中部地区有关政策推动概况

时间	文件
2013 年 2 月 23 日	《武汉共识》
2014 年 2 月 28 日	《长沙宣言》

　　（2）经济背景。深圳作为经济特区，由原来的小渔村变成了全国

经济发展的领先城市。珠三角和长三角地区由于国家区域规划的政策支持，成为全国经济发展迅速的典型区域。2014 年，长三角 GDP 为10.6 万亿元，珠三角 GDP 为 7.8 万亿元，长江中游城市群为 4.5 万亿元，京津冀 GDP 为 6.6 万亿元，成渝城市群 GDP 为 3.7 万亿元。

我们再来看 2013 年各地 GDP 总量，长江中游城市群的 GDP 总量虽然比长江三角洲的 GDP 总量和珠江三角洲的 GDP 总量低，但明显高于成渝城市群，这表明长江中游地区的经济实力足以支撑其成为中国经济第四增长极。长江中游区域以内向型经济为主导，而内向型经济是今后中国经济的主要发展方向。湖北省以汽车工业和纺织工业为主，湖南省以大型国有企业为主，江西省以精细工业为主，安徽省以金属工业和能源工业为主，四省工业各具特色，而且也是全国主要工业基地。

（3）文化背景。长江中游区域文化丰富且具有特色，主要有长江文化、红色文化以及区域特色文化。长江文化属于南方文化体系，包括川、鄂、湘、赣、皖、苏、浙、沪、滇、黔、桂、粤、闽等省区。

长江中游区域的红色文化是全国最集中、最为独特和最富生命力的特色文化。大别山、井冈山、韶山，是中国最富红色传奇的山脉。全国十大将军县有 9 处在四省范围内：湖北红安县和大悟县，湖南江平县和浏阳县，江西兴国县、吉安县和永新县，安徽金寨县和六安县。

长江中游的区域文化非常典型，包括湖北的楚文化、湖南的湘楚文化、江西的赣文化、安徽的徽文化。其中都包含了自强不息、艰苦奋斗的精神追求，也代表了全国区域特色文化。湖北省的楚文化具有极大的包容性，重义理，善思辨；湖南省的湘文化是发扬主观能动性，敢为天下先；"文章节义"是赣文化的精髓所在；安徽省的徽文化是保守与创新并存、传统与锐志兼具。

（4）社会背景。湖南省人口有 6600 多万，安徽省人口有 6300 多万，湖北省人口有 6000 多万，江西省人口有 4200 多万，在全国省市中属于人口大省，四省人口总和占全国人口的 16.5% 左右。四省份的劳动力资源丰富，足以应对长江中游城市群的产业建设。

长江中游区域科教优势突出。武汉有武汉大学、华中科技大学；

长沙有湖南大学；南昌有南昌大学；合肥有安徽大学、中国科技大学等国家重点高校。湖北、湖南两省生源总处于历年高考招生前列。并且武汉市综合科技实力仅排在北京和上海之后，在全国处于领先地位。

(二)"长江中游城市群"区域发展建设过程

长江中游城市群建设过程历时久远，难度系数较大。主要由专家学者倡导、地方政府主导、媒体宣传报道、国家政策支持四个层面不断推进（表18—6至表18—9）。学者的前瞻性为长江中游城市群建设做了概念预想，中游省份发展目标为长江中游城市群的建设做出了实际探索，媒体的传播为长江中游城市群的建设进行了舆论造势，国家的相关政策引导扶持确定了长江中游城市群建设层次。在这些过程中媒体起到了很大作用，媒体的上传下达功能让国家高层和平民百姓都了解了长江中游城市群概念，为长江中游城市群在赢得国家政策扶持和群众认同方面做出了很大贡献。

表18—6 专家学者倡导概况

事件	时间
"长江中游开发带研讨会"	1992 年
"汉三角""中部经济'金三角'""华中三角"等概念提出（江景和、秦尊文等）	1993 年
"长江中游城市群区"的概念提出（吕桦、章定富等）	1995 年
"三圈合一"打造第四极设想提出（秦尊文、魏后凯等）	2003 年
"三小时经济圈"概念提出（王良键）	2006 年

表18—7 地方政府主导概况

事件	时间
湖北省领导推介长江中游城市群，湖南省、九江市委市政府提出融入长江中游经济圈	2010 年
湖南省高层表示要进一步加强湖南和湖北两省水利、交通、能源等方面的合作	2010 年

续表

事件	时间
十七届五中全会，铁道部表明要支持长江中游城市群发展	2010 年
长江中游城市群四省会商武汉，形成《武汉共识》，标志"中三角"正式启航	2013 年
长江中游城市群四省会商长沙，形成《长沙宣言》，标志长江中游城市群区域发展进入全面推进阶段	2014 年

表 18—8　　　　　　　**媒体宣传报道主要概况**

事件	时间
湖北省楚天都市报《"第四极"博弈：我们的话语权很重要》	2004 年
江西省江南都市报《政协委员建议：江西应主倡"中三角"》	2006 年
湖南省潇湘晨报《湘鄂赣形成"三小时经济圈"》	2006 年
安徽省安庆晚报《整合资源　将现有长江中游城市群扩容》	2007 年
腾讯大楚网和楚天、三湘、江南等都市报举行"红色三山行"大型宣传报道活动	2011 年
中国经营报举行"打造长江中游城市群的战略支点"活动	2011 年
湖北省湖北日报编辑出版《风起中三角》	2012 年
湖北卫视全新文化栏目《长江文化潮》开播	2013 年

表 18—9　　　　　　　**国家政策支持概况**

事件	时间
国务院常务会议讨论并通过《促进中部地区崛起规划》	2009 年
国家发改委明确表示支持打造长江中游城市群	2010 年
国务院表示"长江中游地区"被列为国家重点开发区	2010 年
长江中游城市群问题分别得到胡锦涛和温家宝的重要指示，相关部门对长江中游城市群问题要进行专题论证和汇报	2010—2011 年
李克强同志多次对长江中游城市群发展表态	2011—2012 年
李克强同志重庆调研强调要依托长江黄金水道，打造中国长江经济带	2014 年

在长江中游城市群建设过程，国内外媒体持续高密度关注中三角，对长江中游城市群建设起到很大舆论造势和推动作用。下面是一则国内外媒体对中三角持续关注的报道。

国内外媒体持续高密度关注中三角

湖北日报讯（记者蔡朝阳、廖志慧）长江中游城市群主题宣传活动7日亮相亚洲博鳌论坛后，迅速成为美联社、法新社、华尔街日报、人民日报、新华社等境内外媒体关注的热点。8日至9日，60多家参加主题活动的中外主流媒体展开了多层次、多角度、立体化的集中宣传报道，"长江中游城市群"、"中三角"、"第四极"等成为媒体热词。截至昨晚11时，百度搜索"博鳌、长江中游城市群"条目已近13万条。

在境外主流媒体报道中，长江中游城市群成为最大看点之一。美联社、法新社、华尔街日报、法国《新观察家》杂志、新加坡联合早报、韩国广播公司、马来西亚《星报》等外媒纷纷予以报道。凤凰卫视在"时事直通车"等栏目陆续推出《"长江中游城市群"从博鳌走向世界》、《博鳌亚洲论坛举行长江中游城市群主题会议》等重磅报道。中国日报英文版连续推出《博鳌亚洲论坛今日开幕　当日举行长江中游城市群主题会》、《博鳌午餐会主题为何选择中三角》等报道。

法国《新观察家》记者Sophia表示，湖北武汉是法国在华投资最多的城市，也是法国国民在中国居住最多的城市之一。此行跟随法国代表团一同前来，进一步加深了对湖北等中部省份的了解，对长江中游城市群发展未来充满期待。德国《柏林日报》也观察到，这次博鳌亚洲论坛将重点放在可持续的经济转型上，包括新兴市场城市群的崛起。

中央媒体集中聚焦，为中部四省共识上升为国家战略鼓与呼。中央电视台在《新闻联播》中推出题为《博鳌亚洲论坛：聚焦长江中三角城市群发展》的报道，主持人在导语中积极推介："让我们来共同关注长江中游城市群这个极具潜力的发展区域。"人民日报在要闻版推出《长江中游城市群亮相博鳌论坛》。

新华社全程播发主题活动各位领导致辞、演讲实况，并发表《长江中游城市群亮相博鳌亚洲论坛》报道。中新社以《中国中部四省组团晒优势谋合作》为题，描述当日主题活动盛况。

湖南、江西、湖北、安徽四省媒体携手联动，纷纷以头版头条、专版专栏聚焦长江中游城市群，形成"构建中三角、打造第四极"的强大合声。湖北卫视在《湖北新闻》、《长江新闻号》节目中，推出"博鳌纵论中三角"专栏，共推出20多条新闻和评论。本报《今日，世界聆听中三角脉动》、《长江中游城市群借力博鳌论坛登高望远》、《中三角惊艳国际舞台》等报道，被新华网、人民网、凤凰网、新民网、搜狐网等20多家主流网络媒体转发。湖南日报刊发报道《湘鄂赣皖联手推介长江中游城市群》，江西日报刊发报道《构建长江中游城市群打造区域经济增长极》，安徽日报刊发报道《长江中游城市群推进五大重点领域合作》、《共同推动长江中游城市群跨越崛起》等，集体发声让长江中游城市群风生水起。

（三）"长江中游城市群"区域发展建设现状

长江中游城市群建设现状见表18—10。

表18—10　　　　　　长江中游城市群建设状况

事件	时间
《推进设立长江中游城市群综合交通运输示范区合作意向书》由四省交通运输厅负责人联合签署	2012年
《长江中游城市群暨长沙、合肥、南昌、武汉战略合作协议（武汉共识）》由四省会城市领导在武汉共同签署	2013年
《长江中游城市群省会城市第二届会商会（长沙宣言）》由四省会城市领导在长沙共同签署	2014年
2014年8月国家发改委在中部省份开展长江中游城市群一体化规划调研工作	2014年
2015年4月国务院批复同意《长江中游城市群发展规划》	2015年

《武汉共识》规定了四省会城市将在 9 个层面深入开展合作，整合资源优势，共同为城市群的发展做出努力。四省会城市也将共同建立相关制度，从而进一步促进城市的良性合作和区域发展，从制度层面保障《武汉共识》的落实和推进，争取在城市群发展过程中做到思路清晰、定位明确，发展有条不紊。

《长沙宣言》从更高层次上进行区域协作，更加注重四省会城市建立长江中游城市群的实际问题，明确提出城市群在发展中的重要作用，将合作推进国家总体规划进程，在产业发展和区域开发方面有了明确指示。《长沙宣言》标志着长江中游城市群的建设进入更高层次。《武汉共识》和《长沙宣言》为国家政策扶持提供了借鉴，推动国家层面出台相应的政策来支持长江中游城市群的发展。

2014 年 3 月，湖北、湖南、江西、安徽四省政府联合向国务院上报《关于加快推进长江中游城市群一体化发展的请示》，希望尽快启动规划编制，出台政策指导一体化建设。目前中部四省已着手在城市群基础设施、产业、市场、生态环保、民生社会事业一体化五个方面开展合作。长江中游城市群进入全面"一体化"提速阶段。2015 年 4 月，国务院批复同意《长江中游城市群发展规划》，这是贯彻落实长江经济带重大国家战略的重要举措。长江中游城市群进入全面崛起阶段。

三　长江中游区域大众传媒的发展与合作

（一）长江中游区域大众传媒发展指数分析

传媒发展指数核心内涵是指不同环境要素对传媒业和传媒组织产生不同约束力并影响其选择空间，从而使得传媒组织的行为出现不同的增长特征和发展路径。所谓改善和评价传媒发展指数，就是要对现存的传媒产业结构进行有序的厘清和排查，采用一系列精确而敏感的指标显示出传媒业的动态发展质量及速度，实现对传媒业与社会环境互动的有效监测，从而优化传媒组织、传媒业与其发展环境之间的匹配程度，形成正向的激励机制，有效地遏制传媒发展战略的偏离。

2011 年长江中游大众传媒发展状况见表 18—11。

表 18—11　　　长江中游大众传媒发展状况（2011 年）

	湖北省	湖南省	江西省	安徽省
报纸期刊印数（亿份）	17.07	12.63	6.89	10.59
电视播出时长（万小时）	64.43	69.39	61.01	64.89
内容收入（亿元）	42.57	28.85	14.34	14.29
总广告收入（亿元）	35.39	47.00	24.98	46.70
核心受众规模（万人）	74.72	32.44	20.09	19.06
千人日报拥有量（份）	81.76	54.04	42.56	47.33
千人广告成本（万元）	22.06	16.27	14.83	14.10
人均 GDP（元）	22677	20428	17335	16408
人均收入（元）	14367.48	15084.31	14021.54	14085.74
人均文教支出（元）	1208.46	1207.72	1066.94	1225.36

长江中游大众传媒在经营上十分活跃，传媒的活跃有利于推动区域经济发展。长江中游大众传媒实力总体处于全国中游水平。湖北省报业发展程度在全国报业处于中上游水平，湖北省以传媒融合为发展目标。湖南省和安徽省的电视业发展程度在全国处于中上游水平，其发展力度集中在电视媒介。从表 18—12 中可看出，长江中游大众传媒完全能支撑长江中游城市群建设需要，并能有效带动长江中游城市群发展。

表 18—12　　　长江中游大众传媒活跃程度（2010 年）

省份	事件
湖北省	武汉广电联合电信组建三网融合合资公司
	《十堰晚报》推出全国首份 3D 报纸
	湖北省打造中部地区动漫产业强省
	湖北特别书局成立
湖南省	湖南广电全面负责青海卫视运营
	中南出版传媒上市
	湖南卫视广告招标创省级卫视纪录

续表

省份	事件
江西省	江西卫视打响"中国红歌会"保卫战
	江西出版集团借壳上市
	江西晨报改版
安徽省	皖新传媒挂牌上市，安徽电视台国际频道欧洲落地
	安徽卫视在全国省级卫视覆盖传播力第一

从三大城市群大众传媒发展比较（表18—13、图18—5）可知，长江中游大众传媒电视播出时长明显优于珠江三角洲大众传媒，报纸期刊印数略优于珠江三角洲大众传媒，表明电视和报纸这两种传统媒体在影响长江中游地区发展方面较有优势，所以以电视媒体为例，从各省卫视看长江中游大众传媒对长江中游城市群的影响，是有说服力的。长江中游大众传媒核心受众规模也优于珠江三角洲大众传媒，这表明长江中游大众传媒的影响范围广泛。长江中游大众传媒的内容收入略低于珠江三角洲大众传媒，这表明长江中游大众传媒的盈利能力较强。通过上述比较可知长江中游大众传媒在长江中游区域有较大的影响力，能够满足和承担长江中游城市群宣传与舆论建设需要。

表18—13　　长三角、珠三角和中三角大众传媒发展状况比较

	长三角大众传媒	珠三角大众传媒	长江中游大众传媒
报纸期刊印数（亿份）	73.73	45.58	47.18
电视播出时长（万小时）	201	67.83	259.72
内容收入（亿元）	126.68	101.98	100.14
总广告收入（亿元）	649.04	269.12	154.07
核心受众规模（万人）	313.19	120.43	146.31
千人日报拥有量（份）	163.5133	129.56	56.4225
人均GDP（元）	56124.67	41166	19212
人均文教支出（元）	2467.44	2168.88	1177.12

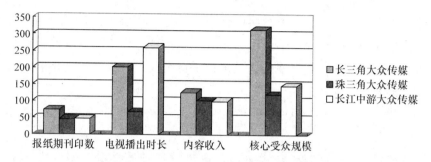

图18—5　三地区报纸期刊印数（亿份）、电视播出时长（万小时）、内容收入（亿元）、核心受众规模（万人）比较柱状图

（二）长江中游区域内大众传媒合作分析

当前，我国媒介市场尤其是传统媒体市场正处于一个体制与机制均发生剧烈变革的转型期，传统媒体的垄断经营地位已经逐步丧失，国内外的竞争者蜂拥而至，市场竞争日趋激烈。同时，报业的生产方式和传播模式也发生了巨大变化，即时性、互动性、虚拟性和多元化的特征日趋明显，传统受众的忠诚度正经受着严峻的考验。特别是近几年来，中国传媒业的发展已逐步突破单一产业发展模式，随着媒体整合趋势的加快，媒体之间的界限越来越模糊，传媒的跨媒体跨地区经营趋势也愈加明显。跨媒体跨地区经营加强了媒体间的合作，为中国传媒业的发展提供了更为广阔的空间，同时也实现了资源上的共享。

1. 省级媒体的合作

（1）早期：单一晚会合作——寻找地域文化的相同性，扩大传媒新市场。

2001 年，湖北电视台、湖南电视台和江西电视台联合举办了中国江南三大名楼中秋晚会。一般观众对于大型综艺晚会活动会将目光聚集在央视这样的大型媒体身上，而面对地方电视台则热情不足。从各方面来看，地方电视台确有许多不足，难以与中央电视台比拼，如何摆脱这一困境值得许多地方电视台思考。湖北电视台、湖南电视台、江西电视台敢为人先，三省电视台进行合作，突破了地方电视台自身瓶颈，为观众带来了一场高品质的中秋晚会。人才、资金、文化打包融合，三省创造了电视媒体合作的典范。晚会充分利用卫星信号传输系统和光纤信号传输系统，实施三地信号互相传输，打破了信号传输的地域限制，在电视技术上进行了新突破，寻找地域文化的相同性，扩大了传媒新市场。

（2）近期：立体活动合作——用文化搭桥，为地域经济合作服务。

各媒体很早就对长江中游城市群进行了宣传报道。2008年之后报道逐渐增加，2011年急剧升温，2012年达到高潮。一些媒体发起并开展了一些区域媒体合作活动和研讨会，为长江中游城市群"造势"发挥了十分重要的作用。

2010年，湖南电视台金鹰卡通频道和蒙牛乳业（集团）股份有限公司联合举办了名为"功夫总动员，我是未来星"的活动，该活动在湖南、江西、湖北三省10多个城市进行海选，这一活动引起了三省媒体的共同关注，使得该活动拥有了更大的影响力，各省份之间交流联系也越来越密切。2011年6月，由腾讯·大楚网、楚天都市报、三湘都市报、江南都市报携手举行了湘鄂赣青年记者"红色三山行"大型采访活动。活动深入韶山、井冈山、大别山等革命老区，追寻历史印记。2011年9月，中国经营报组织"问道'十二五'——BMW中经智库全国行"登陆长沙，活动以"打造'长江中游城市群'的战略支点"为主题。2012年以来，三省媒体特别是湖北日报、湖北广播电视总台和各大网站等进行密集报道，并开辟"中三角在行动"等专栏，湖北日报编辑出版了《风起中三角》一书。5月16日，湖北日报传媒集团、《支点》杂志与湖北经济学院共同主办"共建中三角，'智造'新引擎"发展论坛。国家相关部委专家和三省社科院知名学者参加论坛。12月2日，湖北日报传媒集团与湖北省社会科学院联合主办2012长江经济带发展论坛，来自国务院发展研究中心、国家发改委综合运输研究所等单位的专家就长江经济带和中三角进行了研讨。

《江西日报》对长江中游城市群建设作了大量报道。《湖南日报》除对长江中游城市群外，还对湘鄂共建滨洞庭湖经济区、"龙凤配"进行了报道。《人民日报》、新华社、中央人民广播电台、中央电视台等中央媒体及境内各主流媒体都有大量报道,港澳台和国外媒体也有较多关注。

2. 地方媒体的合作

除了省级媒体之间的合作外,相邻县市级媒体也有合作。2001年8月24日至26日,首届湘鄂赣毗邻县市报协作会在湖北通山召开,三省九县毗邻的《修水报》《赤壁报》《临湘报》等9家报社负责人参加了会议。会议商定,每年召开一次协作会,互相交流,取长补短,以促进县市报业的共同发展。2001年10月1日,湖北电视台、湖南电视台和江西电视台经过三年酝酿和筹备的中国江南三大名楼中秋文艺晚会在湖北黄鹤楼、湖南岳阳楼、江西滕王阁前同时举行,开创我国在外景地实施三地现场直播电视晚会的先例。2004年,湖北、湖南、江西三省份县市广播电视协会第12届年会在湖北崇阳县召开。参与会议的15个广播电视局的负责人相互探讨了各自电视局的优势和劣势,并且做出相互合作的探讨。地方媒体的合作使得电视台的目标受众范围扩大,其影响力也大大增加。

3. 党报媒体间的合作

长江中游区域传媒合作经历了从对抗性竞争到传媒合作、从内部合作到外部合作、从业务合作到资本合作、从单一合作到联盟合作等历程。实践证明,合作是一种契合当今经济发展生态的战略。传媒整合是传媒集团的内部整合;传媒联动是比较浅层次的传媒外部合作,主要侧重在业务方面;而传媒战略联盟则是传媒合作竞争的基本模式,是传媒业实现资本合作达到跨越发展的主要途径。2013年1月20日,中部传媒合作与发展论坛暨中部传媒战略合作协议签字仪式在武汉举行。江西日报传媒集团、湖南日报报业集团和湖北日报传媒集团出席论坛,共同签署《中部传媒战略合作协议》。安徽日报报业集团以观察员身份参会。三家省级党报集团掌门人共同签约,开启区域合作新篇章:让长江中游澎湃中国力量,让中部崛起助圆中国梦想。

党报媒体影响力,特别是对主流人群的影响力较大。所以抓住长江中游区域内党报媒体的合作,就抓住了区域内舆论的主动权。从历史上来看,江西、湖南、湖北人缘相近,地缘相亲,传媒发展所需要的许多元素都基本相同或相似。江西日报社多次积极组织和承办不同类型的跨区域省级党报合作会议，与各区域的省级党报传媒集团达成了多项共识，建立了多层次、宽领域的合作关系，取得了丰硕的成果。党报媒体间的合作将成为长江区域内的常态工作方式。

四 "长江中游城市群"新闻报道对武汉市城市发展作用

长江中游大众传媒有报纸、广播、电视、互联网，这四种媒体有不同的特色和影响范围。政党报纸的受众对象是政府工作人员，以及对政治关心的有识之士，民生报刊的受众对象是有一定文化素养和读报习惯的市民。在 21 世纪，广播虽然没有消亡，但是其发展空间已经十分狭窄，受众也比较局限，目前比较稳定的受众是私家车车主。互联网在新时代发展迅速，但是互联网影响的更多是年轻人，而且受众要学会使用互联网。相比较而言，电视对受众有较强的冲击力和感染力，对受众的文化素养不做限制，利于科学知识的普及，所以探讨长江中游大众传媒对长江中游城市群的影响要关注电视媒体对长江中游城市群的宣传。

卫视突破了地域限制，频道覆盖率增大，使得城市群之间的交流更容易。各省电视媒体的主要代表是上星卫视，其发展状况极大程度上代表了各省的电视媒体实力。各省级卫视根据自身的特点和需求找准自己的新定位，湖北卫视目前定位为"公益综合"，江西卫视定位为"红色传奇"。2004 年以来湖南卫视根据大众的反应，将节目的主题定位为"快乐中国"，而安徽卫视则主打电视剧，这些卫视由于定位精确纷纷受到广大受众热捧。各频道面对市场的激烈竞争做出转换制作模式的准备，力求在注意力稀缺的时代站稳脚跟。

（一）长江中游卫视对长江中游城市群的宣传

1. 湖北卫视

湖北卫视诞生于 1960 年，1997 年 1 月 1 日顺利上星。近年代表节目有《长江新闻号》《大揭秘》《我爱我的祖国》《长江文化潮》

等。湖北卫视讲究求新求变，许多节目是近三年开办的，具有创新性。湖北卫视紧跟时代潮流，把握大政方针，发挥传媒为政治服务的功能。从湖北卫视一周节目比例来看，其娱乐类所占比例不高，新闻类和服务类比例保持稳定。

从 2011 年开始（《武汉共识》《长沙宣言》期间除外），湖北传媒对长江中游城市群的相关视频有 24 则。其中湖北卫视的《湖北新闻》节目有 15 则新闻报道，约占总量的 62.5%。湖北传媒从多渠道关注长江中游城市群的建设，其中有湖北卫视、湖北电视公共频道、荆楚网等。湖北媒体也用多种形式关注长江中游城市群，其中有评论类（《长江评论》《长江新闻号》）、娱乐类（《我爱我的祖国》）、讲坛类（荆楚讲坛），重点是湖北卫视的湖北新闻节目。目前湖北媒体为长江中游城市群建设宣传已形成报道网络。湖北媒体在报道关于长江中游城市群建设的时事热点的同时也进行深度讨论，讨论如何推动建设长江中游城市群发展等。报道的时间多集中于 2011 年下半年至2013 年上半年，其中 2013 年博鳌论坛期间报道尤其密集。报道的内容多为长江中游城市群建设过程中省领导的发言和相关活动、专家的讨论以及国家的相关政策等。相关内容见表 18—14。

表 18—14　　**湖北媒体有关长江中游城市群的视频**
（《武汉共识》《长沙宣言》期间除外）

频道	节目	时间	新闻内容
湖北卫视	湖北新闻	2011 年 7 月 21 日	湖北省领导和江西省领导共商长江中游城市群建设合作
湖北卫视	湖北新闻	2011 年 10 月	专家来湖北调研长江中游城市群建设
湖北卫视	湖北新闻	2011 年 12 月	呼唤建跨省大桥
湖北卫视	湖北新闻	2011 年 12 年 14 日	区域合作开旅游新篇
湖北卫视	湖北新闻	2012 年 1 月	构建长江中游城市群
湖北卫视	湖北新闻	2012 年 2 月 10 日	《构建"中三角"　携手新跨越》
湖北卫视	长江新闻号	2012 年 3 月 10 日	《舞动中三角》
湖北卫视	湖北新闻	2012 年 7 月 7 日	中国企业家论坛聚焦长江中游城市群
湖北卫视	湖北新闻	2012 年 8 月	长江中游城市群和伏尔加河城市群的牵手

频道	节目	时间	新闻内容
湖北卫视	湖北新闻	2013 年 2 月	长江中游城市群四省会城市商会
湖北卫视	湖北新闻	2013 年 4 月	世界聚焦长江中游城市群，共同促发展
湖北卫视	长江评论	2013 年 4 月 8 日	长江中游城市群将产生何种效应
湖北卫视	长江新闻号	2013 年博鳌论坛年会	长江中游城市群　首次亮相国际舞台
湖北卫视	湖北新闻	2013 年 4 月	四省领导向世界介绍长江中游城市群
湖北卫视	湖北新闻	2013 年 4 月 18 日	长江中游城市群抱团发展餐饮业
湖北卫视	湖北新闻	2013 年 5 月	湖北省举办中三角城市群投资推介会
湖北卫视	我爱我的祖国	2013 年 5 月 19 日	崛起中三角
湖北卫视	湖北新闻	2013 年 6 月	首届长江中游城市群建设论坛举办
湖北卫视	湖北新闻	2013 年 9 月	国家启动长江中游城市群一体化规划编制
湖北电视公共频道	火凤新观察	2011 年	《畅想长江中游城市群》
湖北电视公共频道	公共新闻	2012 年 6 月 23 日	"武汉共识达成"湘鄂赣百姓有望享受实惠
荆楚网	新闻	2011 年 1 月 8 日	长江中游城市群报道组起航
荆楚网	新闻	2012 年	如何为长江中游城市群借力
荆楚讲坛	讲座	2012 年 10 月 21 日	长江中游城市群与湖北未来发展

　　在《武汉共识》期间，湖北卫视的《湖北新闻》节目重点关注长江中游城市群建设问题，18 天均有长江中游城市群建设的相关报道，"共建中三角　打造增长极"是这段时间的报道专题。专题报道中不仅从湖北省角度阐述长江中游城市群建设，还从湖南省、江西省、安徽省三省角度考虑长江中游城市群建设问题。

　　《长沙宣言》签署前后一周时间内，湖北卫视的《湖北新闻》节目对中三角发展的相关报道相比于 2013 年《武汉共识》期间的新闻报道数量大大减少，只有一则新闻："长沙、武汉、南昌、合肥今天签署《长沙宣言》"，而对具体事宜没有展开报道。由于《长沙宣言》的召开地点在湖南省省会，湖北媒体对其报道没能突破区域限制，没有以长江中游城市群领头羊身份去进行系列报道。相关报道见表18—15。

表18—15 《武汉共识》前后湖北卫视《湖北新闻》节目对
长江中游城市群相关报道

频道	节目	时间	新闻内容
湖北卫视	湖北新闻	2013年2月	共建中三角 打造增长极
湖北卫视	湖北新闻	2013年2月	四省会城市达成"武汉共识"
湖北卫视	湖北新闻	2013年2月	共建中三角 打造增长极
湖北卫视	湖北新闻	2013年2月	四省会城市抱团引领
湖北卫视	湖北新闻	2013年2月	湖南省如何共建中三角
湖北卫视	湖北新闻	2013年2月	江西省如何共建中三角
湖北卫视	湖北新闻	2013年2月	共建中三角 打造增长极
湖北卫视	湖北新闻	2013年2月	皖江城市带如何共建中三角 打造增长极
湖北卫视	湖北新闻	2013年2月	安徽省如何共建中三角
湖北卫视	湖北新闻	2013年2月	共建中三角 打造增长极
湖北卫视	湖北新闻	2013年3月	共建中三角 打造增长极
湖北卫视	湖北新闻	2013年3月	说交通看变化 中三角促融合
湖北卫视	湖北新闻	2013年3月	共建中三角 打造增长极
湖北卫视	湖北新闻	2013年3月	共建中三角 打造增长极
湖北卫视	湖北新闻	2013年3月	"中三角"已进入国家战略议事日程
湖北卫视	湖北新闻	2013年3月	媒体聚焦"中三角"
湖北卫视	湖北新闻	2013年3月	长江中游城市群将成为中国经济第四极
湖北卫视	湖北新闻	2013年3月	四省代表热议长江中游城市群
湖北卫视	湖北新闻	2013年3月	境外媒体持续关注长江中游城市群
湖北卫视	湖北新闻	2013年3月	区域经济学家讨论中三角
湖北卫视	湖北新闻	2013年3月	共建中三角 打造增长极
湖北卫视	湖北新闻	2013年3月	共建中三角 打造增长极

2. 湖南卫视

湖南卫视于 1997 年成为上星卫视,《快乐大本营》《天天向上》等综艺节目创综艺收视奇迹,名列全国卫视前茅。湖南卫视以娱乐立台,近三年也在努力创造新的节目。从一周节目比例来看,娱乐类节目比例最大,新闻类节目次之,服务类节目比例最小。

从 2013 年开始(《武汉共识》《长沙宣言》期间除外),湖南媒体对长江中游城市群的相关视频有 3 则,均在湖南卫视的《湖南新闻联播》播出。其他节目和频道没有提及长江中游城市群的构建。报道多停留在 2014 年湖南时事热点期间,除此之外没有对长江中游城市群建设进行深入探讨(表 18—16)。

表 18—16　　　　湖南媒体有关长江中游城市群视频报道

(《武汉共识》《长沙宣言》期间除外)

频道	节目	时间	新闻内容
湖南卫视	湖南新闻联播	2013 年 10 月 16 日	共筑长江中游城市群打造新的增长极
湖南卫视	湖南新闻联播	2014 年湖南省两会期间	长江中游城市群一体化发展规划有望今年出台
湖南卫视	湖南新闻联播	2014 年 2 月 13 日	湖南融入长江中游城市群

《武汉共识》前后一周,湖南卫视的《湖南新闻联播》节目没有对长江中游城市群进行相关报道。《武汉共识》在湖北省省会举行,湖南媒体没有关注。说明湖南卫视新闻的选择没有突破区域限制,媒体新闻各自为战情况严重。

湖南卫视的《湖南新闻联播》节目只有在《长沙宣言》签署的当天有 2 则新闻,其余时间没有相关报道,也没有后续报道,但是相比于 2013 年《武汉共识》期间没有新闻报道的情况有所好转。《长沙宣言》在湖南省省会举行,湖南媒体没有对此进行深入专题报道,对长江中游城市群关注度欠缺,对长江中游城市群建设热情有限(表18—17)。

表18—17　　《长沙宣言》前后一周湖南卫视《湖南新闻联播》对
长江中游城市群相关报道

频道	节目	时间	新闻内容
湖南卫视	湖南新闻联播	2014年2月28日	《长沙宣言》发布四城合作路径
湖南卫视	湖南新闻联播	2014年2月28日	四省会城市市长讨论合作

3. 江西卫视

江西卫视创建于1970年，已经实现全数字播出，有品牌栏目《经典传奇》《传奇故事》《深度观察》《杂志天下》《金牌调解》等。江西卫视节目趋于老化，多数延续以往的节目，较少有新节目出现。从一周的节目比例来看，江西卫视新闻类节目、娱乐类节目、服务类节目三种比例相差不大，以服务类节目见长。江西卫视不随娱乐大流，时刻把握服务大众的理念。但是江西卫视对长江中游城市群建设的宣传力量微弱，没有围绕这一核心。

在2013年2月23日江西卫视的《晨光新世界》节目有一则新闻关注《武汉共识》新闻：南昌等四省会城市将共享社保平台。《武汉共识》前后一周江西卫视的《江西新闻联播》节目没有对长江中游城市群（中三角）做相关报道。《长沙宣言》前后一周江西卫视的《江西新闻联播》节目没有对长江中游城市群（中三角）做相关报道。

江西卫视对长江中游城市群的报道渠道单一，数量极其有限。在《武汉共识》期间，江西卫视只在早间新闻（《晨光新世界》）提及，而在《江西新闻联播》节目中并未提及。在《长沙宣言》期间，江西卫视也没有关于长江中游城市群的新闻。可见，长江中游城市群没有进入江西主流媒体《江西新闻联播》节目，没有得到江西主流媒体的重视甚至认可。江西媒体对长江中游城市群关注度低，没有很好发挥媒体的政治宣传功能，没有做到相关信息的上传下达。

4. 安徽卫视

安徽卫视于1997年上星播出，以电视剧为特色定位，《非常静距离》《超级新闻场》等是其品牌节目。安徽卫视以电视剧为主打，雄风剧场、海豚剧场、周末大放送等在安徽卫视占据较大比例。节目也多沿用以往，创新力度不够，但安徽卫视每天的新闻类节目均保持在较高比例。

从 2013 年开始（《武汉共识》《长沙宣言》期间除外），安徽媒体对长江中游城市群的相关视频有 3 则，均在安徽卫视的《安徽新闻联播》节目播出，报道渠道相对单一。安徽媒体多关注相关领导人对长江中游城市群构建的谈话，没有从大方向上向群众分析和介绍长江中游城市群的建设问题（表 18—18）。

表 18—18　　　　　　　安徽媒体有关长江中游城市群视频报道
（《武汉共识》《长沙宣言》期间除外）

频道	节目	时间	新闻内容
安徽卫视	安徽新闻联播	2013 年 1 月 24 日	着力打造长江中游城市群
安徽卫视	安徽新闻联播	2013 年 3 月 9 日	把长江中游城市群打造成中国增长第四极
安徽卫视	安徽新闻联播	2013 年 4 月 8 日	共同推动长江中游城市群

在《武汉共识》期间，安徽卫视的《安徽新闻联播》节目关注长江中游城市群的建设，有 2 则关于长江中游城市群建设的相关报道，但报道内容不够深入（表 18—19）。《长沙宣言》前后一周，安徽卫视的《安徽新闻联播》节目没有对长江中游城市群（中三角）做相关报道，相比于 2013 年《武汉共识》期间的新闻报道数量减少。由于《长沙宣言》的召开地点在湖南省省会，安徽媒体对其报道没能突破区域限制，没有以长江中游城市群成员的身份主动进行报道。

表 18—19　　　　　《武汉共识》前后一周安徽卫视《安徽新闻联播》
对长江中游城市群相关报道

频道	节目	时间	新闻内容
安徽卫视	安徽新闻联播	2013 年 2 月 24 日	长江中游城市群打造中国经济增长第四极
安徽卫视	安徽新闻联播	2013 年 2 月 25 日	四省打造两小时城际高铁圈

由四省媒体对长江中游城市群的视频报道可见：湖北省内多种媒体全方位关注长江中游城市群的建设，报道数量最多，报道渠道丰富，且得到主流媒体的较大重视；湖南省内媒体关注长江中游城市群的建设虽然从 2013 年才开始，但是从 2013 年起持续保持关注；江西省内媒体对长江中游城市群的视频报道数量少，没有深入关注长江中游城市群的建设；安徽省内媒体关注长江中游城市群的建设集中在 2013 年上半年。四省媒体对长江中游城市群的报道多集中在会议热点时期，除此之外平时较少对长江中游城市群进行持续及深入报道（图 18—6）。

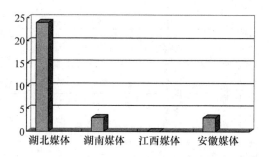

图 18—6 四省媒体对长江中游城市群视频报道柱状图

在《武汉共识》期间，湖北卫视对长江中游城市群的报道量多，深入的后续报道也体现了其对长江中游城市群建设的密切关注，但在《长沙宣言》期间其报道力度弱。在《长沙宣言》期间，湖南卫视对长江中游城市群报道有 2 则，没有形成持续报道。可见四省媒体对长江中游城市群的宣传力度不够，尤其是江西省媒体（图 18—7、图 18—8）。四省媒体目前更多还停留在关注自身区域发展，没有跨越区域限制，没有形成长江中游城市群区域宣传意识。四省媒体对长江中游城市群建设的关注有待加强，需要为长江中游城市群的建设创造良好的媒体环境。

总之，四省主流卫视在对长江中游城市群的报道态度、报道内容和报道角度等方面呈现不同。在报道态度方面，湖北卫视最为积极和主动，且得到主流媒体的重视程度最高；但湖北卫视对"长江中游城市群"相关报道没能突破区域限制，没有以长江中游城市群领头羊身

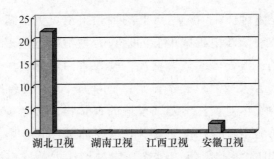

图18—7 《武汉共识》期间，四省卫视《新闻联播》
对长江中游城市群相关报道柱状图

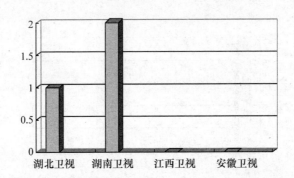

图18—8 《长沙宣言》期间，四省卫视《新闻联播》
对长江中游城市群建设问题相关报道柱状图

份组织系列报道。湖南卫视对"长江中游城市群"相关报道停留在形式的应对层面上，没有进行深入的专题报道，对长江中游城市群关注度欠缺，对长江中游城市群建设虽然态度较为积极，但热情有限，湖南卫视重视程度一般。安徽态度积极，主流媒体重视程度仅次于湖北。江西热情最低，主流媒体不重视。在报道内容方面，湖北卫视报道内容丰富，有关经济、政治、文化和社会的相关内容都有涉及。同时，报道角度多样，从民众、专家、媒体和政府，以及海外反应等角度报道解读中游城市群的发展。而湖南、江西和安徽卫视的报道内容贫乏，角度单一，没有形成冲击力。四省传媒单兵作战严重，没有关于长江中游城市群的四省媒体合作报道，信息单一，主题缺乏广度和深度。也就是说，长江中游城市群的相关发展在长江中游区域内传媒得到普遍关注，但关注深度和广度不够。

（二）全国其他视频媒体对长江中游城市群的报道

2013 年上半年，河南、宁夏、新疆三省、自治区的省级卫视以及中央二台和凤凰卫视关注了长江中游城市群的发展状况。其中凤凰卫视的相关视频报道有 6 则，对长江中游城市群关注度较高。报道内容多是对长江中游城市群建设的讨论，以及与长江中游城市群相关的时事热点（表 18—20）。上述现象说明，长江中游城市群的建设受到了其他省份的关注，也得到了国际的认可，长江中游城市群建设的舆论场在全国已基本形成。

表 18—20　　全国其他视频媒体对长江中游城市群的报道

频道	节目	时间	新闻内容
中央二台	第一时间	2013 年 2 月 22 日	中三角能否成为中国经济增长第四极
兵团卫视	兵团新闻	2013 年 2 月 26 日	长江中游城市群四省会城市会商会
凤凰卫视	财经	2012 年 2 月 13 日	江西湖南湖北合力构建"中三角"
凤凰卫视	财经	2012 年 3 月 5 日	中三角或将为中国经济增长第四级
凤凰卫视	财经	2012 年 3 月 15 日	"中三角"城市青年签署协作交流战略协议
凤凰卫视	财经	2012 年 7 月 9 日	"中三角"为中国经济增长和调节失衡努力
凤凰卫视	财经	2012 年 7 月 9 日	中三角可以进行产业转移和科技创新
凤凰卫视	时事直通车	2013 年 4 月 7 日	博鳌亚洲论坛举行长江中游城市群主题会议
河南卫视	河南新闻联播	2013 年 5 月 19 日	湖北省长江中游城市群投资推介会
宁夏	市场零距离	2013 年 7 月 25 日	启动长江中游城市群一体化规划编制
宁夏	财经早班车	2013 年 7 月 25 日	启动长江中游城市群一体化规划编制

（三）湖北卫视《长江文化潮》节目个案分析

湖北卫视在 2013 年 11 月开辟新节目——《长江文化潮》。每周五 23：30—23：45 播放。《长江文化潮》节目宗旨是向观众介绍长江中游文化，促进周边省份的文化交流，增强湖北文化软实力。节目的定位是本土化，集中于湖北当地的特色文化，如利川的龙船调、黄梅县的黄梅戏、老河口的木版年画等，这些都是湖北文化中的特色典型，拥有悠久的历史和丰富的内涵。节目的目标受众是普通大众，目标受众往往决定了节目的层次和内容，通常需要考虑到受众的文化层次、年龄阶段等众多元素。《长江文化潮》瞄准的是长江中游的特色文化资源，吸引了社会普通大众的关注，尤其是社会的年轻人，因为23：30在电视机前更多的是年轻人。节目的表达方式主要是主持人的实地体验和记者的当地采访。年轻俏皮的主持人陈超代表了爱吃爱玩爱探秘的年轻人，她实地体验讲述各地区的文化特色，更具有说服力。《长江文化潮》节目主要内容见表18—21。

表18—21　　　　　《长江文化潮》节目主要内容

类型	时间	内容
大家名作	2013 年 11 月 29 日	周韶华——中国当代气势派山水画的创始人《大美韶华气象新》
	2013 年 12 月 6 日	超写实大师——冷军
	2013 年 12 月 13 日	话剧大师肖慧芳
	2013 年 12 月 20 日	京剧大师朱世慧的"丑"美人生
民间文艺	2014 年 1 月 24 日	老河口木版年画
	2014 年 2 月 14 日	利川灯歌龙—龙船调
	2014 年 3 月 15 日	黄梅县，黄梅戏
文化活动	2013 年 11 月 8 日	微镜头看大生活
	2014 年 2 月 7 日	鄂西生态跨年之旅
	2014 年 4 月 12 日	大武汉舌尖之旅
历史探究	2013 年 11 月 1 日	铁血红安写春秋
	2013 年 11 月 22 日	古墓探秘叶家山（随州）
	2014 年 2 月 22 日	楚国八百年（大型历史纪录片）

《长江文化潮》开播伊始着重关注大家名作和对历史的探究，讲述了长江中游区域的历史背景。随后镜头多关注传统的民间文艺和现代的文化活动。节目内容取向通俗化，其中在大家名作方面讲述了肖慧芳、朱世慧等人，他们是武汉地方特色文化楚剧代表人物。在民间文艺方面，老河口木板年画和利川龙船调等属于传统文化中的地方特

色文化。在文化活动方面讲述了俗文化中的吃文化:武汉美食热干面、宵夜吉庆街等。其中宵夜吉庆街体现了武汉排档文化。在历史探究方面,红安红色文化是中国特色文化代表,随州古墓探秘也是对历史文化的挖掘。

节目目前只是停留在介绍湖北当地特色文化,还没有介绍兄弟省份的特色文化,节目应该遵从节目宗旨,多介绍长江中游地区文化。文化之间的交流最有利于增强各省人民的认同感,所以《长江文化潮》这档节目要为长江中游城市群的建设做文化铺垫。有了文化的渗透,长江中游城市群的建设便有了群众基础。此外,节目时间放在深夜,不利于节目的后续发展,也不利于长江中游城市群的文化传播,所以适时调整节目的播出时间也是很有必要的。湖北卫视有意识地抓住时事热点及时开播《长江文化潮》节目,从总体意义上看,湖北卫视为长江中游城市群文化的跨界交流发挥了正面积极作用。

五 "长江中游城市群"新闻报道影响力评价调查

——以湖北卫视媒体报道为例

"影响力"是一个综合考量指标。它不同于"最好""最大""最高"等单一标准的评价,而是综合各方面因素后得出的整体结论。2004 年以来."影响力"这一评价标准逐渐向电视媒体渗透。无论是媒体、企业还是广告公司都开始尝试以"影响力"为依据来衡量电视媒体的价值。"收视率""搜盖率""忠诚度""稳定性"等标准的分裂运用,已经不再适应电视业与广告业发展的需求。一个建立在这些指标基础上的综合标准——"影响力",正在电视评估体系中占据越来越重要的地位。

(一)"长江中游城市群"区域发展新闻报道影响力评价内容

中视金桥媒介研究中心在《如何评价电视媒体影响力》一文中认为:媒体影响力 = 媒体影响受众的能力 × 权重系数 60% + 受众影响社会的能力 × 权重系数 40%。该电视媒体影响力评估办法的特点,是区别于以往的影响力评估方法,它将从"媒体影响受众的能力"

和"受众影响社会的能力"两个层面进行评估，并赋予了评估体系更加严密、更有逻辑性的评估方法与角度。该"电视媒体影响力层级划分"，创新性地对电视媒体进行了分类，以媒体影响受众的能力和受众影响社会能力的合力来划分媒体层级。通过各层面多项考核指标的建立，实现了相互独立的评价，是对以往评估方法的开创和发展。但是，在研究"长江中游城市群"内容报道影响力时，还应考察其报道内容，所以本研究要考察湖北卫视媒体对"长江中游城市群"新闻报道的影响力，着重考察其对"长江中游城市群"内容的报道对受众能力的影响，以及受众接受其报道内容后，受众影响社会的能力。

（二）"长江中游城市群"区域发展新闻报道影响力评价指标

1. 媒体报道内容影响受众能力评估指标

媒体报道内容影响受众能力评估指标主要由以下8个指标构成。（1）频道层级，指报道内容的频道产生时所拥有的"媒体出身"，由高往低依次有国家级、省级（境外媒体）、市级、县级等，它一定程度决定频道的定位与发展潜力。（2）资源实力，指媒体所能达到的讯息的掌握程度，以及本身所能占有的媒体经营投入所需的经济、政治、人力等资源，从而保障了节目的制作能力及内容权威度等。例如对国际事件、国家大事的新闻发布权的掌握、自主创办栏目的能力，是否具有直播能力，高速获取独家信息及运作大型节目及制作的能力等。（3）受众规模，受众规模分为全球规模、全国规模、区域规模、省级规模、市级以下规模等地区观众。（4）受众忠诚度，观众越依赖频道所传达的基本资讯来源、思想和观念，说明其受众忠诚度越高。（5）内容公信力，主要考察传播的内容是否客观、真实、可值得信赖。（6）形象代言力，频道所拥有明星栏目及明星主持人的数量多少决定了其形象代言力的高低。（7）影响深度，指媒体影响受众能够到达注意、记忆、理解、态度、行为的哪个层面。影响到受众的行为层面被认为是媒体的影响深度达到最高水平。（8）全媒体传播能力，是指传媒进行新闻报道内容的多渠道、多媒体、多平台发布，实现跨界覆盖和转播的能力。从目前看，全覆盖、交互联动、即时传输、实时终端、内容聚合是全媒体传播中最显著的五大特征。

2. 受众影响社会的能力评估指标建立及标准

"受众影响社会的能力"主要由"决策力""舆论力"和"消费力"3个指标构成。决策力，指受众拥有对所在组织的话语权，组织资源大小决定受众的社会地位及组织决策力，通常指在组织当中拥有较高地位，处于决策层、领导层地位的人，他们一般由政府官员、企事业单位领导和专业技术人员组成。舆论力，一般来讲，学历越高、知识越丰富，对社会舆论影响力就越大，往往成为社会中的"意见领袖"，特指那些文化水平较高、有舆论话语权的人，如作家、记者、大学教授、专家等。消费力，受众的收入水平、经济资源的大小决定受众在社会中的购买力和消费力，此类人群多拥有较大量财富，如商人、企业高层等。

以职业为主要指标：干部、私营企业管理者集中度在100以上；以性别为次要指标：男性集中度在100以上，被认为观众决策力高。以文化程度为主要指标：大专以上学历的集中度在100以上；以年龄为次要指标：25—64岁集中度在100以上，被认为观众舆论力高。按照个人月收入计算，月收入在2000元以上的观众集中度超过100；个人消费水平处于中度消费以上，即被认为观众消费力高。

（三）湖北卫视对"长江中游城市群"新闻报道影响受众评价调查

1. 指标评价的使用与评估方法

指标划分等级体系——量级评分法。

每项指标设1—8个等级的水平。对每个层面的各项指标进行评分，将所得数值进行简单平均，即可看出本层面的总评分，我们设定3分左右为中、3分以上为中高、3分以下为中低。赋予两个层面不同值的权重系数：媒体影响受众的能力权重系数为60%；受众影响社会的能力权重系数为40%。"长江中游城市群"新闻报道的影响力水平＝媒体影响受众的能力得分×60%＋受众影响社会的能力得分×40%。最后两项相加的分值就为新闻报道的影响力水平。5—4分为第一矩阵，4—3分第二矩阵，3—2分为第三矩阵，2—1分为第四矩阵。

2. 湖北卫视对"长江中游城市群"新闻报道影响受众数据分析

湖北卫视对"长江中游城市群"新闻报道主要集中在《湖北新闻联播》节目，以及相关专题节目，如《长江文化潮》《长江新闻号》等。同时，在传播渠道方面，湖北卫视联合湖北省内主流纸质媒体、网络媒体，长江中游四省纸质主流媒体和网络媒体，长江经济带区域内媒体，以及全国其他区域内媒体，对"长江中游城市群"进行新闻报道。我们把"媒体影响受众"分为8项指标，分别是：频道层级、资源实力、受众规模、受众忠诚度、形象代言力、内容公信力、影响深度以及全媒体传播力等。

湖北卫视频道层级为省级，且在省级卫视中排名15（表18—22），在省级卫视排名中，属于中上等，故分值为4。

表18—22　　　中国全媒体传播省级卫视排行榜（2014年1—5月）

排名	频道	全媒体传播指数	排名	频道	全媒体传播指数
1	湖南卫视	3.7977	11	北京卫视	0.6285
2	江苏卫视	2.0445	12	深圳卫视	0.5427
3	山东卫视	1.1686	13	黑龙江卫视	0.5066
4	浙江卫视	1.0968	14	贵州卫视	0.4893
5	安徽卫视	1.0296	15	湖北卫视	0.4821
6	东方卫视	0.9373	16	天津卫视	0.4642
7.	四川卫视	0.8433	17	卡酷卫视	0.4439
8	金鹰卡通卫视	0.6602	18	广东卫视	0.4183
9	辽宁卫视	0.6591	19	东南卫视	0.3970
10	江西卫视	0.6435	20	河北卫视	0.3679

湖北卫视虽然频道层级较高，但对当前瞬息多变的讯息掌控程度在全国属于第三梯队，在喻国明教授对全国2011年"电视台品级指数排行表"中，湖北卫视排名36，同时媒体本身所能占有的媒体经营投入所需的经济、政治、人力等资源也略显不足，故资源实力得分为3。

在受众规模方面，湖北卫视属于省级规模，但又属于上星卫视，在全国,特别是长江中游区域有一定收视观众,所以受众规模较高,分值为4。

湖北卫视对"长江中游城市群"新闻报道主要集中在《湖北新闻联播》节目,以及相关专题节目,如《长江文化潮》《长江新闻号》等,为了考察受众对湖北卫视所播报的有关"长江中游城市群"内容的忠诚度,本研究对武汉市民进行特定人群的问卷调查。选取了100名大学老师、100名公务员、100名普通市民、100名商业人士、100名农民工。设置的问题为,请问您平时看湖北卫视所播报的有关"长江中游城市群"内容吗?从调查结果看,"有时看"和"经常看"的比例占到59%,所以据此调查,受众对湖北卫视所播报的有关"长江中游城市群"内容忠诚度较高,故分值为4。

"长江中游城市群"相关新闻报道主要集中在《湖北新闻联播》节目,以及相关专题节目,如《长江文化潮》《长江新闻号》等,通过对这三个节目所拥有的明星主持人的数量统计发现,这三档节目的主持人都不是明星,尤其是《长江文化潮》《长江新闻号》的主持人几乎可以说是主持界的新人。所以形象代言力分值较低,仅为2分。

为了考察受众对湖北卫视"长江中游城市群"相关新闻报道的公信力,研究设计了表18—23所示问题。

表18—23 湖北卫视"长江中游城市群"相关新闻报道的公信力调查

	从来都不会	一般不会	有时候会	一般会这样	总是会这样
a. 在用"长江中游城市群"相关资料时,首先会到湖北卫视报道的"长江中游城市群"内容中查看	5%	16%	18%	29%	32%
b. 在和朋友聊天、讨论"长江中游城市群"相关问题时,会引用湖北卫视报道的"长江中游城市群"的内容	6%	8%	12%	35%	39%
c. 认为湖北卫视报道的"长江中游城市群"的内容比较全面、客观,真实	8%	10%	15%	25%	42%
d. 在近一年来,谈到中部地区发展时,你是否会马上想到湖北卫视报道的"长江中游城市群"的相关内容	4%	9%	13%	28%	46%

从问卷了解到，在 a 选项中"一般会这样"和"总是会这样"选项之和为 61%；在 b 选项中，"一般会这样"和"总是会这样"选项之和为 74%；在 c 选项中，"一般会这样"和"总是会这样"选项之和为 67%；在 d 选项中，"一般会这样"和"总是会这样"选项之和为 74%。所以湖北卫视"长江中游城市群"相关新闻报道的公信力很高，分值为 5。

湖北卫视的"长江中游城市群"新闻报道对受众影响深度，主要从影响受众能够到达注意、记忆、理解、态度、行为的几个层面考察。据此，我们设置了表 18—24 所示问题。据问卷得知，在考察受众"注意"指标时，针对问题"看到湖北卫视的'长江中游城市群'相关报道时，会立即停下来看看"，选择"有时候会""一般会这样""总是会这样"的比例占到 61%，说明"长江中游城市群"新闻报道对受众影响深度已达"注意"。在考察受众"记忆"指标时，针对问题"看到'长江中游城市群'相关报道时，会联想到湖北卫视报道的'长江中游城市群'的内容"，选择"有时候会""一般会这样""总是会这样"的比例占到 56%，说明"长江中游城市群"新闻报道对受众影响深度在"记忆"层面较好。在考察受众"理解"指标时，针对问题"看到湖北卫视报道的'长江中游城市群'的内容时，会猜想到'长江中游城市群'会成为国家支点发展战略"，选择"有时候会""一般会这样""总是会这样"的比例占到 60%，说明"长江中游城市群"新闻报道对受众影响深度已达"理解"层面。在考察受众"态度"指标时，针对问题"当你看到湖北卫视报道的'长江中游城市群'的内容时，你会依从、认同或者相信其报道的内容"，选择"有时候会""一般会这样""总是会这样"的比例占到 34%，说明"长江中游城市群"新闻报道在"态度"层面对受众影响不够。在考察受众"行为"指标时，针对问题"当你看到湖北卫视报道的'长江中游城市群'的相关内容时，你有一种'将来一定要在长江中游区域发展的行为冲动'"，选择"有时候会""一般会这样""总是会这样"的比例占到 28%，说明"长江中游城市群"新闻报道对受众影响深度在"行为"层面的作用力不够。所以，参考考察的"注意、记忆、理解、态度、行为"等指标，可以判定湖北卫视的"长江中游城市群"新闻报道对受众影响深度只能达到"理解"层面，其影响深度得分为3。

表18—24　　湖北卫视"长江中游城市群"新闻报道对受众影响深度调查

	从来不会	一般不会	有时候会	一般会这样	总是会这样
a. 看到湖北卫视的"长江中游城市群"相关报道，会立即停下来看看（注意）	19%	20%	25%	28%	8%
b. 看到"长江中游城市群"相关报道时，会联想到湖北卫视报道的"长江中游城市群"的内容（记忆）	15%	29%	31%	19%	6%
c. 看到湖北卫视报道"长江中游城市群"的内容时，会猜想到"长江中游城市群"会成为国家支点发展战略（理解）	17%	23%	34%	17%	9%
d. 当你看到湖北卫视报道的"长江中游城市群"的内容时，你会依从、认同或者相信其报道的内容（态度）	28%	38%	15%	11%	8%
e. 当你看到湖北卫视报道的"长江中游城市群"的相关内容时，你有一种"将来一定要在长江中游区域发展的行为冲动（行为）	34%	38%	18%	7%	3%

进入新世纪的第二个十年，新媒体对传统电视的冲击日益剧烈，表现主要有三：一是节目分屏，大量电视节目从电视向互联网和手机等新媒体平台迁移，节目传播不再局限于传统的电视终端；二是观众分流，不少人通过新媒体而不是电视荧屏接触视听信息，截至2016年6月，中国网络视频用户数量增至5.14亿。网络视频已经发展成为人们收视信息的重要渠道；三是结构老化，年轻观众的流失与观众群老龄化在不可逆转地同步进行。新媒体使用者中45岁以下用户集中度要远远高于中老年用户，这个数字和电视观众中中老年观众与年轻观众的集中度之比，正好相反。

湖北卫视新闻内容全媒体传播力评估，实际上是指"电视—互联网"模式的评估。这里主要考察新闻内容"电视—互联网"传播路径的情况。因此，第一，主要考察媒体的全覆盖情况，主要指标为参与新闻内容传播的次数和参与媒体的数量。媒体参与次数越多，说明传播内容注意力越大，影响力就越大。即如果完成了 5 次媒体传播，分值为 5 分，一次传播，分值为 1 分。第二，考察传播内容的即时传输和实时终端，主要指标为转播次数及时间。转播次数越多，转播时间集中，说明传播内容影响力就越大。第三，考察参与传播的媒体的影响力。参与传播的媒体影响力越大，说明传播内容影响力就越大。有全国性媒体参与，且点阅人数多，分值为 5，依次省级为 4 分，县级为 1 分。第四，在传播过程中，是否有商业媒体的参与。有商业媒体参与传播，说明新闻传播内容具有商业价值，有潜在的经济效益。有全国性商业媒体参与，且点阅人数多，分值为 5，依次省级、地县级商业媒体分值为 4、3、2、1。第五，在传播过程中考察是否有参与媒体的交互联动和传播内容的聚合与整合。在目标受众群体的交互联动和传播内容的聚合与整合方面较好的分值为 5，不好的分值为 1。

为了更集中考察湖北卫视对"长江中游城市群"报道内容的多渠道、多媒体、多平台发布情况，我们主要选取《武汉共识》（2013 年 2 月 23 日）签署前后一段时间，即 2013 年 2 月 22 日—3 月 14 日，湖北卫视《湖北新闻联播》对长江中游城市群相关报道的全媒体传播情况（统计时间 2014 年 10 月 7 日 22：00），见表 18—25。

表 18—25　　　湖北卫视"长江中游城市群"报道内容全媒体传播情况

原创视频及首播时间	新闻内容	第二次传播	转播次数及时间	第三次传播	转播次数及时间	第四次传播	转播次数及开始时间
《湖北新闻联播》2013－02－22，18：41，共 420 秒	共建中三角打造增长极	湖北网络广播电视台	28356 次，2013－02－22，18：41，共 420 秒	人民网—人民电视	152 次，2013－02－22，18：50	新浪视频	95 次，2013－02－22，20：10
湖北卫视《湖北新闻联播》2013－02－23，18：51，共 295 秒	湘赣鄂皖省会城市今日达成"武汉共识"携手合作 力推中三角	湖北网络广播电视台	19368 次，2013－02－23，18：51	央视网	162 次，2013－02－23，20：01，共 295 秒	长江网湖南旅游网	56 次，2013－02－24，09：58 309 次，2013－03－20，21：18：08

续表

原创视频及首播时间	新闻内容	第二次传播	转播次数及时间	第三次传播	转播次数及时间	第四次传播	转播次数及开始时间
《湖北新闻联播》2013 - 02 - 23，18：53，共177秒	武汉共识：九大领域开展深度合作	湖北网络广播电视台	24928次，2013 - 02 - 23，18：53，共177秒	新浪视频	142次，2013 - 02 - 23，19：08，共177秒	喜马拉雅新闻电台	24次，2013 - 02 - 23，19：08，共177秒
《湖北新闻联播》2013 - 02 - 24，18：50，共275秒	湖南：发力长株潭，融入中三角	湖北网络广播电视台	36345次，2013 - 02 - 24，18：50，共275秒	央视网视频	78次，2013 - 02 - 24，18：50，共275秒	喜马拉雅新闻电台	33次，2013 - 02 - 24，18：50，即时播放，共275秒
《湖北新闻联播》2013 - 02 - 25，18：40，共305秒	江西：借力大南昌 对接中三角	湖北网络广播电视台	18862次，2013 - 02 - 25，18：50，共305秒	央视网视频	89次，2013 - 02 - 26，18：50，共305秒	喜马拉雅新闻电台	41次，2013 - 02 - 25，18：50，即时播放，共305秒
《湖北新闻联播》2013 - 02 - 26，18：54，共221秒	四省会城市抱团引领，中三角蓄势发力	湖北网络广播电视台	19571次，2013 - 02 - 26，18：54，共221秒	央视网视频	104次，2013 - 02 - 26，18：54，共221秒	新浪视频	138次，2013 - 02 - 26，19：13，共221秒
《湖北新闻联播》2013 - 02 - 27，18：51，共373秒	安徽：承接长三角，携手中三角	湖北网络广播电视台	43717次，2013 - 02 - 27，18：51，共373秒	央视网视频	63次，2013 - 02 - 28，18：51，共373秒	喜马拉雅新闻电台	46次，2013 - 02 - 28，18：51，即时播放，共373秒
《湖北新闻联播》2013 - 02 - 28，18：51，共323秒	打破区域壁垒 湘鄂赣试水新农合"漫游"	湖北网络广播电视台	29472次，2013 - 02 - 28，18：51，共322秒	喜马拉雅新闻电台	23次，2013 - 02 - 28，18：51，即时播放，共322秒	湖北网台（全媒体记者传）新闻360	83次，2013 - 03 - 05
《湖北新闻联播》2013 - 03 - 01，8：54，共308秒	湘鄂赣皖携手破解"肠梗阻"复兴长江"黄金水道"	湖北网络广播电视台	24320次，2013 - 03 - 01，8：54，共308秒	央视网—时政—滚动新闻	165次，2013 - 03 - 01，21：43，共308秒	喜马拉雅新闻电台	34次，2013 - 03 - 01，18：54，即时播放，共308秒

续表

原创视频及首播时间	新闻内容	第二次传播	转播次数及时间	第三次传播	转播次数及时间	第四次传播	转播次数及开始时间
《湖北新闻联播》2013-03-02, 18: 53, 共261秒	共建中三角 打造增长极 小池探路长中群一体化	湖北网络广播电视台	34924次, 2013-03-02, 19: 03, 共261秒	央视网视频—湖北新闻	78次, 2013-03-02, 19: 03, 共261秒	新浪视频	56次, 2013-03-02, 20: 15, 共261秒
《湖北新闻联播》2013-03-03, 18: 54, 共785秒	湘赣鄂皖共同发力 高速公路"接骨连筋"	湖北网络广播电视台	28066次, 2013-03-03, 18: 54, 共785秒	央视网—时政—滚动新闻	124次, 2013-03-03, 19: 11, 共785秒	新浪视频	85次, 2013-03-03, 20: 45, 共785秒
《湖北新闻联播》2013-03-04, 18: 50, 共254秒	湘赣鄂皖携手合作 中三角产业融合渐行渐近	湖北网络广播电视台	34321次, 2013-03-04, 20: 09, 共254秒	央视网—湖北新闻	62次, 2013-03-04, 20: 09, 共254秒	人民网—人民电视	58次, 2013-03-04, 9: 10, 共254秒
《湖北新闻联播》2013-03-05, 18: 52, 共243秒	国发改委主任张平"中三角"进入国家战略议事日程	湖北网络广播电视台	34066次, 2013-03-06, 18: 52, 共243秒	人民网—人民电视—全国新闻联播	85次, 2013-03-06, 18: 52, 共243秒	汉网—长江日报	89次, 2013-03-07, 09: 34
《湖北新闻联播》2013-03-07, 18: 52, 共317秒	媒体聚焦"中三角"合力追梦"第四极"	湖北网络广播电视台	24834次, 2013-03-07, 18: 52, 共317秒	人民网—人民电视—全国新闻联播	78次, 2013-03-07, 18: 43, 共317秒	央视网—湖北新闻（北京演播室）	62次, 2013-03-07, 18: 43
《湖北新闻联播》2013-03-10, 18: 42, 共164秒	境内外媒体持续关注中三角	湖北网络广播电视台	25929次, 2013-03-10, 19: 03, 共164秒	人民网—人民电视—湖北新闻	92次, 2013-03-10, 18: 43, 共164秒	新浪视频	82次, 2013-03-10, 18: 59, 共164秒
《湖北新闻联播》2013-03-11, 18: 55, 共179秒	区域经济学家：中三角应打造成中国制造业中心	湖北网络广播电视台	37741次, 2013-03-11, 18: 55, 共179秒	人民网—人民电视—湖北新闻	102次, 2013-03-11, 18: 55, 共179秒	湖北网台（全媒体记者回传）新闻360	154次, 2013-03-19, 16: 56, 共179秒

续表

原创视频及首播时间	新闻内容	第二次传播	转播次数及时间	第三次传播	转播次数及时间	第四次传播	转播次数及开始时间
《湖北新闻联播》2013－03－12，18：35，共173秒	中三角是扩内需的主战场	湖北网络广播电视台	15932次，2013－03－12，18：57	央视网—湖北新闻（北京演播室）	151次，2013－03－12，18：57	湖北网台（全媒体记者回传）新闻360	298次，2013－03－20，17：04
新华网和湖北卫视2013－03－13，9：48—12：03	辜胜阻、陈俊卿等共话打造"中三角"	凤凰网—凤凰网讯—滚动新闻	25684次，2013－03－13，21：32	荆楚网—新闻频道	159次，2013－03－13，22：11	中证网—新闻透视 湖北网络广播电视台	45次，2013－03－14，09：06 67次，2013－03－15，18：57
湖北卫视《湖北新闻联播》2013－03－14，18：52，共237秒	四省会城市市长"两会"再发和声共同建议"将长江中游城市群建设上升国家战略"	湖北网络广播电视台	27755次，2013－03－14，18：52，共237秒	央视网—湖北新闻（北京演播室）	2013－03－14，18：52，共237秒	喜马拉雅新闻电台	24次，2013－03－14，18：52，共237秒

　　依据湖北卫视对"长江中游城市群"报道内容的传播时间和传播路径，我们把新闻信息的媒介传播分为四次传递（图18—9）。第一次传递是由湖北省卫视完成，主要负责原创视频的生产。湖北卫视2012年以来，全新改版，突出"新闻立台"理念，努力打造以"科学、服务、人文"为核心理念的科教服务类节目。最新数据显示，湖北卫视整体收视率由原来的全国第16位跃居前10位。《湖北新闻联播》是湖北电视媒体中最具影响力的新闻信息类栏目，报道重大时政活动，反映百姓生活，发布权威政策信息，被评为全国"十佳栏目"，创湖北卫视栏目之最。因此，在信息的第一次媒体传递过程中，湖北新闻联播专栏有关"长江中游城市群"的内容报道能得到较好传播，传播媒体层级是省级卫视传媒。"长江中游城市群"的内容报道的第二次传递主要是由湖北网络广播电视台完成，第二次传递的信息是"第一次信息的复印"，传递的内容和传播的时间与第一次没有任何改变。传递的媒介由省级卫视变为网络广播电视，传统媒体转向

新媒体传播。这个阶段信息内容接受的人群还在一个高位值，点播次数在 23000 次左右。"长江中游城市群"的内容报道的第三次传递主要是由中央级网络媒体完成。第三次传递的信息内容与第一次和第二次完全相同，没有任何增加或删减，只是时间上略微推迟。主要由央视网湖北新闻或人民网的人民电视完成。但不同的是第三次传递过程中信息内容接受的人群下降幅度非常大，在 100 人次左右。"长江中游城市群"的内容报道的第四次传递主要是由商业媒体完成。第四次传递的信息内容与第一次和第二次完全相同，但选择传递的内容有一定的倾向性。如湖南旅游网在 2013 年 3 月 20 日传递的"湘赣鄂皖省会城市今日达成'武汉共识'携手合作 力推中三角"新闻视频，明显是在为其日后的旅游商业行为做宣传。第四次传递的媒体主要有新浪视频、湖南旅游网和喜马拉雅新闻电台等。其信息内容接受人群比第三次更少，在 90 人次左右，保持在一个较小规模人群。

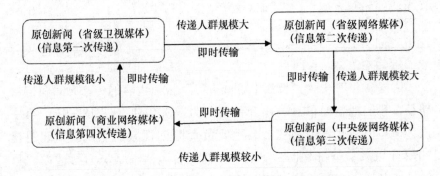

图 18—9 湖北卫视对"长江中游城市群"报道内容传播路径

依据上面的分析，湖北卫视对"长江中游城市群"报道内容的全媒体覆盖情况较好，有四级媒体参与，有全国性媒体的央视网，还有省级的湖北卫视和湖北网络广播电视台，以及地方商业媒体参与，传播达到四级，但没有达到五级，故全媒体覆盖分值为 4。在即时传输和实时终端方面，其转播次数在一、二级较多，三、四级大幅下降；传输时间较快，一、二、三级传输基本是同步。故此项得分 4。参与传播的媒体影响力方面，有全国性媒体的央视网、人民网等，但由于观看者较少，故此项得分大打折扣，实得分为 2 分。在"长江中游城市群"内容传播过程中,像新浪等有影响力的商业媒体参与较少,有些内容的传输,所依托的商业网站受众较窄,受众观看率低,故此项得分为2分。交互联动和传播内容的聚合与整合方面,纵观"长江中游城市群"内容传播过程,参与传播的相关媒体基本没有互动,针对目标受众,其传播内容的聚合和整合也严重缺乏,所以此项得分1分。

在对全媒体覆盖率、即时传输和实时终端、参与传播的媒体影响力、商业媒体参与以及交互联动和传播内容的聚合与整合等各项指标进行考察后,计算出"长江中游城市群"内容全媒体传播力得分为2.6。具体内容见表18—26。

表18—26　　　湖北卫视"长江中游城市群"内容
传播全媒体传播力各项指标分值

全媒体传播力	低	较低	一般	较高	高	各项得分
全媒体覆盖率	1	2	3	4	5	4
即时传输和实时终端	1	2	3	4	5	4
参与传播的媒体影响力	1	2	3	4	5	2
商业媒体参与	1	2	3	4	5	2
交互联动和传播内容的聚合与整合	1	2	3	4	5	1
各项平均得分						2.6

综上所述,对"长江中游城市群"新闻报道影响受众能力的8项指标进行考察后,计算出其各项平均得分为3.45。见表18—27。

表18—27　　"长江中游城市群"新闻报道影响受众的能力各项指标表

全媒体传播力	低	较低	一般	较高	高	各项得分
资源实力	1	2	3	4	5	3
受众规模	1	2	3	4	5	4
受众忠诚度	1	2	3	4	5	4
形象代言力	1	2	3	4	5	2

全媒体传播力	低	较低	一般	较高	高	各项得分
内容公信力	1	2	3	4	5	5
影响深度	1	2	3	4	5	3
全媒体传播力	1	2	3	4	5	2.6
平均得分						3.45

（四）湖北卫视"长江中游城市群"新闻报道内容受众影响社会能力评价调查

为了考察湖北卫视"长江中游城市群"新闻报道内容的受众影响社会的能力，我们主要考察受众的"决策力""舆论力"和"消费力"3个指标。指标在25%以下，"三力"最低，分值为1分；指标在25%—50%，"三力"较低，分值为2分；指标在50%—60%，"三力"一般，分值为3分；指标在60%—75%，"三力"较高，分值为4分；指标在75%—100%，"三力"最高，分值为5分。

为了考察受众的"决策力""舆论力"和"消费力"，本研究选取了2014年3月22—28日一周的时间，对在湖北卫视的《湖北新闻联播》节目里收看了"长江中游城市群"新闻报道内容的受众进行了每天抽样，每天抽样了50位受众。结果发现：在一周抽样的350名受众中，在以职业为主要指标的考量中，政府官员、国企事业单位高管、私营企业管理者和专业技术人员占到214名，其集中度为61%。在以性别为次要指标中，在214名人员中，男性为149名，男性集中度为70%。见表18—28。因此，受众的决策力较高，分值为4分。

表18—28　　湖北卫视"长江中游城市群"新闻报道内容的受众决策力

	职业	2月22日	2月23日	2月24日	2月25日	2月26日	2月27日	2月28日	合计
主要指标214÷350=61%	政府官员	16	21	12	11	12	14	16	102
	国企事业高管	8	9	7	6	5	4	5	44
	私营企业管理者	3	4	8	10	6	5	7	43
	专业技术人员	7	6	3	2	2	3	2	25
	合计	34/50	40/50	30/50	29/50	25/50	26/50	30/50	214/350

续表

次要指标 149÷214 =70%	男性	28	27	18	20	15	19	22	149/214
	女性	6	13	12	9	10	7	8	65
	男性比例	82%	68%	60%	69%	60%	73%	73%	70%

　　在对湖北卫视"长江中游城市群"新闻报道内容的受众舆论力抽样调查中发现，在以受众文化程度为主要指标的考量中，有研究生、本科和大专文凭的受众占到350人的174人，其大专以上文凭的集中度为50%。在以年龄为次要指标的考量中，20—30岁人数为40人，31—50岁人数为57人，51—65岁人数最多，有87人。20—65岁总人数184人，在抽样总人数350人中其集中度为52.3%。见表18—29。主要指标和次要指标都在50%—60%区间，受众舆论力一般，其分值应为3分。

表18—29　　湖北卫视"长江中游城市群"新闻报道内容的受众舆论力

	文化程度	2月22日	2月23日	2月24日	2月25日	2月26日	2月27日	2月28日	合计
主要指标 155÷350 =50%	研究生	7	9	6	5	4	10	9	50
	本科	11	15	12	14	12	11	11	86
	大专	7	5	6	8	6	3	3	38
	合计	25/50	29/50	24/50	27/50	22/50	24/50	23/50	174/350
次要指标 184÷350 =52.3%	年龄合计	27	26	26	25	27	26	27	184/350
	20—30	5	8	5	3	4	6	9	40
	31—50	9	7	7	9	8	9	8	57
	51—65	13	11	14	13	15	11	10	87

　　据全国统计局网站宣布，2013年全国城镇居民人均总收入大约30000元。2013年1—12月全国15个副省会城市人均消费排行榜，武汉市人均消费18813.1元，排在第12位，而2013年城镇居民人均消费支出18023元，也就是说武汉市居民人居消费略高于全国城镇居民人均消费支出。所以，考察湖北卫视"长江中游城市群"新闻报道内容的受众消费力水平，以居民月消费为主要指标，以月收入为次

要指标。以月收入 2500—3500 元，以月消费达到 1500—2500 元为基线，在此线上，消费力一般；月收入 3500—5500 元，月消费 2500—3500 元，消费力较高；月收入 5500 元以上，月消费 3500 元以上，消费力最高。月收入 1200—2000 元，月均消费在 1000 元以下，为最低消费水平；月收入 2000—2500 元，月均消费在 1000—1500 元，消费水平较低。

在对湖北卫视"长江中游城市群"新闻报道内容的受众消费力抽样调查中发现，在以受众居民月消费为主要指标的考量中，月消费在 1500 元以上的受众占到 350 人的 205 人，其月消费的"一般水平、较高水平和最高水平"受众的集中度为 58.6%。在以居民月收入为次要指标的考量中，月收入在 2500 元以上受众在抽样总人数 350 人中，占到 204 人，其月收入的"一般水平、较高水平和最高水平"受众的集中度为 58.3%。见表 18—30。主要指标和次要指标都在 50%—60% 区间，受众消费能力一般，其分值应为 3 分。

表 18—30　　湖北卫视"长江中游城市群"新闻报道内容的受众消费力

	居民月消费	2月22日	2月23日	2月24日	2月25日	2月26日	2月27日	2月28日	合计
主要指标 205÷350 =58.6%	3500 元以上	9	15	10	9	13	16	15	87
	2500—3500 元	10	12	14	15	12	11	10	84
	1500—2500 元	7	8	4	6	6	2	1	34
	合计	26/50	35/50	28/50	30/50	31/50	29/50	26/50	205/350
次要指标	居民月收入								
204÷350 =58.3%	5500 元以上	10	13	9	11	14	14	17	40
	3500—5500 元	8	10	12	10	8	9	6	57
	2500—3500 元	7	10	5	7	11	5	8	87
	合计	25/50	33/50	26/50	28/50	33/50	28/50	31/50	204/350

根据对湖北卫视"长江中游城市群"新闻报道内容的受众影响社会的能力考察，其受众的"决策力""舆论力""消费力"这"三力"最后得分 3.33。见表 18—31。

表18—31　　　　"长江中游城市群"新闻报道受众影响社会能力表

受众影响社会能力内容	低	较低	一般	较高	高	各项得分	最后得分
决策力	1	2	3	4	5	4	
舆论力	1	2	3	4	5	3	3.33
消费力	1	2	3	4	5	3	

（五）湖北卫视"长江中游城市群"区域发展新闻报道内容影响力层级划分

依据上面各项指标评估体系来考量湖北卫视对"长江中游城市群"新闻报道内容影响力的水平，将卫视频道报道内容划分为四个等级，分别为：影响力第一矩阵——媒体报道内容影响受众的能力高、受众影响社会的能力高、综合评定媒体报道内容的影响力水平高；影响力第二矩阵——媒体报道内容影响受众的能力低（中）、受众影响社会的能力高（中）；影响力第三矩阵——媒体报道内容影响受众的能力高（中）、受众影响社会的能力低（中）；影响力第四矩阵——媒体报道内容影响受众的能力低、受众影响社会的能力低。这四个不同层级矩阵代表着不同频道报道内容影响力范围。如图18—10所示。

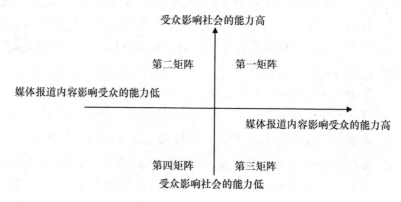

图18—10　湖北卫视"长江中游城市群"新闻报道内容影响力矩阵图

依据上文论述，"长江中游城市群"新闻报道内容影响受众能力为3.45，其受众影响社会能力为3.33。"长江中游城市群"新闻报道内容影响力＝报道内容影响受众能力×权重系数60％＋受众影响社会的能力×权重系数40％。所以，"长江中游城市群"新闻报道内容影响力为3.40，其影响力处于第二矩阵。

（六）湖北卫视"长江中游城市群"区域发展新闻报道内容影响力结论

通过对湖北卫视的"长江中游城市群"新闻报道内容影响力的论证分析，得出结论：

第一，湖北卫视的"长江中游城市群"新闻报道内容影响力较大，处于第二矩阵。"长江中游城市群"新闻报道内容影响受众能力较强，特别是湖北卫视有关"长江中游城市群"新闻报道内容有较大的受众规模，受众对节目内容的忠诚度较好，主要得益于"长江中游城市群"新闻报道内容有一定权威性，内容信息可信度高，传递内容信息有很好的公信力。公信力是受众对节目内容忠诚度的保障，有了忠诚度，受众规模就会有保证。同时，"长江中游城市群"新闻报道内容的受众影响社会的能力较强，特别是其受众的决策力较高。在受众中，政府官员、国企事业单位高管、私营企业管理者和专业技术人员的集中度较高，这些受众所接受的有关"长江中游城市群"新闻报道内容会潜意识和显意识地影响他们在工作中相关决策，无形扩大了"长江中游城市群"新闻报道内容影响力。所以，媒介内容影响力，首先必须抓好报道内容的公信力，利用公信力保证受众规模和受众忠诚度；同时，抓住有决策力的受众群，让这部分受众群利用自己在工作中的决策权限，扩大报道内容的影响力。

第二，湖北卫视的"长江中游城市群"新闻报道内容影响力较大，但要想让新闻报道内容影响力更加深远，还必须做好相关工作。首先，在"长江中游城市群"新闻报道内容影响受众能力方面，注重报道内容节目的形象包装，下功夫着力打造节目主持人，让主持人成为节目内容传播的形象代言。全媒体传播力是当今让新闻报道内容影响力更加深远的直接途径。全媒体传播力能即时传输完成传播内容的全媒体覆盖，以及方便全媒体的交互联动和高效促使传播内容的聚合与整合，使传播内容有清晰的目标受众群。要求参与传播的媒体必须更有影响力，特别是在信息内容的第二、第三次传递时，利用高级别的媒体，扩大传播内容的舆论影响力，最后有商业媒体的参与，把传播内容变成市场信息。其次，在"长江中游城市群"新闻报道受众影响社会能力方面，着力在受众的"决策力""舆论力""消费力"方面做文章。在受众文化水平方面，有针对性地瞄准大专以上的人群，重点瞄准高学历的受众群，利用受众学识的影响力扩大传播内容的有效力。在受众的年龄方面，瞄准20—65岁受众人群，重点放在31—50岁人群，利用这个人群在社会上如日中天的影响力，提升传播内容的舆论力。根据居民月消费力和月收入水平，把传播内容放在居民月消费力和月收入水平较高的人群，利用受众的高消费力来拉动传播内容的高市场占有，从而达到受众影响社会的目的。

第三，要注重媒体内容传播矩阵的立体提升，特别是注重矩阵与传播受众的适配性，分析传播内容所处矩阵的受众类型，判断受众的信息消费需求，从而使得目标受众需求与传播内容相匹配，实现内容的传播价值最大化。"长江中游城市群"新闻报道内容影响力处于第二矩阵，其报道内容影响受众的能力较高，有很强的传播内容说服力，高影响力内容产生的"媒体光环"可以提升内容的可信度。受众影响社会的能力也较高，他们在决策力、舆论力、消费力各方面均处于一定水平。所以，处于该矩阵的受众在社会较高阶层、集体、组织当中拥有多方面的决定权。高影响力传播内容可以通过有影响力受众对传播内容信息完成人际传播，实现二次或N次传播，扩大内容的影响范围与规模。

总之，高影响力的传播内容，将有助于媒体告别粗放型的地毯式、轰炸式宣传；减少媒体投入花费，实现节约型、高回报宣传效应。

六 "长江中游城市群"区域发展新闻报道策略

（一）"长江中游城市群"全国和全球性传播

当今既是一个国家、区域传播时代，更是一个全球传播时代。"长江中游城市群"发展问题既是一个区域发展问题，也是一个国家战略问题，同时也是需要国际力量帮助和参与的问题，需要用国际眼光观察其区域发展新闻报道，提升媒体报道内容的影响力。

主流媒体要想在广度和深度上传递重要政策，使传播政策的能力在国内和国际范围内上水平、上台阶，就要认真研究不同国家地域受众的文化传统、思维方式、审美情趣，以他们听得懂、易接受的方式，有针对性地讲述长江流域的故事，传播长江流域的声音，展示长江流域的美好形象。要提高新闻信息原创率、首发率、落地率，提升产品质量，加强海外、国内营销，提升主流媒体对"长江中游城市群"区域发展新闻报道的影响力。

全球传播时代的媒体理念，必然是与时俱进的。在新闻宣传理念上，主流媒体新闻工作者应以开放的理念、时代的眼光和科学的态度来深入思考和认真对待深刻变化着的国内外经济社会环境，与时俱进，以创新的精神提高"长江中游城市群"区域发展新闻报道内容的影响力。

随着生态环境的变化，新闻宣传工作的对象、任务、内容和手段都发生了很大变化，给新闻宣传事业提出一系列新课题。社会在变化发展，主流媒体要用时代的要求来审视宣传思想工作，用发展的眼光来研究宣传思想工作，以改革的精神来推动宣传思想工作，努力使宣传思想工作更好地体现时代性，把握规律性，富于创造性。要坚持解放思想、实事求是、与时俱进，科学地认识和把握新形势下宣传思想工作的特点和规律，形成新思路，探索新办法，开辟新途径，取得新成效，使"长江中游城市群"区域发展的新闻报道既能站在全国一盘棋的视野，更应该放到国际背景下去观照，真正发挥主流媒体新闻报道的舆论影响力，为区域经济发展营造国内和国际舆论氛围。

(二)"长江中游城市群"重要新闻报道跨地域合作

城市群形成带来了流动频率的增加、商务往来的频繁和活动半径的扩大，原有的仅仅依靠全国、省、市作为企业传播布局的模式将发生变化，传媒的传播效果从传统的省际和市的概念逐渐转变为"城市群"概念，因此，城市群也将会对现有的传播方式和传媒格局产生变革和影响，依照城市群进行的传播，可以让媒体组合的影响力更大。

在国家经济区域化发展成为重要战略的背景下，随着互联网新传媒业向受众传递新闻信息的频率和覆盖率的大幅提升，传媒的跨地区发展已成为传统新闻业占据市场的新选择。但传媒的跨地区发展，首先要敢于克服跨地区扩张与地方保护之间的矛盾。按国家现行传媒体制和运行机制，省级传媒以服务所处省级行政区域为主要职责，对别的省份的新闻甚至有些避讳。但传媒要发展，要抢占市场，跨省跨地域发展就成为必然。特别是该地区的强势媒体，由于传播内容的优势和传播理念的先进，很快成为另一市场的新进入者，并可能主宰这个市场，抢占广告份额，抢夺受众注意力，掠夺新闻资源，成为强势媒体的常态策略。但体制藩篱会成为该地区传媒的保护，地方保护主义会有效阻隔强势媒体的入侵，所以跨地区扩张与地方保护之间的矛盾始终伴随体制内传媒的发展。新媒体的迅猛发展可能成为地区传媒跨地区发展的新突破口，新媒体能有效突破体制、技术、政策等的限制，成为传媒破解跨地区发展的有效路径。其次，要勇于克服跨区域传播与"本土化"之间的矛盾。传媒的跨区域发展不仅是产业上的跨区域发展和延伸，也是传媒内容的跨区域传播和影响力的拓展。同一地区传媒由于同一经济环境、同一文化氛围和对文化相似的欣赏理念，对跨地区的合作和交流带来了难题。"长江中游城市群"作为区域发展的一条主线，无论对区域内经济的发展还是对区域内传媒的发展都将是一个区域内核力的集聚，会给新的区域带来新的文化趋同和新的传媒市场对新闻信息的共享。最后，要善于克服跨地区发展的整体利益和局部利益的矛盾。跨地区发展合作的基础是双赢，但随着合作的深入，利益的分配超越了发展的重要性。作为对"长江中游城市群"有关信息资源的消费，什么是整体利益，什么是局部利益，需要用智慧的眼光看待，有利于"长江中游城市群"区域发展的利益是整体利益，死扣狭隘的地区发展的利益是局部利益。不能因为"武汉共识"在武汉签署，只有湖北的媒体花精力重金打造，湖南、江西和安徽的媒体敷衍或者不闻不问。

湖北卫视对"长江中游城市群"区域发展新闻的报道，需要湖南、江西和安徽媒体的合力传递，需要央视和人民网等国家级媒体的托举，更需要新媒体高频率地予以转发或者有密度有目的地予以编发。四省政府应该给媒体放宽区域合作空间，鼓励长江中游媒体关注长江中游城市群的建设。政府可以从政治层面促进本地媒体的跨区域发展，以及鼓励外省媒体进入本省媒体市场，在长江中游城市群建设方面积极邀请长江中游媒体听证和报道。公众也需要积极关注"长江中游城市群"区域发展的新闻报道，广泛接受媒体传递的有关长江中游城市群的信息，从内心接纳长江中游城市群，把自己作为长江中游城市群一员。公众认同形成舆论场，有利于推动长江中游城市群得到国家政策支持。媒体在报道"长江中游城市群"区域发展新闻时要积极与其他四省或全国其他媒体合作，利用各自媒体的特色，着力打造"长江中游城市群"区域发展新闻报道的精品，为"长江中游城市群"区域发展做好舆论推动作用。

（三）议程设置理论与区域发展政策宣传

1. 正确认识"议程设置论"

议程设置论是美国传播学者麦康于 1972 年首先提出的一种直接探讨媒介如何引导公众形成舆论或转变已有舆论的理论假设。其中心思想是：公众通过媒介知晓事件或问题，依媒介提示的角度思考，按照媒介对各种问题的重视程度来调整自己对这些问题重要性的看法，或者说媒介对某一事物的强调程度同公众对同一事物的重视程度构成正比关系。议程设置论认为大众传媒能够为公众设置"议事日程"，经过媒体报道的事件和内容，会引起人们的重视；媒体的报道和信息传达可以给予各种"议题"不同程度的显著性，从而使人们对周围世界的事件及其重要性的判断产生影响。

议程设置理论包含媒介议程设置、公众议程设置和政府（政策）议程设置。科布认为：媒介议程是指媒体在一定阶段内对某个事件和社会问题突出报道会引起公众普遍关心和重视，进而形成社会舆论讨论的中心议题。公众议程是引起社会大众广泛关注的问题，政策议程是指决策者认为至关重要的问题。三者之间存在相互作用（图 18—11）。"媒介议程与公众议程的相关性是传媒宣传政策和引导舆论的前提与基础。媒介议程设置的功能建立在公众与自身经验以外事物无法直接体验的基础上。"在媒介议程和公众议程之间，存在一种因果关系，即经过一段时间，媒介的优先议题将成为公众的优先议题。同时，媒介议程的效果还存在于媒体之间，特别是大媒体与小媒体之间，权威媒体与普通媒体之间。例如，全国性的权威媒体往往就一些有关国家或地区的政策大事联合行动，从整体上覆盖了人们感知环境范围，从根本上影响甚至控制了舆论的发展方向和强度。如果将媒介报道和其他内容总体上作为一种传播形式和氛围，那么在一个较长的时期内，它们会无形中给公众议程带来某种新的观念或设置某些新的议题。这种宏观的媒介议程设置功能，对公众议程的影响是潜移默化的，却又是强大的。这就为媒介正确宣传党的政策、有效引导社会舆论提供了有益的思路和方法，提供了可靠的前提和依据。

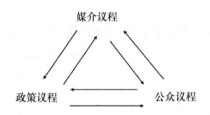

图18—11 政策议程、媒介议程和公众议程三者关系示意图

2. "长江中游城市群"构建过程与政策议程、媒介议程和公众议程

在中国，媒体是党和政府的喉舌，传递着统治阶级的观点和意志，通常是政策议程极大影响媒介议程，但是在长江中游城市群构建过程中议程设置的功能有了独特的影响方式。当潜在的政策议程影响媒介议程后，通过媒介的传播功能，影响公众议程，产生社会舆论，与此同时也会影响显在政策议程。长江中游城市群的概念是潜在的政策议程，只是四省政府间的区域合作，社会认知度不高，没有得到中央的明确批复。湖北卫视传媒将其变为媒介议程，通过媒介传播，长江中游城市群逐渐影响公众议程，形成社会舆论，也帮助长江中游城市群显在政策议程的设置和提出（图18—12）。

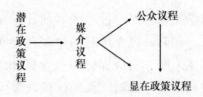

图 18—12 议程设置在长江中游城市群构建的过程示意图

（1）"长江中游城市群"构建过程中政策议程对媒介议程的影响。

在政治上，媒体是党和政府的喉舌，及时关注党和政府大政方针、对党和政府的决议做及时报道是媒体的职责。长江中游城市群是新时期国务院对于区域经济发展的新规划，传媒要紧抓这一时代趋势。长江中游城市群目前作为四省政府的政治议程在极大程度上影响着四省媒介议程。

湖北卫视传媒对有关长江中游城市群建设的政策、热点事件、政府领导人讲话等做出相关报道。要特别指出的是，在《武汉宣言》期间，湖北卫视的《湖北新闻联播》节目作为省委、省政府的重要喉舌和舆论阵地对长江中游城市群开辟专题，连续多日深入探讨共建中三角、打造增长极问题。

（2）"长江中游城市群"构建过程中媒介议程对政策议程的影响。

湖北电视传媒要为长江中游城市群的构建营造良好的舆论环境，引领四省政府在政治层面的沟通合作，促使国务院对长江中游城市群建设给予政策照顾。

在传统意义上主要是政策议程影响媒介议程，但是在长江中游城市群的建设过程中，媒介议程也需影响政策议程。然而中三角的建设还只是停留在政府间的合作上，而不是像长江三角洲城市群一样得到国家相关政策的大力扶持以及受到国家的高度重视，所以需要经过媒介的导向性宣传报道来影响国家政策议程。

经过湖北电视传媒的初步努力，从 2011 年开始掀起呼吁建设长江中游城市群的浪潮，党中央及相关领导人也在此过程中接受了长江中游城市群的概念并对长江中游城市群建设做出相关指导意见，同时在中国区域发展规划进程中逐步将长江中游城市群纳入总体规划。

（3）"长江中游城市群"构建过程中媒介议程对公众议程的影响。

经济影响方面，媒体做好信息传递，报道长江中游城市群相关省份的经济状况和发展机遇，引导四省在宏观经济层面进行合作。同时也要关注微观经济层面，如中小型企业之间以及个人层面之间的经济合作往来，形成经济上的公众议程。

在文化影响方面，媒体是文化的载体，整合长江中游文化，让老百姓认同长江中游城市群。2012 年传媒文化产业产值为 7600.5 亿元，同比增长 13.4%，三大驱动力使得文化需求处于长期繁荣的拐点。政策体制改革持续引导需求，监管主体的合并将推动业内公司实现跨区域和跨媒体的全媒体运营；科技与文化的结合创造需求，2012年下半年互联网电视进入爆发期；新城镇化推进市民化进一步释放需求。在教育方面，要鼓励高等学校进行多种形式的交流与合作。文化的交流和教育的合作有助于打破地域限制，让四省做到真正的融合和互助，形成文化上的公众议程。

在社会影响方面，媒体鼓励四省劳动力留在长江中游地区。由于长江中游城市群的建设需要大量的人力、物力，四省劳动力不再需要到珠江三角洲或长江三角洲打工，留在长江中游地区就有就业机会。媒体的宣传有利于影响劳动力的流动，形成社会生活上的公众议程。

3. 正确评估政策宣传效果，及时解释政策，把握议程设置最佳时间

媒介的议程确实对公众的议程有很大的影响，但根据传播学理论对议程设置的综合研究，并非只要上了媒介，安排在显著位置或黄金时间，就会对公众议程产生决定性影响。公众本身的兴趣、接受水平、接受引导的需求以及人际交流的状况，都会影响议程设置的效果。湖北卫视通过媒介议程的设置，对"长江中游城市群"区域发展的有关新闻报道大部分安排在黄金时间晚上 6 点 30 分的《湖北新闻联播》节目里，但这个媒介议程是否就一定影响了或多大程度上影响了公众议程呢？所以，特别是牵涉到"政策"这种硬议题的时候，要准确评估政策宣传的效果，不能过分夸大媒介议程的传播效果。

同时，对政策的解释要及时，以便能够把握议程设置的最佳时间。时间是议程设置中一个重要因素，对议程设置最重要的时机把握也是政策宣传收到良好效果的必然选择。"长江中游城市群"区域发展有关政策的出台是与区域内公众的切身利益相关，区域内公众对此事关注度较高，这时，特别需要权威性的媒介及时提供关于政策的解释，在公众对政策细节知之不多又容易产生歪曲理解的时候，解释性信息传播的时效和力度就特别重要。另外，"长江中游城市群"区域发展是一个较长的过程，公众对这个政策的接受有一个相应的过程，是一个观念的注意、记忆、理解、态度和行为的漫长过程，所以对于"长江中游城市群"区域发展的观念引导需要同类信息传播的不断积累，要有"水滴石穿"的精神。

（四）整合全媒体资源与"长江中游城市群"网络空间渗透和覆盖

"长江中游城市群"相关信息内容需要通过多渠道传播，才能有益于"长江中游城市群"新闻报道内容的扩散和影响。因此，传播渠道融合是继内容生产融合之后的关键一步，只有渠道畅通，内容才能得到有效传播。台网融合的传播渠道融合，就是实现电视台和新媒体平台联动传播，构建立体交互的传播模式。

从目前来看，传统电视媒体进驻新媒体渠道多注重抢占地盘，而资源整合和渠道开发利用不够，如此一来，不仅未能有效进行资源配置，还加剧了传统媒体和新媒体的竞争，这与台网融合以提高竞争优势的目标相去甚远。因此，传统电视要进行传播渠道优化整合，将内容通过多元化渠道传播给用户，进行传播策略和传播机制的转型，从"一对多"的单向传播、单一形态传播，向"多对多"的渠道立体化传播、充分满足用户互动需求的交互式传播转变。2014年8月以来，中央审议通过了《关于推动传统媒体和新兴媒体融合发展的指导意见》，明确支持新型媒体发展，以传统媒体为主的大型传媒集团倍受市场期待。大型传统媒体集团未来转型空间大：

一是从实时单向传播到随时互动传播，为"长江中游城市群"的宣传和信息服务提供平台。建立互动传播机制是与内容生产的交互性联系在一起的。未来电视要以用户为中心，改变既有的"一对多"传播模式，形成"多对多"乃至"一对一"的新媒体传播形态，充分考虑到交互式传播特点。

2013年11月湖北卫视开办《长江文化潮》专栏节目，旨在构建人文精神、文化现象和文化成果的传播平台，打造高品位的文化高地。节目内容主要围绕文化强省建设，既报道湖北文化建设中对全国有着推广价值的文化活动，也介绍湖南、江西、安徽等兄弟省份对湖北有着借鉴意义的文化现象，力求用"普通话"深刻思考文化的力量，提升湖北软实力。湖北卫视在《湖北新闻》《长江新闻号》节目中，推出"博鳌纵论中三角"专栏，共推出20多条新闻和评论。湖北卫视大型系列专栏，为"长江中游城市群"建设发展产生了一定的宣传声势。湖北电视传媒结合湖北网络广播电视台，将这些逐日播出的有关"长江中游城市群"建设发展的分散内容整合集纳后，经过网络编辑手段的包装、渲染，以同名栏目的面貌隆重推出，集中展示了"长江中游城市群"建设发展取得的突出成就，形成一定的报道规模和报道合力，延伸了电视节目的收视价值。尽管视频内容没有本质区别，但在内容的提供方式上，网络奠定的"存储—重放"模式，取代了既有广播电视的"实时"模式，使网友既可以看到自己错过的内容，也可以对自己感兴趣的视频内容反复观赏，改变了传统电视的收视模式。网络的非线性传输特点，结合湖北的视频资源优势，使湖北电视内容的原有价值得到了提升。

二是针对不同终端定制不同内容，为"长江中游城市群"区域发展带来传播影响力。手机电视、IPTV、移动电视等由于其终端的不同，用户使用或接触场景的不同，各终端对内容的需求也是相异的。手机视频内容主要是满足用户随时随地获取所需资讯，或者是途中的消遣娱乐。新闻资讯类视频、原创搞笑类视频等在手机视频中拥有相当广阔的市场。所以，可以把有关"长江中游城市群"的新闻资讯依托手机新闻资讯类视频，有针对性地发给手机用户。而IPTV则延伸了传统电视的功能，使电视不再只是一个播放电视信号的媒介，而是一个能够满足受众多种需求的平台（用户可以通过IPTV搜索新闻、网上购物，通过电视开展远程聊天，或者将电视变成游戏的主场……），因此，IPTV 的内容应具有更多的增值服务性。所以，利用 IPTV 开发"长江中游城市群"的新闻资讯，是未来政策类资讯扩大影响力的新路径。

2014 年元旦，由湖北广播电视台与湖北电信合作推出的"湖北广电 ITV"正式上线放号，这是湖北三网（互联网、电视网、电话网）真正意义上的融合。"湖北广电 ITV"由湖北广播电视台提供内容，由湖北电信公司提供渠道和用户服务，1 月 1 日起，在全省 17 个市州同时上线，面对 6000 万湖北观众。"湖北广电 ITV"初期的"基本包"提供 87 套直播节目，其中包括湖北广播电视台 12 套节目，还有 4 万多个小时的点播节目，包括电影大片、电视剧、全国热播的动画片、综艺栏目等。湖北三网（互联网、电视网、电话网）真正意义上的融合，为"长江中游城市群"区域发展带来了传播影响力。

三是建立多终端全天候无缝覆盖网络。对于一个普通受众而言，电视媒体作为第一强势媒体已受到新媒体的强势挑战，同时，网络媒体已经嵌入受众的生活之中。将来传播渠道融合的目标之一就是要实现电视媒体传播渠道和网络新媒体传播渠道的联通，特别是挖掘潜在的网络用户，使其成为电视新媒体用户，同时，引导传统电视用户接触电视新媒体。此外，还要充分利用现有渠道时间覆盖的盲点，着力建设适宜户外、楼宇、地铁、公交等各种终端的传播渠道，保证受众除了休息时间之外，无时无刻不受到电视新媒体的影响，至少在传播渠道上，保证电视新媒体的全面畅通。在三网融合真正实现后，无所不能的终端和无处不在的网络使未来电视可以达到对用户的全天无缝隙覆盖，通过多种终端，利用电视、手机、广播、网络等多渠道进行信息分发，使得同一内容不同形式的信息产品能沿着各自既定的渠道运行，从而保证一件信息产品的复次、多介质、全方位传播。目前，湖北电视传媒正利用传媒技术带来的方便快捷，努力向全媒体内容生产和战略布局转型，实现传统电视与新媒体内容生产平台的一体化、技术的兼容性和传播渠道的无缝对接，例如湖北网络广播电视媒体对湖北卫视所播新闻内容实现的全天无缝隙覆盖。

四是全方位开展电视节目在网络空间的覆盖与渗透。在台网融合的建设中，传统电视与互联网可以利用彼此渗透的相互关系，广泛开展与商业网站、电信运营商在内容渠道建设方面的合作，拓展用户渠道。实际上，在主要的媒介形式如报纸、杂志、广播、电视、互联网中，只有互联网对其他媒介的渗透比例呈上升趋势，而其他媒介对其余媒介的渗透比例都呈下降趋势。换句话说，这就意味着受众接触媒介的行为越来越分散和个性化，唯独在网络领域，受众呈现聚合趋势。这样一来，抓住网络受众群体，开展和网络媒体的合作成为未来台网融合的重中之重。所以，我们应该利用新媒体网络空间对传统媒体覆盖性与渗透性强的特点，打造有关"长江中游城市群"相关内容的精品电视节目，开展全方位的网络推介。

（五）问题意识和服务意识与"长江中游城市群"新闻报道实践

在报道"长江中游城市群"方面，主流媒体要树立问题意识，站在时代的高度提升媒体新闻报道的影响力。

"问题是时代的声音"，媒体要善于发现问题、提出问题、直面问题、研究问题、回答问题，积极推动问题的解决。党的十八大对宣传思想文化工作提出了新的更高要求。要深入开展中国特色社会主义宣传教育，引导全党全社会进一步增强道路自信、理论自信、制度自信，在中国特色社会主义道路上为实现"中国梦"而奋斗。要巩固壮大积极健康向上的主流思想舆论，把党和政府的声音传播好，把当代社会的主流展示好，把人民群众的心声反映好。要在更高起点上深化文化体制改革，加强顶层设计、总体规划，提高改革措施的科学性、协调性，推动文化实现科学发展。要深入推进社会主义核心价值体系建设，倡导崇高理想追求，弘扬伟大民族精神和时代精神，培育文明社会道德风尚。

在"长江中游城市群"区域发展新闻报道方面，主流媒体要坚持服务经济社会发展大局，稳中求进、开拓创新，为十八大以后扎实开局提供有力的舆论支持，以"服务社会"的心态提升媒体报道内容的影响力。城市群的融合流通会带来新的消费变革，城市群的集合也同样会对消费符号、传媒接触习惯以及文化产生影响。因此长江中游传媒在服务城市群的理念、传媒间的合作方式等方面有突破的必要。同时，长江中游城市群中的单个城市有自己的个性差异，政府政策会改变其产业结构，新的产业布局会影响到城市之间的人口流动和人口结构，又会驱动人们消费行为的改变和对新闻信息的新需求，以及对新区域的文化重新认同。所以传媒企业不仅需要去思考城市群视域下传媒传播营销渠道的布局，也需要去思考城市群区域传媒市场信息传播营销整合策略，不仅是单个城市传媒营销策略。

"长江中游城市群"区域内主流媒体要坚持团结合作，稳定鼓劲，以正面宣传为主，牢牢把握有利于"长江中游城市群"区域发展的正确舆论导向，充分发挥主流媒体的主渠道作用，增强各类媒体影响力，提高舆论引导水平，为"长江中游城市群"区域经济持续健康发展和社会和谐稳定营造良好的舆论环境；要加强中央对"长江中游城市群"区域发展重大决策部署的宣传，深入宣传中央区域经济工作会议精神，宣传中央关于"长江经济带"和"长江中游城市群"区域发展的意义，进一步坚定人们对区域发展前景的信心。此外，"长江中游城市群"区域内主流媒体在宣传过程中，既要敢于发现问题，也要善于建设问题，要加强区域内突发事件和热点问题的引导，促进社会和谐稳定；要秉持社会责任和职业道德，及时准确传播"长江中游城市群"区域发展的新闻信息，以客观真实的报道、权威公正的言论赢得受众。

第四部分

长江中游区域革命老区发展与大众传媒

第十九章　红色文化政治传播赋权对革命老区村民社会流动的影响

——基于大别山红安县"三村"线性分布的调查分析

一　研究缘起与问题的提出

十七大报告提出，到 2040 年，中国城市化水平达 50%，中国 9 亿农民，将有 5 亿农民离开土地，流动到城镇生活。十八大报告提出，城乡发展一体化是解决"三农"问题的根本途径。革命老区社会流动是老区城乡发展一体化的工作重点。老区社会流动已成为制约其发展的突出问题，需动员全社会资源解决。而红色文化资源是老区最珍贵和最独特的资源，也是当时老区人民进行革命、战胜困难的无价之宝。研究"特色文化资源"服务"特区社会发展"问题具有实践价值。

在当今复杂传媒环境和多方利益的博弈中，要找到一种让各方满意的传播信息，让这种传播信息在促进各方利益最大化中发挥作用，是传播学服务社会的难题。而红色既拥护正统政治地位，又有避邪除移的民俗魔力，同时还有吉庆祥瑞的喜庆色彩。更重要的是，在中国，红色文化有更加丰富的政治内涵，红色文化在社会传播的时空隧道中，有更加强势的政治传播赋权。革命老区红安县虽地处大别山区腹地，但人口外流现象特别显著。传媒环境虽然单一，电视媒体是其主要媒介，但红色文化资源丰富，红色文化传播渠道多样，政治舆论传播氛围良好。红色文化是老区文化、老区社会观念形成的主要来源

之一。因此，本研究试图通过田野调查，考察红色文化政治传播赋权
与老区社会流动的关系，并拟通过红色文化社会传播效应的研究，反
思现有的传媒政策，使其更有利于解决老区社会发展问题的课题，为
媒介服务社会提供一种传播理念的借鉴意义。

二 红色文化政治赋权传播与社会流动

郑杭生教授认为垂直流动和水平流动、代内流动和代际流动是社
会流动典型类型（郑杭生，2003）。哈佛大学索罗金教授则把社会流
动分为垂直流动和水平流动。水平流动是个人或社会价值在变化起点
和终点之间位置没有方向上的变化或者说在同一个分层水平位置上横
向变动，这种变动并没造成其先前等级位置的变化。垂直流动，是指
一个人从下层地位和职业向上层地位和职业的流动，或者从上层地位
和职业向下层地位和职业流动，也可称为纵向的变动。[1] 在新型城镇
化过程中，农民就业机会加大，其社会流动已成为常态。"我国外出
就业农民工数量从 1983 年的约 200 万人增加到 2009 年的 1.45 亿人，
26 年增长了近 73 倍，年均增长 18% 左右。"[2] 谢咏才等把农民社会流
动描述为："通过乡村工业化和农村城市化过程使农民逐步从土地束
缚中摆脱和解放出来，实现农民职业与身份分离。"[3] "农民在城乡之
间、异地之间的自由流动，既是一种趋势，也是一种权利。无论从城
镇的人口吸纳能力，还是从大规模人口的城镇化而言，大多数农民工
真正融入城市还需要一个过程。"[4] 本研究的社会流动主要指在新型
城镇化过程中，老区村民"从一个社会阶级或阶层转到另一个社会阶
级或阶层，从一种社会地位向另一种社会地位，从一种职业向另一种
职业转变的过程"。[5]

---

[1] 参见王甫勤《西方社会流动研究综述》，《兰州学刊》2008 年第 8 期。
[2] 金三林等：《新时期农民工总体特征及发展趋势》，《开放导报》2011 年第 4 期。
[3] 谢咏才、李红艳：《中国乡村传播学》，知识产权出版社 2005 年版，第 65 页。
[4] 罗峰：《流动中的农民异质化及其社会治理》，《湖北大学学报》2014 年第 1 期。
[5] 马广宁：《农村社会流动与"草根文化"二者之间相互影响》，《法制与社会》
2008 年第 6 期。

红色文化在中国既是一个政治属性词，也是一个特定文化系统和文化价值的词汇。国内学界普遍认为"中国红色文化是在近代以来的中国革命过程中，以马克思主义先进文化为导向，融合中国特定区域内的多元文化，从而形成的一种独特文化形态"。[①] 蒋志臻提出了"红色经典"传播模式的变迁，指出了新媒介语境下红色文化传播困境。陶东风认为红色文化深受商业文化和消费主义影响，并逐渐成为一种特殊形态的消费主义后革命文化的畸形繁荣。就红色文化传播研究而言，其主题主要集焦于：从政治角度需要阐释其宣传产品属性；从经济角度需要阐释其经济产品属性；从传媒角度需要阐释其文化产品属性。这些研究厘清了红色文化传播的政治需要、经济需要和文化需要。

近年学界对社会流动与文化研究主要聚焦几方面：（1）陈丰提出动员文化资源为社会流动服务的新理念；（2）朱冬梅等从流动人口对"语言习俗的适应度、群体文化活动的参与度、与当地人相处及交流度"三方面来反映社会流动对文化认同感所带来的影响。王蓉认为农村社会流动推动了文化的流动，但同时产生了乡村文化的分化和观念的断层。（3）马广宁从社会学角度研究草根文化与农村社会流动的关系，认为"农村社会流动可以为农村地区带来新的、进步的意识观念，促进'草根文化'的发展，同时也带来了城市中一些不良的思想，会对'草根文化'造成破坏，影响它原本自然的东西"。[②] 同时也认为"文化的兼容和变化，必然会对社会流动方向造成影响"。[③]（4）石长慧在《文化适应与社会排斥》中认为文化易适应性与易同化性对流动在城市的农村青少年渴望留在城市生活起到积极作用。这些研究从社会学、人类学和文化学等角度大致厘清了文化与社会流动的关系，及二者的作用与反作用。

但社会利益集团理论、社会分层理论、社会断裂理论都认为贫困

---

① 江峰：《中国红色文化生成的系统要素透析——以大别山红色文化为例》，《北京师范大学学报》2010 年第 5 期。

② 马广宁：《农村社会流动与"草根文化"二者之间相互影响》，《法制与社会》2008 年第 6 期。

③ 同上。

地区的农民，包括革命老区的农民是社会最底层，利益受损最严重，被甩到社会结构之外。在国家政策范围内，老区农民必须通过社会流动改变其现状。而被红色文化资源长期滋润的大别山红安革命老区，社会观念及社会变迁深受其独特的自然生态和社会生态影响，其生存和发展的动态流转过程展现在丰富的红色文化资源之中。社会流动在"符号理论""场域理论""赋权理论"和"创新与扩散理论"的解释下，最终定位于其红色文化资源的社会积累、赋权与扩散。本章致力于把有地域特色的红色文化资源放在赋权理论视角下去观照传播如何利用传播赋权理论去动员公共文化资源，去研究红色文化政治赋权传播对革命老区社会流动影响的主题。本章红色文化传播研究主要考察红安县红色文化传播现状，着重分析其传播者、传播内容、传播媒介、受众和传播效果。主要解决几个问题：老区村民流动过程中哪些力量导致了村民频繁的社会流动？红色文化政治传播赋权和社会流动是什么关系？红色文化政治传播赋权对革命老区社会流动产生什么影响？红色文化政治传播赋权对老区不同人群流动会产生什么影响？对老区流动人群职业理想产生什么影响？对革命老区文化传承和社会变迁带来什么影响？

三　田野调查开展情况

调查组选择红安县 3 个村作为研究对象，运用系统调查和统计分析方法揭示红色文化传播与革命老区社会流动关系。经过 2013 年 2—7 月大量准备工作，调查小组成员分别到大别山区全国第一将军县——红安县七里坪镇长胜街、城关杏花乡郭受九村、高桥镇长丰村开展"红色文化传播对革命老区社会流动的影响"专项调查活动。调查点选择基于"代表性"和"便利性"两个基本要求。本次采用查阅文献法、问卷调查法、个人访谈法、座谈法、直接观察法等多种调查方式。

调查组分 3 个小组，每组由两名访员组成，进行入户问卷调查，逐户填答问卷。除去拒访、家里没人等无效问卷情况外，共获得有效问卷 1078 份，占长胜街、郭受九村、长丰村总人数 54%。问卷内容包括村民家庭经济情况、媒介接触情况、社会流动情况、对本地红色文化了解情况，红色文化传播的传播者、受众、渠道、内容和传播效果等。调查组对红安县相关领导进行了访谈，获取了大量间接资料。

从被调查对象性别分布看，男性样本 657 个，女性样本 421 个。从年龄分布看，20 岁以下占总样本数 11.60%，20—30 岁占 33.80%，30—40 岁占 26.90%，40—50 岁占 19.80%，50—60 岁占 6.80%，而 60 岁以上样本占 2.10%，其中最小被调查者 10 岁，最大被调查者 87 岁。从文化程度统计看，未读书和不识字占总样本数 9.8%，小学样本数占 14.3%，初中占 51.3%，中专及高中占 21.8%，大专及以上占 2.8%。

家庭年收入是分析红安县居民外出流动的重要因素。从总体来看，劳动力占被调查总人数的 68.90%。家庭收入 4000 元以下的占 13.60%，4000—5000 元的占 38.60%，5000—10000 元的占 31.90%，10000—20000 元的占 10.10%，20000 元以上的占 5.80%。打工经济、林特经济与传统种养业是村民主要家庭收入来源，其中打工经济占当地村民家庭总收入的 60%。从调查情况来看，2012 年长胜街村民人均年纯收入 5000 元，郭受九村 5168 元，长丰村 5300 元。从国家统计网查阅相关数据得知，2012 年全国农村居民人均纯收入近 8000 元，红安农村人均纯收入 5641 元。比较得知，红安县家庭收入水平较低且差距较小，大多数家庭还处于国家贫困水平。

四　红安县社会流动的历史渊源与现状

（一）社会流动的历史流变：军事流动与文化流动的互补

由于地处湖北省东北部，大别山脉南麓，具备退一步到深山、进一步到武汉的特殊地理优势，加上当地百姓天生具有较强的反抗精神，红安县的社会流动自古以来比较频繁。在红安的历史长河中其社会流动主要体现在军事和文化方面。

在军事上的流动尤为著名。唐朝时期，薛刚在红安天台山屯兵反唐；元代末年，红安铁匠邹普胜在红安屯兵抗元；大革命时期，以红安为中心的大别山革命老区孕育了三支红军主力部队；在革命战争年代，红安人在我军历史上留下了许多战争神话。抗日战争中，陈锡联创造了"奇袭阳明堡"奇迹；王近山撰写了七亘村战役神话等。解放战争中，有李先念的中原突围，红安将军胡奇才的塔山阻击战，王近山的襄阳战役，韩先楚的新开岭战役和海南岛战役。抗美援朝中，有王近山和秦基伟的上甘岭战役等。纵观中国革命进程，红安县诞生了两任国家主席和223名将军，同时为革命献出了14万红安英烈。"在中国工农红军的队列里，每三个人中就有一个红安人；每四名英烈中，就有一名属红安籍。"① "小小黄安（红安旧称），人人好汉，铜锣一响，四十八万，男将打仗，女将送饭。"这首革命歌谣就是红安现代军事流动的最好见证。

文化上的流动，也形成了红安的特质与体系。1556年，红安籍书生耿定向高中进士，开启了红安读书人垂直流动的先河。在流动的历史中红安文化主要形成了八大文化特质与体系，即"全国第一将军县"的红色文化，"江西填湖北，湖北填四川"的移民文化，"朴诚勇毅、不胜不休"的革命文化，"文风犹盛唯有楚，楚亦在黄安"的人文文化，以及商业文化、饮食文化、象棋文化、名山名镇文化。

可见，历史上的红安县无论是社会的水平流动还是垂直流动都非常活跃。新中国成立到改革开放，由于国家体制的限制，红安县的社会流动经历了一段"冰封"期，当地居民的社会流动基本处于停滞状态。改革开放之后，市场经济体制得到确立，人民可以在全国范围内自由流动，红安县的社会流动又开始呈现复苏状态。尤其是近些年，随着广播、电视等大众媒体在红安县的逐渐普及，红安县的社会流动出现了新的变化。

（二）社会流动的现实角逐：垂直流动与水平流动的消长

学者余秀兰在研究文化再生产理论时强调："我国已经形成了两个封闭的循环圈：城市优势文化圈和农村劣势文化圈。"② 中国古代

---

① 所国心、董滨：《两百个将军同一个故乡》，《决策与信息》2004年第4期。

② 余秀兰：《中国教育的城乡差异——一种文化再生产现象分析》，教育科学出版社2004年版，第223页。

的"朝为田舍郎，暮等天子堂"是教育对于社会流动积极作用的最好佐证。目前，高考仍是我国城乡社会流动的主要形式之一。外出求学是红安县垂直流动的主要表现形式，也是村民最看重的流动形式。1977 年国家恢复高考后，由于经济条件和观念的限制，红安县通过高考"晋升"的有志之士所占流动比例非常小。随着 1986 年国家义务教育法的颁布，以及 2005 年下发的《关于深化农村义务教育经费保障机制改革的通知》的出台，政府逐步解决了红安县很多因贫困而辍学的问题，受教育人数迅猛增加。同时，大众传媒对教育的大力宣传以及一些现实实例使红安县人了解到读书的好处，促使他们对孩子的教育更加重视，希望通过读书改变命运成了很多红安县居民的共识。尤其是近几年，外出求学成为红安县垂直流动加速的主要形式。据调查从 1977 年国家恢复高考后，调查的三个街道、村——长胜街、郭受九村、长丰村通过高考考出的各种学生分别为 133、63、72 人，占总人口百分比分别为 38.3%、11.6%、12.1%。长胜街因地处大山深处，信息较为闭塞，对考学愿望最为强烈，因而垂直流动也最为活跃。红安七里坪镇长胜街住户总人数 400 多人，1977 年到 2012 年 35 年期间，通过高考走出来的人才多达 133 人，主要分布在政治、经济、文化、军事等领域，其录取比例，堪称"湖北之最"。重点大学 80 人，科学家 1 人，教授、工程师、博士等高级知识分子多达 30 余人，产生 4 名市县高考状元，党政领导干部多人，正省军级 1 人、副厅级 2 人、正县级 3 人。但实际上不同家庭背景的后代享有的教育权利和教育资源不同，最终形成的文化资本和社会流动不同。"高级职员儿子进大学的机会，是农业工人儿子的 80 倍，是工人儿子的 40 倍，是中级职员儿子的 2 倍"[1]，"高级职员子女学习法律、医学或药学（这些专业代表了较好的专业）的机会为 33.5%，中级职员子女为 23.9%，工人子女为 17.3%，农业工人子女为 15.3%"。[2] 可见，农村特别是大别山区通过读书而形成的垂直流动并不能改变城市和农

---

① ［法］皮埃尔·布迪厄、［美］华康德：《实践与反思——反思社会学导引》，李猛等译，中央编译出版社 2004 年版，第 3 页。

② ［法］P. 布尔迪约、［法］J. C. 帕斯隆：《继承人——大学生与文化》，邢克超译，商务印书馆 2002 年版，第 518 页。

村两个优劣文化圈。

外出务工、探亲、旅游和特殊的红色纪念日是红安县社会水平流动的主要表现形式，也是村民流动的大势所趋。由于地理位置的限制和传统农耕文化的熏陶，红安县居民世代主要以农耕为业，种地成了当地居民主要经济来源。同时，红安县自然资源条件有限，可耕土地量少且贫瘠。据调查组采访县统计局翟局长得知，红安县地处丘陵、半丘陵地带，土地贫瘠，全县人口60多万人，土地约50万亩，平均每人不到一亩地。这样，红安县经济较之周围其他县市明显落后。改革开放后，随着商品交易的不断深入和国家在农村地区开展的各种信息工程的建设，广播电视逐渐进入红安县居民的生活。一方面，红安县居民的市场观念、价值实现意识、新财富观、消费意识等成为推动红安县居民流动的内在动力。另一方面，大众传播内容建构的"城市中心"和"消费中心"的外在取向，使红安县居民，尤其是年轻一代的居民通过电视媒介直观地看到外地迅速变化的世界和流动所带来的好处，对自身生活满意度评价开始降低。随着外来文化的进入，越来越多天生敢闯敢干的红安县居民主动加入了"农民工"周期性"钟摆"的流动洪流中。同时，从红安县走出去的革命先辈的后裔遍布全国30多个省市，他们都处于社会精英阶层。传统的家族观念使这些社会精英非常愿意帮扶家乡贫穷的居民。在他们的帮助下，红安县的很多居民走出家乡，投入"打工"的行列中。这样，外出务工就成为红安县社会水平流动一种最为重要的表现形式。

从红安县3个村调查看，近12年来，红安县居民流动频率、流动意识、流动意愿和流动范围都有很大变化，水平流动更加活跃。从图19—1可知，20—40岁青壮年占务工总人数的60.70%。图19—2显示，在湖北省武汉市务工的人数占到务工总人数的50.30%，出省务工的人数占到38.40%，在黄冈市务工的人数占到8.60%。在调查中笔者了解到，大多数人之所以选择在武汉市务工，最主要的原因是武汉是省会城市，经济比较发达，并且离红安距离短，一个小时的车程，他们可以频繁地往返两地。农忙的时候回去务农，闲暇的时候出来打工，这样既可以兼顾家庭又可以保证经济收入。在黄冈市务工的人主要从事的是当地旅游服务，主要以年轻女性为主。在武汉市和外省务工的红安人，他们从事的职业各种各样，但主要是以建筑业和服务业为主，从商者很少。

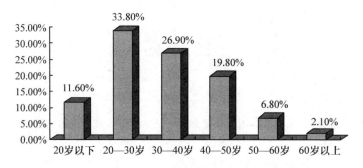

图 19—1　长胜街、郭受九村、长丰村打工年龄分布

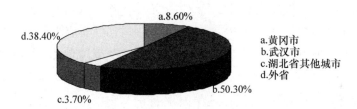

图 19—2　长胜街、郭受九村、长丰村打工目的地分布

　　传统节假日回家探亲是红安县近几年社会水平流动出现的一种新的表现形式，并且这种流动已逐渐成为一种常态流动。2009 年国家对法定节假日进行调整之前，红安县传统节假日回家探亲流动最大是在春节，其次依次是清明节、中秋节和端午节。从图 19—3 可以看出，红安县居民对中国的传统节日比较重视，每个节日都有超出 50% 的外出务工者会选择回去过节日，尤其是春节和清明节，回家人数最多。2009 年国家法定节假日调整后，传统节假日回家的比例再次加大，尤其是清明和端午两个节日，增幅最大，出现了红安县社会流动的阶段性高潮。说明红安县村民对传统文化还是非常重视的。

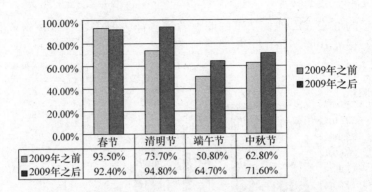

图 19—3　长胜街、郭受九村、长丰村传统节日探亲情况

　　旅游是红安县社会水平流动传统表现形式，并且越来越受到人们喜爱。1985 年 2 月，《两百个将军同一个故乡》在全国刊物发表，红安"第一将军县"称谓瞬时传遍全国并产生强烈社会震撼力。之后，全国乃至世界范围内很多人都对红安产生了浓厚兴趣，从四面八方来到红安旅游和接受传统教育。自 20 世纪 90 年代中后期红安成为全国重点爱国主义教育基地以来，红安每年都要接待来此接受爱国主义教育的青少年约 20 万人。近几年的"红色文化"热又将红安县知名度推向高潮。红安旅游资源非常丰富，目前已被国家核准的文物单位 200 余处，其中国家级 37 处。"以红为魂"的红色旅游战略，为红安的红色文化交流传播带来了新的活力。同时，以红安县将士为原型而拍摄的红色剧目的走红也使得红安县的知名度得到提高，以红安籍王近山中将为原型而拍摄的《亮剑》、以红安籍陈锡联上将为原型的电影《夜袭》、以秦基伟将军为原型的《惊沙》、以李先念为原型的《中原突围》以及直接以红安命名的《铁血红安》是其中的典型代表。通过影视作品来红安旅游的人数逐年增多，红安县社会水平流动随之加速。据调查组从红安旅游局得知，2011 年红安县游客已达到 105 万，同比增长 23%（表 19—1）。

表 19—1　　　　　　　2005—2011 年红安县旅游接待人数表

时间	游客接待人数（万人次）	增长比例
2005 年	36	16%
2006 年	42	17%

续表

时间	游客接待人数（万人次）	增长比例
2007 年	50	19%
2008 年	60	20%
2009 年	75	25%
2010 年	85.5	14%
2011 年	105	23%

　　另外，除了平时到红安旅游观光外，在清明、七一、八一等这些特殊节日到此参观学习纪念的大量省内外相关人员也使红安的社会流动呈现短期高峰。例如，2007 年，黄麻起义 80 周年，开国将军及先烈后代等上千人参加了在红安县举行的纪念活动；2009 年，新中国成立 60 周年，全省万人参加了在红安举行的"缅怀英烈"活动等。类似活动的举办使红安县的社会流动出现阶段性暴增现象。更为重要的是，新中国成立后，红安这块神奇的土地得到了党中央高度的关注和重视，董必武、李先念、江泽民、习近平、李克强等 40 多位党和国家领导人多次到红安视察、慰问、指导工作，为红安红色文化的流动和传播奠定了强大的政治基础。

（三）社会流动的反虹吸效应：生活满意度越低，社会流动越高

　　社会流动的虹吸效应是指社会流动越高，所带来的生活满意度越高；生活满意度越高，导致社会流动频率越高。社会流动的反虹吸效应则是指社会流动越高，所带来的生活满意度越低；生活满意度越高，导致社会流动频率越低。

　　调查组访谈了老年人、有务工经历的中青年人、无务工经历的中青年人、政府工作人员，总体来说，他们对目前生活的"满意度"并不高。进入红安县居民家的电视等媒体让他们看到了其他城市和富裕地区的生活场景，进而使得他们对各自生活的"满意度"有了新的参考标准（图 19—4）。在对 3 个村庄"生活满意度"情况调查中，长胜街居民的生活满意度为 68.50%，其中有外出务工经历的占样本总数的74.20%；郭受九村的居民的生活满意度最高，为 85.90%，而有务工经历的样本在 3 个村中所占比例最少，为 62.90%。郭受九村地处城

关，其就业机会和经济条件相对较好，出外务工的比例相对少一些。该村的人对目前的生活比较满意，人口流动性较少，常居人口最多。长丰村居民的生活满意度最低，仅为 62.80%，有外出务工经历的比例却相对最高，为 83.70%（图 19—5）。但 2012 年长胜街人均年纯收入 5000元，郭受九村农民人均年纯收入 5168 元，长丰村农民人均年纯收入5300 元。3 个样本的经济发展水平相差无几。因此，从笔者在红安县 3个村庄调查情况来看，3 个村居民的经济发展水平对村民的生活满意度并不起决定作用。而其生活满意度与他们的社会流动呈负相关性。生活满意度越高，社会流动越低；生活满意度越低，社会流动越高。

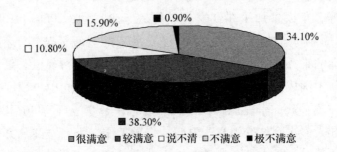

图 19—4　长胜街、郭受九村、长丰村生活满意度均值

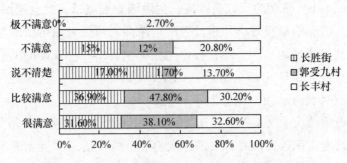

图 19—5　长胜街、郭受九村、长丰村生活满意度情况

（四）社会流动网状效应：信息网络、关系网络与流动网络相互胶着

在革命老区，信息资源、社会关系资源是村民流动的重要资源。

村民在社会关系网络中寻求信息，并结成信息网络，再在新的信息网络中寻求生存需求、安全需求、归属感、尊重和价值认同，最后又构织新的强社会关系网。社会关系成为村民社会流动的主要机制，在这些关系的编织中，也刺激了村民的社会流动。从流动的范围和频率来看，近几年红安县的社会水平流动呈现加速态势。从图19—6中可以看出，红安县居民从1999年开始出现外出务工现象，并逐年增多，2005年开始呈现务工高潮。出现这一现象主要是"信息流动"的拉动效应及红安"精英群体"等社会关系网络引导的一种结果。红安县的"精英群体"分为两大类：通过读书走出去的知识分子和革命将军或红色先烈的后裔。这一群体对红安县居民的社会流动起着举足轻重的作用。在调查问卷中，针对问题"哪些人或事物对村里人的流动更有直接作用？"回答是某些家族长老的占10%，回答是政府及村（队）干部的占13%，回答是从本村流动出去的在外务工者占15%，回答是读书走出去的知识分子占18%，回答是革命将军或红色先烈的后裔占21%，回答是媒体传播信息的拉动占23%。在这六项测试指标中，媒体传播信息所带来的信息流动最大，对信息流动的拉动作用最明显。走出去的知识分子和革命将军或红色先烈的后裔这两个"精英群体"所构织的社会关系网络对村民流动影响也较大，占到39%。出于传播文化及血缘和乡土亲情，红安县居民对这一群体非常信任和崇拜，对他们提供的信息和建议格外重视，村民一般都会优先考虑这些"精英人士"提供的信息资源，进而选择外出务工的地点和频率。

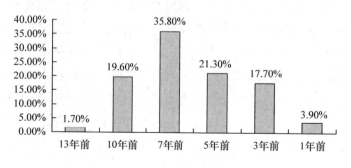

■ 开始务工时间（调查时间2012年）

图19—6　长胜街、郭受九村、长丰村居民开始务工时间

总体看来，红安县3个村庄居民的社会流动意愿都非常强烈，并在实际行动中表现明显。但3个村的居民流动因为地理条件和接收信源的环境不同而不尽相同。因长丰村离武汉较近的先天地理优势和信源优势，村民接收来自武汉等城市的用工需求信息较多，长丰村是社会流动频率最高的村，并且村民流动主要集中于外出务工、节假日探亲等水平流动。而郭受九村因地处城关，经济条件相对较好，村民生活稳定，社会流动频率最少，村民的流动主要体现在旅游、特殊的红色纪念日等水平流动。长胜街地处大别山深处，山区信息闭塞，对流动的信息刺激较少；同时该地村民思想保守、观念落后，对流动的欲望不强；但同时由于长胜街居民有外出读书而获得垂直流动的文化传统，外出读书而流动的人也较多，因此而建立的社会关系网较为发达，由社会关系网带来的信息在一定程度上也能满足村民的流动需求，因此其社会流动人数处于中间水平，主要集中于外出读书而获得垂直流动的层面。当然，随着大众传播媒体信息流动的深入和流动网络体系的完善，红安县居民的社会流动视野会越来越开阔。笔者认为，红安县的居民通过水平流动增加经验、积累财富，在社会经验和财富积累与文化融合的基础上，红安县社会的垂直流动也会迅速增加。

（五）社会流动的新生力量：代内流动和代际流动的建构

"我们可以考察个体自身的职业经历，看一看他在工作期间向下或向上移动的社会规模。这常被称为代内流动。反过来，我们也可以分析子女所从事的同一类型的职业，与他们的父母和祖父母的职业差异。几代人之间的流动称为代际流动。"① 美国人类学家玛格丽特·米德1970年在《文化和宗奉：70年代新的代际关系》中首次将前喻文化、并喻文化、后喻文化归纳为人类社会文化的三种类型。在米德的这本书中，前喻文化是指晚辈向长辈学习；后喻文化是指长辈向晚辈学习；并喻文化是指晚辈和长辈的学习都发生在同辈之间（玛格丽

---

① ［英］安东尼·吉登斯：《社会学》，赵旭东等译，北京大学出版社2003年第4版，第279页。

特·米德，1970）。调查组得知，2000 年前，广播电视媒介在大别山农村未普及，红安县文化大部分处于"前喻文化阶段"。作为传统的以农业为主体的山区县市，红安县大多数居民人生流动曲线基本是相似的——农耕，其代内流动规模小。他们从祖辈那里学习与传承的都是固定不变的农耕文化，村民一生所经历的个人阶层位置和个人职业地位的流动很小。同样，红安县居民的代际流动也很小，大部分居民一出生其父辈所属的阶级和阶层就决定了他们要延伸祖辈的生活轨迹。2000 年后广播电视媒体在农村得到普及，红安村民个人职业地位和阶层位置发生很大变化，变化较大和变化很大的比例共占到46%，代内流动规模加大。同样村民代际间职业地位和阶层位置发生显著变化，变化较大和变化很大的比例共占到70%，村民代际流动发生了急剧变化。很多红安县居民离开了原来从事的农耕职业，甚至20—40 岁的两代村民基本放弃了农耕职业的在 3 个调查村占到 30% 左右（表19—2）。

表 19—2　　　　　2000 年前后长胜街、郭受九村、长丰村
代内流动和代际流动情况

代内流动和代际流动	没有变化	变化很小	一般	变化较大	变化很大
个人职业地位和阶层位置（2000 年前）	86%	5%	4%	3%	2%
代际间职业地位和阶层位置（2000 年前）	89%	4%	2%	3%	2%
个人的职业地位和阶层位置（2000 年后）	18%	16%	20%	32%	14%
代际间职业地位和阶层位置（2000 年后）	8%	10%	12%	28%	42%

从红安县 3 个村的调查得知，3 个村代内流动均值达 30%，代际流动均值在流动总人口所占均值达 85%。大众传播媒介、现实信息资源和社会关系资源为他们的代内流动和代际流动打通了多个途径，使他们获得了越来越多的信息资源和就业机会，他们的工作也随之不

停地变化。同时，随之教育程度的提高，很多红安县居民子女的流动意愿越来越强烈，"前喻文化"已慢慢延伸到"后喻文化"。外出务工、求学使红安县的年轻人有了更多的自主选择。大别山红安县老区的代内流动和代际流动得到了很好的建构。

五　红安县"三村"红色文化政治赋权传播现状

据《韦伯斯特新世界词典》，赋权即赋予权利和权威。"赋权"一词最早于20世纪70年代美国学者针对受歧视的美国非裔黑人增能工作而提出的一个社会学词语。根据拉斯韦尔传播过程模式，我们重点对其受众、传播渠道和传播效果进行分析，考察其红色文化政治赋权传播现状。

（一）受众因素分析

调查对象初中以上文化程度占75.9%，初中文化程度基本达到理解红色文化知识的要求。调查对象职业身份主要集中在传统种养户、林特经济户、在外务工者、本地经商户、农村或乡镇干部、科教文卫和乡镇企业职工以及中学生。在读大学生，一般情况下户口都迁出了当地农村，故不在本考察范围内。

1. 村民对红色文化核心认识的频数

为了了解村民对红色文化核心认识的频数，我们根据红色文化内涵，设计了革命文化、战争文化、优秀传统文化和社会主义建设文化等项内容（表19—3）。

表19—3　村民对红色文化核心认识的频数分析（有效样本1078份）

	频率	百分比	有效百分比	累积百分比
革命文化	803	54.3%	54.3%	54.3%
战争文化	304	20.6%	20.6%	74.9%
优秀传统文化	221	15.0%	15.0%	89.9%
社会主义建设文化	150	10.1%	10.1%	100%
总计	1478	100.0%	100.0%	

在 1078 样本中，村民对什么是红色文化核心认识情况是：革命文化为 54.3%，战争文化为 20.6%，优秀传统文化为 15.0%，社会主义建设文化为 10.1%。据前文对红色文化内涵描绘，革命文化是红色文化的核心，战争文化是红色文化的重要内容。红色文化与社会主义建设文化有交叉，它是优秀传统文化，但优秀传统文化不等于红色文化。调查显示，革命老区的村民，特别是聚居在红色文化资源集中的乡镇村民，对红色文化的核心在认识上基本清楚。

2. 村民对红色文化信息接触程度的频数

通过考察村民接触红色文化信息便利程度的频数和是否主动关注红色文化信息的频数，我们了解村民对红色文化信息接触的程度。

在村民接触红色文化信息便利程度频数表中，选择"便利""较便利"和"非常便利"人数总达 81.8%。选择"不便利"和"根本接触不到"人数有 18.1%。说明近年在红色文化建设、宣传和传承中，革命老区非常注重红色文化"落地"问题，村民接触学习红色文化机会较多，红色文化已成为老区村民生活中重要部分（表 19—4）。

表 19—4   村民接触红色文化信息便利程度频数分析

	频率	百分比	有效百分比	累积百分比
非常便利	289	17.2%	17.2%	17.2%
较便利	658	39.2%	39.2%	56.4%
便利	426	25.4%	25.4%	81.8%
不便利	165	9.8%	9.8%	91.6%
根本接触不到	140	8.3%	8.3%	100.0%
总计	1678	100.0%	100.0%	

表 19—5 中，村民"主动和非常主动"关注红色文化占 64.0%，"不主动"关注占 10.2%，"根本不愿接触"的只有 8.8%。可见，在日常生活中老区大部分村民还是能积极主动关注红色文化信息，也

能方便地接触到红色文化信息，村民对红色文化信息接触的程度较高。

表19—5　　　村民主动关注红色文化信息的频数分析（有效样本1078份）

	频率	百分比	有效百分比	累积百分比
非常主动	253	15.1%	15.1%	15.1%
主动	821	48.9%	48.9%	64.0%
偶尔主动	286	17.0%	17.0%	81.0%
不主动	172	10.2%	10.2%	91.2%
根本不愿接触	148	8.8%	8.8%	100.0%
总计	1680	100.0%	100.0%	

（二）传播渠道分析

传播渠道是承载和了解老区红色文化传播的重要途径。大众传播、群体传播、人际传播和组织传播是本研究重点考察的传播渠道。革命老区的大众传播主要指报纸、电视等传统媒体及电脑和手机等网络媒体的信息传播；群体传播主要指村民中的族群、亲属群、朋友群和熟人群等传统成员间信息交流与传播；人际传播主要指老区村民之间面对面的一种信息沟通与传播；组织传播主要指当地政府、村民委员会、红色旅游企业、其他企业和相关社团组织等的信息交流与传播。

村民在对老区红色文化传播渠道了解中，大众传播选项总应答人数百分比为130.7%。其中广播电视选项最高，为80.6%，书籍杂志最少，仅为7.9%。组织传播包括政府宣传、村委会、旅游参观和社团活动，其选项比例占到154.1%，其中政府宣传最高，为91.5%，社团活动最少，仅为8.5%。群体传播为14.8%，人际传播为9.5%。在红色文化四大传播渠道中，村民最了解的是组织传播，其次依次为大众传播、群体传播和人际传播。在所有选项中政府宣传最高，书籍杂志最少。说明目前在红色文化传播过程中，组织传播是老区村民最有效的传播方式（表19—6）。

表 19—6　　　　村民对老区红色文化传播渠道的了解（有效样本 1078 份）

		所选次数	应答次数百分比	应答人数百分比
红色文化传播渠道	广播电视	869	26.1%	80.6%
	书籍杂志	86	2.6%	7.9%
	报纸报道	198	5.9%	18.4%
	手机与网络	256	7.7%	23.8%
	政府宣传	986	29.6%	91.5%
	村委会	286	8.6%	26.5%
	旅游参观	297	8.9%	27.6%
	社团活动	92	2.8%	8.5%
	族群亲属群朋友群	159	4.8%	14.8%
	面对面人际传播	102	3.1%	9.5%
总计		3331	100.0%	309.1%

　　调查了解到，在红色文化传播中，老区村民接触最多的媒介是电视，而手机、网络、广播和报纸次之。98.6%的家庭配有电视，且67.5%家庭有两台及两台以上的电视，同时手机用户超过80%。调查得知，由于经济原因和网络设备的缺位，老区村民只有少部分家庭配备电脑，仅占2.80%。但由于手机用户基数大，利用手机上网的年轻用户逐渐增多，在网上利用微信、QQ群、网络论坛等接触红色文化的比例占到42.3%。同时由于老区基层村庄地处偏僻，都市报完全缺位，少量的党报也只能到村支部才能浏览，所以在都市很普及的报纸，在农村和书籍、杂志一样成为稀缺资源。村民每人每周平均使用媒介时长共计26.4小时，占村民一周空余时间56小时的47.2%。而村民花在电视的时间最长，用在报纸和杂志的时间最短。

　　村民对红色文化权威传播者认可情况为：91.5%村民最认可政府部门，其次新闻媒体79%，村里能人52.7%，旅游企业47.2%，村委会42.4%。村里能人，包括德高望重的村民，经济或读书、做官等方面成功人士，及红二代或红三代等，他们在村里极有话语权，所以在红色文化传播过程中，村民认为其权威程度超过村委会（表19—7）。

表19—7　　　　村民对红色文化传播中权威的传播者
认可情况（有效样本 1078 份）

		所选次数	应答次数 百分比	应答人数 百分比
红色文化传播 中权威传播者	新闻媒体	852	21.4%	79%
	政府部门	986	24.8%	91.5%
	旅游企业	509	12.8%	47.2%
	村委会	457	11.5%	42.4%
	社会团体	286	7.2%	26.5%
	村里能人	568	14.3%	52.7%
	族群亲属群朋友群	326	8.2%	30.2%
总计		3984		

通过对红色文化传播渠道分析，老区村民大致知道可以通过哪些渠道了解红色文化。由于老区大众传媒的不发达，特别是传统媒体某些方面缺位，老区村民还是最认可组织传播，尤其信任政府对红色文化的宣传，对旅游传播也有一定的兴趣。在大众传播渠道，村民最愿意通过电视媒体去了解红色文化，手机和网络成为村民了解红色文化的新媒介方式。在群体传播渠道，村民也尝试着在族群、亲属群、朋友群和熟人群中去了解红色文化。在人际传播中，村民最信赖村里的能人，包括德高望重的村民，在经济或读书、做官等方面的成功人士，以及红二代或红三代等。

（三）大众传媒的红色文化传播对红安县社会流动的分析

新中国成立以来，红安县社会流动经历了沉寂—复苏—活跃过程。在这个过程中，有多种因素促使这种流动发生，包括国家制度、经济因素、文化因素、大众传媒等。相对而言，大众传媒的红色文化传播是促使红安县社会流动加剧的新生力量。

大众传媒主要通过对红色文化传播提高红安县知名度。其传播有四种主要方式。其一，通过权威媒体对红安县红色文化进行专题报道，用"重型式"新闻体裁加大报道深度和力度。如《两百个将军同一个故乡》所产生的轰动效应。其二，通过影视剧作品聚焦红安"革命精英"，用"特殊式"影视镜头着力提炼宣传红安人的革命情怀。截至目前，以红安县人物为原型拍摄的影视剧作品多达 8 部。例如，电影《沙家浜》中的郭建光人物原型来自刘飞中将（红安籍），电视剧《亮剑》中的李云龙人物原型源于王近山中将（红安人），电影《夜袭》中的陈锡联上将，电视剧《中原突围》中的李先念，央视热播剧《解放海南岛》中的韩先楚上将，电影《惊沙》中的秦基伟上将等。其中，电视剧《亮剑》重播次数多达 104 次。随着这些影视剧作品的广泛传播，红安县"红色传奇"被越来越多的人熟知。其三，通过对特殊节日、纪念活动的"纵深"报道，宣传红安县革命精神。例如，2007 年红安县举办了纪念黄麻起义 80 周年活动，全国近 50 家媒体对其进行了报道。红安县及"红色文化"在此期间得到扩大化传播，红安人革命精神被全国人民所牢记。其四，大众传媒在宣传报道红安县的同时也宣传了其特色资源——红色旅游，带动和传播了"红色文化"。近些年随着"红色文化热"兴起，红色旅游又成为一种时尚。倾向于"红色文化"的旅游者主要通过其主观印象和评价来选择旅游目的地。这种印象和评价源自人际传播、个人亲身经历和大众传播等因素的协同效果。

大众传媒的红色文化传播对红安县社会流动的影响在于：

第一，大众传媒的红色文化传播改变了村民思想观念，增强流动主观意愿。电视、广播等大众传媒进入红安县后，红安县居民思想观念起了很大变化。正如美国学者英克尔斯所说，"接触大众传播媒介会逐步地影响人们，使他们更加现代。在大多数地方，大众媒介给人们带来有关现代生活诸多方面的信息；给人们打开了注入新观念的大门；向人们显示新的行事方式；显示有助于增进效能感的技能；启迪并探讨纷呈多样的意见；刺激并加强对教育与流动性的期望；歌颂科学，为技术大唱赞歌——所有这一切在能够接受外来影响的人那里将会导致更多的现代性。"① 随着电视等大众传媒对红安县红色文化的专题报道、红色影视剧作品对红安的聚焦、红色纪念活动对红安县革命精神的宣传，红色文化的传播给村民既带来了红色文化的精神冲击，也吸引外来文化的进入，文化的进出改变了村民思想观念，增强流动主观意愿。越来越多的人主动加入流动洪流中。这种流动主要包括两种：外出务工和求学。其中，求学流动的比例越来越小，以"农民工"身份构成外出务工洪流般流动越来越大，大众传媒的红色文化传播成为其流动的新生力量。

第二，大众传媒的红色文化传播在提高老区知名度方面起到了核心作用，并加大了本地社会水平流动量。现代社会，由于时间和空间范围的限制，大众媒介成为公众了解外部世界的主要工具，特别是对旅游地形象的传播，大众媒介起到了中介和桥梁的作用。美国传播学家马尔科姆·麦肯姆斯和唐纳德·肖认为，大众媒介通过把握新闻报道的选择权、优先度以及表达形式对社会环境进行再构建，在公众周围创造一种舆论氛围，从而潜移默化地影响他们对外部世界的认知和观念。② 红安县尽管出了200多位将军，是名副其实的"将军县"，但外人知之甚少。当时的红安县只是一个无人所知的贫困县城。随着广播、报纸、电视等大众传媒针对与红安相关的红色文化报道力度加大，红安县声名鹊起，在全国乃至世界闻名，红安县成为全国红色文化流动的主要区域。可见，大众传播在提高红安县知名度上起着核心作用，并加大了本地社会水平流动量。

（四）传播效果分析

"受众是大众传播效果研究的核心概念，受众是考察效果的基点与立足点。"③ 传播效果理论认为，其传播效果既要考察受众作为

① ［美］阿列克斯·英克尔斯：《从传统人到现代人》，顾昕译，中国人民大学出版社1992年版，第76页。

② 参见［加］马歇尔·麦克卢汉《理解媒介：论人的延伸》，何道宽译，商务印书馆2000年版，第133页。

③ 周葆华：《大众传播效果研究的历史考察》，博士学位论文，复旦大学，2005年，第10页。

"孤立"的信息接受和生产反应的个体即考察其认知层面、态度层面和行为层面，又要考察受众作为"人际网络和社会结构"中的一成分，延展受众的时间、拓展其空间并充分关注受众对信息渠道和内容的主动寻求、选择和处理的能动性。这里的老区村民就是传播效果中考察的"受众"。所以红色文化传播效果的分析，从受众被动的个体到受众主动的群体、社会性层面，主要从红色文化传播对老区村民生活的影响、对老区村民职业选择影响、对老区当地社会发展的影响等方面考察。

在考察红色文化传播对老区村民生活影响问题中，我们设计了文化知识的丰富、红色文化的关注、思想认识的提升、道德品质的提高、积极生活态度的培养、自豪感和荣誉感的增强、经济利益的获得，以及组织观念和纪律的加强等问题（表19—8）。

表19—8　　　　红色文化传播对老区村民生活的影响（有效样本 1078 份）

村民生活的内容	很大	较大	一般	很小	没有影响
文化知识的丰富	18.5%	26.6%	21.3%	32.1%	1.5%
红色文化的关注	23.6%	36.4%	18.1%	18.7%	3.2%
思想认识的提升	32.6%	30.8%	19.2%	12.6%	4.8%
道德品质的提高	29.6%	42.7%	15.8%	8.2%	3.7%
积极生活态度的培养	28.4%	36.2%	20.5%	11.8%	3.1%
自豪感和荣誉感的增强	35.2%	45.5%	13.8%	4.3%	1.2%
经济利益的获得	12.8%	32.7%	21.9%	20.6%	12%
组织观念和纪律的加强	14.6%	25.9%	32.5%	16.7%	10.3%

表19—8显示：在"较大""很大"选项中，红色文化传播对村民积极生活态度的培养、思想认识的提升、道德品质的提高、文化知识的丰富、红色文化的关注、自豪感和荣誉感的增强、经济利益的获得及组织观念和纪律的加强等方面影响比例分别为64.6%、63.4%、72.3%、45.1%、60%、80.7%、45.5%和40.5%。影响最大的是对村民自豪感和荣誉感增强方面，超过80%，在文化知识、经济利益和组织观念与纪律方面影响稍差一点，但也超过40%。在"很小"

"没有影响"选项中，各项所占比例均较低。以上数据说明，红色文化传播对老区村民生活影响较大，特别是对村民的生活态度、思想和道德认识以及自豪感和荣誉感等方面有显著作用，对村民的文化知识、经济利益以及组织观念和纪律等方面影响也在逐步加强。

村民频繁的职业选择与流动已成为村民从农村流入城市的一大社会特征。影响村民职业选择与流动因素不外乎三个层面：个体、组织和社会。除了这些因素外，文化资本也会成为影响其职业选择与流动的内在动力。在红色文化传播对老区村民职业选择与流动的影响调查中，认为"全国第一将军县的品牌效应"对老区村民职业选择与流动能产生"较大"和"很大"影响占70.8%，"董必武、李先念等伟人的名家乡效应"占64.6%，"忠贞不渝、意志坚强、目光远大的理想信念"占53.5%，"立场坚定、光明磊落、襟怀坦白的革命情操"占42.3%，"实事求是、积极进取、脚踏实地的优良作风"占66.6%，"互相帮助、团结友爱、朴实进取的优秀品质"占63.1%，"勇于创新、严于律己、无私奉献的崇高精神"占62.1%。所以，红色文化传播有利于老区村民职业选择与流动，红色文化已成为老区村民职业选择与流动的一种优势文化资源和文化资本。

为了考察红色文化传播对老区社会发展的影响，我们设计了"提高村民素质""促进乡风文明"等7项指标。通过调查得知：认为"红色文化传播"能"较大"和"很大"程度"提高村民素质"占48.1%，"促进乡风文明"占66.8%，"推动经济发展"占73.5%，"促进农村和谐"占52.5%，"推动新型城镇化"占68.4%，"丰富乡村文化建设"占48%，"有利于防止腐败"占68.6%。其中60%以上的村民认为红色文化传播在促进乡风文明、推动经济发展、有利于防止腐败和推动新型城镇化方面意义重大（表19—9）。

表19—9　　红色文化传播对老区社会发展的影响（有效样本1078份）

社会发展的指标	很大	较大	一般	很小	没影响
提高村民素质	22.5%	25.6%	21.4%	20.1%	10.4%
促进乡风文明	30.7%	36.1%	20.3%	10.7%	2.2%

续表

社会发展的指标	很大	较大	一般	很小	没影响
推动经济发展	32.7%	40.8%	15.9%	5.6%	5.0%
促进农村和谐	25.6%	26.9%	20.9%	19.2%	7.4%
推动新型城镇化	39.8%	28.6%	21.7%	7.1%	2.8%
丰富乡村文化建设	23.2%	24.8%	17.8%	20.2%	14%
有利于防止腐败	38.8%	29.8%	15.9%	10.7%	4.8%

六　红色文化传播对老区社会流动的影响

为了准确把握红色文化传播对老区社会流动实施的影响，本课题组分别对红色文化传播的四个主要渠道进行了分析，发现红色文化传播主要通过以下方式对老区社会流动行为实施影响：

（一）"符号"的力量

皮埃尔·布迪厄的符号权力理论认为：作为一种权力实践符号既是意义与沟通工具，更是权力技术工具。"符号权力是建构现实的权力，是朝向建构认知秩序的权力"，"符号和符号体系作为知识与沟通的工具，它是被塑造结构的，也有塑造结构的权力"。[1] 符号权力理论体现的是符号生产与社会秩序再生产，包括官方话语符号体系生产。布迪厄提出符号塑造社会现实是一种真正的政治功能，"符号是社会整合的最好工具，它们促成了一种对社会意义的共识，有利于社会秩序的再生产"。[2]

据符号学理论，作为全国"第一将军县"革命老区红安县，其红色符号及相关的红色符号体系，是以红色文化符号资本为基础的，不断进行生产和再生产的过程。同时红色文化符号资本是一种信誉，一种集体习惯和约定俗成，是符号与特定意义联系之间的"共识"。这

---

① ［法］皮埃尔·布迪厄：《论符号权力》，吴飞译，载贺照田《学术思想评论》第5辑，辽宁大学出版社1999年版，第166—167页。

② 同上书，第167页。

种建立在红色文化符号资本上的"共识",也是处于符号权力支配地位的政治力量在政治目的生产场域与社会阶层的场域所建构的一种"误识"。对红色文化资本的"误识"是政治权力对红色文化资本的一种强化的认同,一种被"神化"的力量。据此,红色文化资本变成了符号资本,即一种信誉资本。拥有这种特殊符号资本的强势群体会把对社会的符号建构强加给弱势群体,其强势力量就是符号权力,并且这种符号权力能够促使弱势群体就社会主流问题达成共识,有利于社会秩序的再造和维系,从而使强势群体对弱势群体的支配关系合法化,构建一个稳定的社会空间。红色文化资本的信誉、尊重来自红色文化与其他文化的斗争所取得的社会威望。符号斗争在革命老区这个特定场域中形成了以红色为主调的生存环境,并进入个人的感知系统,在潜移默化作用下,场域的社会流动者逐渐习惯和接受了场域认可的等级资本分配结构,并赋予信誉和尊重的意义,同时也形成了对革命老区特殊场域内环境的"幻象"和"误识"。这种由社会个体到社会集体的"误识"行为的符号权力弥漫整个社会空间。通过红色文化特有的符号培养和驯服,社会流动者对既有的生活规制和社会秩序的尊重,制造一种区隔感。流动者建立起来的生活方式等习惯系统又成为社会流动者身份和地位的象征。

当符号斗争涉及政治的某方面时,符号权力就可能变为符号暴力,或一种政治权力。革命老区红色文化作为一种政治符号功能主要在于:赋予红色文化内化精神符号,使大众信服、尊重和崇拜;借用红色文化的符号力量,推动政治威望的合法性;利用红色文化政治符号,沟通人与人之间的政治信念,影响并达成人们的政治共识。红色文化权威的符号化就是社会精英阶层利用红色文化的象征符号,去获得社会尊重、安全和社会发展的价值,并把这种价值在不同人群间分配。总之,在革命老区场域不断生产的红色文化符号体系中,社会各区域的流动者对社会秩序形成了共同的"误识",在流动人群的"习惯"作用下,"误识"又进入了流动者的精神世界,成为流动者内在的感知世界,并成为社会流动者"流动"的驱动力。

(二)"场域"间的角逐

布迪厄从社会学角度提出了"场域"理论。他认为"在高度分化的社会里,社会世界是由具有相对自主性的社会小世界构成的,这些社会小世界就是具有自身逻辑和必然性的客观关系的空间,而这些小世界自身特有的逻辑和必然性也不可化约成支配其他场域运作的那些逻辑和必然性"。① 这里的小世界是指某个特定的社会空间,也就是所谓的"场域"。同时,布迪厄认为,"场"是一个动态的空间关系,是各种社会力量运营和竞争的地方。"场域"的源动力来自"场域"内资本的数量和质量的分布。场域内的动态变化与平衡稳定来自各方力量在场域内的位置,位于控制位置的群体会采取保守策略维持"场域"现状,位于被控制位置的群体会采取颠覆性策略改变"场域"现状。

布氏认为媒介场作为一种特殊"场域"而存在,更易受到外部力量渗透,极大影响其他专业场平衡。特别是电视媒体、网络媒体的出现,加速了媒介场的形成,它们迅速构建的"媒介真实",深刻影响场域内每个个体的认知。据调查,红安县对外界的了解60%来自各种媒介所构建的"媒介真实"。在革命老区红安这个特殊的"场域"内,最富裕的资本就是"红色文化资本",即"符号资本"。在研究中得知,在革命老区红安县,红色文化传播对老区村民生活、对老区村民职业选择与流动以及对老区社会发展等方面都起到很大影响与作用。同时,从上文"村民对红色文化传播中权威传播者认可情况"了解得知:村民最认可政府部门,其次是新闻媒体、村里能人、旅游企业、村委会等。也就是说老区村民对红色文化的传播最认可组织传播,尤其信任政府对红色文化的宣传。在革命老区红安县这个"场域"内,处于支配地位的是政府及相关组织,它们拥有对红色文化这个被符号化了的"符号资本"的绝对处置权、宣传权和利用权。红色文化资本成为场域内行动者采取保守策略维持"场域"现状的工

---

① 〔法〕皮埃尔·布迪厄、〔美〕华康德:《实践与反思——反思社会学导论》,李猛等译,中央编译出版社2004年版,第134页。

具。因此，在政府及相关企业、财团的策划下，围绕红色文化举办的相关活动，如红色旅游，红色节日庆典、集会，包括政府组织的外出务工等流动方式深受场域内民众喜爱。加上媒介场对场域外构建的"媒介真实"，刺激和拉动了"场域内"向"场域外"的流动。总之，"场域"成为革命老区的一大磁场，红色文化成为磁场中的一极，"场域"内外平衡与流动的力量来自红色文化磁力的大小，即红色文化在场域内外的影响越大，围绕"场域"流动的频率越大。

（三）资源的网状效应

在革命老区，信息资源、社会关系资源是村民流动的重要资源，而革命老区社会关系资源主要体现在以红色文化资源为中心的关系网络。村民在社会关系网络中寻求信息，并结成信息网络，再在新的信息网络中寻求生存需求、安全需求、归属感、尊重和价值认同，最后又构织新的强社会关系网。以红色文化资源为中心的关系网络成为村民社会流动的主要机制，这些关系的编织过程，刺激了村民社会流动。具体情况见前文所述。

总体看来，红安县3个村庄居民社会流动意愿都非常强烈，并在实际行动中表现明显。随着大众传播媒体信息流动的深入和流动网络体系的完善，红安县居民社会流动视野会越来越开阔。因此，红安县的流动并不是集中于单一的流动方式，而是形成了信息网络、关系网络与流动网络相互胶着的立体流动体系。

七　结论

在当前立体传播体系下，研究红色文化传播对革命老区社会流动的影响，其目的在于服务老区社会发展。通过对老区资源最为集中的红色文化传播现状的考察，要想红色文化传播对革命老区的社会流动起到能动作用，必须做到以下几点。

其一，在受众层面，红色文化传播应该让老区村民在日常生活中积极主动关注红色文化信息。在红色文化建设、宣传和传承过程中，政府、传媒等部门应该注重红色文化的"落地"问题，增加村民接触和学习红色文化的机会，加深村民对红色文化核心内容的了解，使红色文化自觉成为老区村民生活中重要部分。

其二，在传播渠道方面，要依据老区文化传统、老区传播网络、老区信息资源与社会关系资源的特点，因地制宜选择合适高效的传播渠道。由于老区大众传媒的不发达，特别是传统媒体某些方面缺位，老区村民最认可组织传播，尤其信任政府对红色文化的宣传，对旅游传播也有一定兴趣。在大众传播渠道，村民最愿意通过电视媒体去了解红色文化，手机和网络成为村民了解红色文化的新媒介方式。在群体传播渠道，村民也尝试着在族群、亲属群、朋友群和熟人群中去了解红色文化。在人际传播中，村民最信赖村里的能人，包括德高望重的村民，经济或读书等方面的成功人士。

其三，大众传媒的红色文化传播对红安县社会流动的影响在增加，主要表现在两方面。一是大众传媒的红色文化传播改变了村民思想观念，增强流动主观意愿。二是大众传媒的红色文化传播在提高老区知名度方面起到核心作用，并加大了本地社会水平流动量。

其四，在传播效果层面，红色文化传播对老区村民生活影响较大，特别是对村民生活态度、思想和道德认识以及自豪感和荣誉感等方面有显著作用，在村民文化知识、经济利益以及组织观念和纪律等方面影响也在逐步加强。同时，红色文化传播对老区村民职业选择与流动影响较大，特别是对村民企业工种的选择、工作稳固程度、村民的社会资源、社会交往及社会传媒环境等都有很大关联，红色文化资本成为影响村民职业选择与流动的内在动力。红色文化传播让老区村民有一种强烈的自豪感和荣誉感，树立了流动的自信，成为流动的动力。红色文化已成为老区村民职业选择与流动的一种优势文化资源和文化资本。

其五，红色文化传播主要通过红色文化"符号"力量、"场域"间的角逐和老区社会资源的网状效应等方式对老区社会流动行为实施影响。在革命老区场域不断生产的红色文化符号体系中，社会各区域的流动者对社会秩序形成了共同的"认识"，在流动人群的"习惯"作用下，"认识"又进入了流动者的精神世界，成为流动者内在的感知世界，并成为社会流动者"流动"的驱动力。同时，"场域"成为革命老区的一大磁场，红色文化成为磁场中的一极，"场域"内外平衡与流动的力量来自红色文化磁力的大小，即红色文化在场域内外的影响越大，围绕场域流动频率越大。在革命老区，信息资源、社会关系资源是村民流动的重要资源，而革命老区社会关系资源主要体现在以红色文化资源为中心的关系网络。村民在社会关系网络中寻求信息，并结成信息网络，再在新的信息网络中寻求生存需求、安全需求、归属感、尊重和价值认同，最后又构织新的强社会关系网。以红色文化资源为中心的关系网络成为村民社会流动的主要机制，这些关系的编织过程，刺激了村民社会流动。

第五部分

长江中游区域传媒发展改革

第二十章 "我是建设者"新闻理论实践的机制分析

　　2013年3月22日，《湖北日报》刊载了一位老新闻工作者的来信："新闻工作者也是中国特色社会主义的建设者，是全社会各行各业建设者中的一员，而绝不是社会主义事业的局外人。因此，遇到社会问题，我们应该与广大人民群众同忧乐、共患难，绝不能有'黄鹤楼上看翻船'的'看客心态'，也不应该有高居人民群众之上的'无冕之王'错觉。"① 引起湖北省委宣传部、省记协和省主流媒体的高度关注，由此在全省新闻战线拉开"我是建设者"大讨论序幕。自3月25日《湖北日报》刊发首篇讨论文章以来，以《湖北日报》为代表的湖北主流媒体积极实践"我是建设者"的新闻实践活动，在一个月内，《湖北日报》开辟"我是建设者"大讨论专栏，共刊发讨论文章达28篇。参与讨论的包括《湖北日报》、《楚天都市报》、《楚天时报》、湖北广播电视台等多家媒体的新闻工作者，中国记协以及《中国新闻出版报》、中央电视台、《人民日报》等主流媒体也纷纷响应，引起学界、业界的共鸣和社会的广泛关注。但要想让"我是建设者"新闻理论实践真正深入下去，必须巩固现阶段大讨论的成果，解决实践中存在的问题，实现"我是建设者"活动的常态化。本章从媒体建设者理论实践的长效机制、激励机制、创新机制、路径机制四个维度来推动"我是建设者"理论的实践性、持续性、创新性。

---

① 许万全：《一封老新闻工作者的来信》，《新闻前哨》2013年第5期。

一 长效机制

"机制"一词最早源于希腊文，原指机器的构造和原理。现在"机制"常用于社会学、管理学等领域。"所谓机制，是指一个工作系统的组织或部分之间互相作用的过程和方式，是能够保证制度正常运行并发挥功能的制度体系。"① 机制属于事物内因，强调的是内部组织和运行变化的规律，重点在于事物之间的协调关系和运行方式。根据机制的功能分为长效机制、竞争激励机制、人才开发机制、创新机制、决策机制、监督机制、制约机制、预警机制、路径机制等。所谓长效机制就是"促使工作目标得以顺利实现的长期有效的运行机制，是集体和个体在执行制度的过程中形成的相互作用、相互影响的关系及其变化过程，是长期作用于集体和个体的功能和机理，是能够长期保证制度正常运行并发挥预期功能的制度体系"。② 规范、稳定、配套的制度体系和推动制度正常运行的"动力源"是长效机制的两个基本条件，规范化、稳定性、长期性是其特征。具体到"我是建设者"新闻理论实践的长效机制，就是指新闻宣传部门及全体媒体工作人员，依据"我是建设者"新闻理论实践活动的目标，在其动力驱使下，在一定条件保障和相关措施的控制下，共同协调、运行所形成的能够长期起作用的相对稳定的、规范化的程序与方式。

"我是建设者"新闻理论实践活动的长效机制的建立具有很强的现实意义，是实现新闻"走转改"活动常态化的客观要求。刘云山强调"要建立完善有利于新闻工作者深入基层、深入群众的制度机制，推动走基层、转作风、改文风成为新闻战线的自觉行动和新闻工作者的职业追求"。③ 建立"我是建设者"新闻理论实践活动的长效机制是要让"走转改"新闻实践活动更加深入、有效、长久，媒体组织、媒体管理者、媒体生产者、媒体经营者必须转变自己的身份角

---

① 曾乐元：《论社会主义荣辱观建设的长效机制》，《攀登》2007 年第 2 期，第 46 页。
② 同上。
③ 《新闻战线"走基层转作风改文风"活动动员会召开 刘云山出席并讲话》，2011 年 8 月，新华网（http://news.xinhuanet.com/2011−08/09/c_121836184.htm）。

色，以建设者的身份参与到新闻实践活动中，用建设者的眼光去看待"走转改"新闻实践活动中的新闻现象，用建设者的姿态去解决"走转改"新闻实践活动中的新闻矛盾。

"我是建设者"新闻理论实践活动长效机制建立是对马克思主义实践观长期坚守和永久传承。刘云山指出，"走基层、转作风、改文风"是一项实践性很强的活动，重在联系实际、贵在取得实效。要在坚定马克思主义新闻观上下功夫见成效，自觉贯彻党的新闻工作方针政策，落实好以正确舆论引导人的根本任务。① 马克思主义实践观是一个长期过程，需要新闻人长期坚守。"人类社会的一切'问题'都是在实践中发生的，解决这些问题也只能通过'变革的实践'，而不能停留于'解释世界'。"②

随着国际国内政治环境的变化，社会结构出现分层化，社会矛盾出现激烈化，社会利益诉求出现多方化，社会价值观出现多元化，社会处于一种混沌之中。对于激烈冲突的社会问题，新闻媒体必须重新审视自己的角色，用实践的眼光重新构建现实世界。马克思主义实践观是媒体为实现中国梦所鼓与呼的思想基石。"人类社会存在的基础和发展的动力是以物质生活资料的生产为根本的实践活动。社会发展规律的'秘密'只能到实践中去探求，而不应当与此相反。"③

"我是建设者"新闻理论实践活动的长效机制的建立是新闻战线立足当前、着眼长远、取得实效的长久举措。刘云山指出，"走基层、转作风、改文风"活动是立足当前、着眼长远，推动新闻事业健康发展的基础性工作，必须高度重视，强化领导责任、细化工作方案、精心组织实施。④ 2013 年 5 月中旬，刘奇葆在广东、海南调研强调，深化党的十八大精神学习宣传贯彻，重点是开展中国特色社会主义和民族复兴中国梦宣传教育，要突出思想内涵，把握实践要求，创新方法

---

① 《新闻战线"走基层转作风改文风"活动动员会召开　刘云山出席并讲话》，2011 年 8 月，新华网（http://news.xinhuanet.com/2011 - 08/09/c_ 121836184.htm）。

② 陶德麟：《践行马克思主义的实践观　为实现中国梦而奋斗》，《光明日报》2013 年 4 月 16 日综合新闻版。

③ 同上。

④ 《新闻战线"走基层转作风改文风"活动动员会召开　刘云山出席并讲话》，2011 年 8 月，新华网（http://news.xinhuanet.com/2011 - 08/09/c_ 121836184.htm）。

手段，在干部群众中展开，在全社会展开，坚持不懈地抓、扎实有效地抓，增强针对性实效性和吸引力感染力，唱响中国特色社会主义和中国梦的时代主旋律，坚定道路自信、理论自信、制度自信，积聚追梦圆梦的正能量。[①] 通过湖北省宣传部门集中强化宣传和学习的方式来推进"我是建设者"新闻理论实践活动，取得了阶段性成果，对广泛普及营造新闻战线实践"我是建设者"新闻理论舆论氛围和社会氛围起到了积极的推动作用。但是"我是建设者"新闻理论的真正实践是一个逐步积累的渐进过程，是一项长期而艰巨的任务，不可能一蹴而就，毕其工于一役。如何将"一阵风"式的宣传和学习教育活动与经常性的实践活动结合起来，双管齐下，把集中强化宣传的"一阵子"变成"一辈子"，从而长期性地发挥"我是建设者"新闻理论指导实践的作用，是长效机制需要解决的问题。所以尽快将前段时间集中强化宣传和学习教育活动的成功做法、新鲜经验转化为经常性的实践活动，用规章制度的形式固定下来，持之以恒地把"我是建设者"新闻理论贯穿于新闻实践的全过程，体现在媒体的管理、生产和经营的各个方面，渗透到新闻宣传日常的生活、学习和工作中，形成具有规范性、稳定性和长期性的机制，使之成为一项历久弥新的经常性工作。"我是建设者"新闻理论实践要真正解决媒体和新闻工作者在市场竞争中"腿子发软""眼睛发黑""脑子发晕"的突出问题，同时要"力戒形式主义，做到'不虚'；解决突出问题，做到'不空'；紧紧围绕主旨，做到'不偏'，真正击中痛处、打在点上，这一活动才能取得实效、获得长效"。[②] 结合湖北省新闻战线近期开展"我是建设者"大讨论活动实际和新闻实践现状，建立健全的"我是建设者"新闻理论实践的长效机制的主要内容，重点应在于构建长效的规范的制度机制、责任到人的落实机制、严格的检查评估机制。

构建长效的规范的制度机制，就是对当前"我是建设者"大讨论活动中的行之有效的成功做法和新鲜经验，适时进行总结、归纳和提

---

① 《刘奇葆：唱响中国特色社会主义和中国梦的时代主旋律》，2013 年 5 月，新华网（http://news.xinhuanet.com/politics/2013-05/20/c_115839327.htm）。

② 《始终保持与人民的血肉联系》，2013 年 6 月，人民网（http://theory.people.com.cn/n/2013/0630/c107503-22020468.html）。

炼，尽快制定出既符合当前的新闻工作实际，又有一定的前瞻性，既有工作重点，又有奋斗目标；既适应社会环境，又能够充分动员社会各方面力量，充分调动每个新闻工作者的积极性、主动性和创造性的规章制度。构建"我是建设者"新闻理论实践的长效机制就要善于"抓住那些带有普遍性、规律性、科学性的做法，将有效的一时之策转化为制度规范，在工作中长期坚持并不断完善"。① 制度是有关机构制定并以强制力保障实施的行为规范，制度问题更带有根本性、全局性、稳定性和长期性。② 制度在规范和约束人们行为上具有鲜明的导向作用，因此，要广泛动员和发动各级党政宣传部门、媒体管理机构、媒体行业和高校理论界，根据十八大精神和"走转改"相关要求，结合"我是建设者"新闻理论实践的实际修订完善各项党政规章、管理制度和宣传制度，把"我是建设者"新闻理论渗透到新闻管理制度之中，细化到新闻实践具体工作之中，形成各宣传部门、各新闻单位以至每个新闻人的行为规范。"在方法上，要注重建立长效机制，制定新的制度、完善已有制度，经常抓、长期抓。"③ 同时在制度的制定过程中，要防止对制度规范性的错误认识：用一两条制度代替制度的长效机制；用一时的行政命令、长官意志和业务管理规章制度代替"我是建设者"新闻理论实践的长效制度机制。

构建长效的责任到人的落实机制，就是把"我是建设者"新闻理论实践活动实现责任到人，明确每个新闻人的具体责任，在其实践过程中，将责任量化、具体化，把制度的实施落实到人、到岗，从而让"我是建设者"责任意识深深扎根，内化于心，外固于行。责任到人的落实机制，在步骤上，首先，"要坚持领导带头，力争认识高一层、学习深一步、实践先一着、剖析解决突出问题好一筹"。④ 媒体领导是"我是建设者"责任意识落实的关键。"领导是研究、制定制度的

---

① 《关于创先争优活动长效机制建设的实践与思考》，2012 年 5 月，中国日报网（http://www.chinadaily.com.cn/hqgj/jryw/2012-05-29/content_6042343.html）。

② 《邓小平文选》第 2 卷，人民出版社 1994 年版，第 333 页。

③ 《始终保持与人民的血肉联系》，2013 年 6 月，人民网（http://theory.people.com.cn/n/2013/0630/c107503-22020468.html）。

④ 同上。

主体，同时也是落实制度的主体，职务越高，责任越重，权力越大，抓落实的作用和意义也越大。"① 其次，责任到人的落实机制要强调常抓不懈、持之以恒。"我是建设者"责任意识是与时俱进的、是与现实社会息息相关的，也是紧密联系工作实际、学习实际与思想实际的，要有长抓常新的心态。"冷热病""突击落实""短、平、快"等都是急功近利、急于求成的短视行为。

构建严格的检查评估机制，就是针对当前"我是建设者"新闻理论实践活动实际状况和特点通过全面调研、检查，严格依照相关新闻管理程序和方法，对"我是建设者"新闻理论实践活动运行过程和客观效果作定性和定量分析，从而对评估对象做出客观、公正、准确的评价。检查评估机制是"我是建设者"新闻理论实践活动工作实现由虚到实、由软到硬的重要保证，它分为媒体内部检查评估机制和媒体外部检查评估机制。媒体内部检查评估机制主要包括检查评估的主体、标准及方式。检查评估的主体主要是媒体管理者、生产者和经营者。检查评估的标准主要在于媒体领导干部的任用、评优奖励等与党员干部切身利益相关的竞争制度，在于媒体一线工作人员的绩效考核制度，媒体组织评议等方面的奖惩制度，建构检查评价体系。检查评估的方式可以结合新闻工作的专业特点，采用灵活实用的方式，如加大对能体现"我是建设者"新闻实践作品的宣传与奖励，对违背"我是建设者"精神实质的新闻作品和行为采用"一票否决制"，把"我是建设者"新闻实践的实施纳入对新闻单位、新闻领导及新闻一线记者的年终考核，在职称的评定、新闻奖的设置、评先评优等方面，优先考虑"我是建设者"新闻实践活动的标兵。媒体外部检查评估机制也包括评价主体、标准及方式。其检查评估的主体主要是公众。这里的公众必须独立于任何媒体，有对媒体进行评价的能力和时间。可以是媒体主管部门指定的人士，也可是长期从事媒体研究的专家、高校理论研究教师、社会各阶层代表等。外部检查评估的标准主要立足于以责任意识、质量意识、大局意识、整体意识、服务意识、主流意识等为指标，建构媒体外部检查评价体系。评价的方式既可是

① 曾乐元：《论社会主义荣辱观建设的长效机制》，《攀登》2007 年第 2 期，第 48 页。

公开发表的理论研究文章,也可是走绿色通道的内参;既可是大张旗鼓的学术讨论会,还可是小范围的学习交流会等。通过内外部两个检查评估机制,把"我是建设者"大讨论实践进一步深化和推进。

二 激励机制

激励理论在媒体管理中应用越来越广泛,其内涵也更加丰富。"激励机制是在分析被管理者的需求与动机基础上,通过组织管理资源的合理配置及管理方式方法的优化组合,所形成的能够激励与约束被管理者行为趋向组织目标的相对固定化、规范化的一系列制度与工作规范。"① 新闻理论实践的激励机制可以提高媒体的管理水平,可以调动媒体人员的最大积极性,可以形成媒体的团队精神。"我是建设者"新闻理论实践的激励机制建设关键是抓住"目标激励"意蕴,活用活化。

目标激励理论主要来源于目标设置理论。1968 年,美国马里兰大学心理学教授洛克(E. A. Locke)和休斯提出了目标设置理论。目标设置理论认为目标本身具有激励作用,目标能把人的需要转变为动机,使人的行为朝着一定的方向努力,将人的行为结果与既定的目标相对照并及时进行调整和修正,从而实现目标。这种由需要转化为动机,再由动机支配行动以达成目标的过程就是目标激励。"我是建设者"新闻理论实践的目标设置首先在于目标设置的具体性。媒体管理人员在制订"我是建设者"新闻理论实践的具体目标时要使媒体工作人员清楚目标对他们的要求,以把他们的精力和时间用在正确的方向上,最好是能够清楚地衡量是否达到目标。如在"我是建设者"大讨论中湖北省委宣传部文成国副部长认为新闻工作者作为建设者,应该做到"四个维护":应该维护改革、发展、稳定大局;应该维护政府公信力;应该维护群众利益;应该维护社会理性。这"四个维护"为媒体工作者的目标设置指出了方向。如武汉市宣传部在 2013 年 4 月中

---

① 樊斌:《非合作博弈条件下企业内部知识共享激励机制研究》,博士学位论文,哈尔滨工程大学,2009 年,第 23 页。

旬向全市宣传思想文化战线下达了当年落实"我是建设者"活动各项绩效管理目标任务。其次，要想让"我是建设者"新闻理论的实践更有成绩，更能让媒体工作者话语权发挥建设者的作用，就需要设置更加行之有效的近期目标和长期目标。"我是建设者"新闻理论是针对中国当前特殊的环境提出的一种创新新闻理论，理论实践的近期目标是：通过高规格高层次讨论会形式，湖北传媒人把"我是建设者"活动主动引向高层，并使该活动得到中宣部和中央相关领导人重视及批示；吸引全国主流媒体的参与，把"我是建设者"活动引向全国，为"我是建设者"下一步理论实践营造舆论环境；该理论的探讨不能停留在讨论会层面上，而是深入到全省报纸、广播、电视、网络等媒介的具体实践中，引起湖北省媒体从业人员的高度关注，实现全省宣传思想文化战线全覆盖，形成全方位、立体的探讨和实践风尚，把"我是建设者"活动引向深入；对理论的实践要从业界推入学界，发挥湖北高校乃至全国理论界的资源，解决"我是建设者"一系列理论问题，实现业界与理论界的对接，把理论引向深度。理论的推广和深入，最终还是要落脚到新闻基层的实践中，即一线编辑、记者的日常工作中来，考核"我是建设者"活动在媒体基层、新闻一线实践的情况，使"我是建设者"活动变成媒体基层的常态工作，从而实现媒体一线工作的长效管理，把"我是建设者"活动引向基层。其长期目标就是：大讨论活动作为全省新闻战线推进"三项学习教育"和"走转改"活动的延伸。把"我是建设者"活动作为促进新闻队伍进一步转变作风，提高素质，牢固确立社会主义事业建设者、时代记录者、优秀文化生产者和传播者的角色定位，切实增强主体意识、责任意识和精品意识的系统工程。把"我是建设者"活动作为树立和坚守马克思主义新闻观，为实现中国梦传递正能量的核心内容。

三　创新机制

"我是建设者"新闻理论的实践要想在复杂多变的社会环境中深下去、深进去，必须建立科学的创新机制。"在实践决策层面上为了鼓励和激发个人的创新潜力，创新机制的确立需要从物质、制度、社会组织与运行方式等环节上提供足够的基础性保证。"① 为实现"我是建设者"新闻理论实践的持续发展，本章提出两种途径、三个主体、六种力量、四个层次的"我是建设者"新闻理论的实践创新体系。两种途径是指媒体外部的"顺势"与"借势"；媒体内部的"育势"和"运势"。媒体外部的"顺势"主要指客观复杂多变的社会环境急需媒体以社会主义建设者的身份参与到社会建设中去的大势所趋，马克思新闻实践观的坚守与传承等。"借势"主要指媒体借势于"走转改"新闻实践活动、"中国梦"对媒体的感召等大的政治形势。媒体内部的"育势"和"运势"主要指通过媒体内部的领导、组织及全体工作者等的共同努力所采取的促使"我是建设者"新闻理论实践的相关举措。如湖北传媒人通过高规格高层次讨论会、新闻专题、新闻报道等形式，把"我是建设者"活动主动引向高层，引向全国，引向深入，引向深度，以得到政府、新闻界、文化界和理论界的大力支持。三个主体主要指高层政府及宣传部门、媒体组织、市场三个行为主体。六种力量主要包括媒体的内生力量和外生力量。"我是建设者"新闻理论实践的创新机制必须考虑媒体的内生力量和外生力量。媒体内生力量包括媒体组织的公信力、媒体新闻影响力、媒体话语权的建设力。媒体外生力量包括市场的竞争力、政府的推动力、受众的消费力。"我是建设者"活动的四个层次是指"我是建设者"活动的开展、"我是建设者"活动的推广、"我是建设者"活动的深入、"我是建设者"活动的总结四个主体内容。它们综合反映了"我是建设者"活动开展过程中，以媒体组织为主导的行为主体，通过运筹媒体内外发展力量而形成的"我是建设者"新闻理论实践活动的创新机制。在创新机制的保证下，2011年9月上旬，在湖北省委宣传部组织领导下，湖北省域高校教师和媒体记者"双向挂职"交流活动启动，他们分别到对方单位进行为期一年的挂职锻炼。开展高校教师和媒体记者"双向挂职"活动，是深入开展马克思主义新闻观教育的一次有益尝试。借助"双向挂职"的效应和媒体"蹲点调研"

---

① 张锋：《创新过程的系统模型与创新机制的创新》，《云南师范大学学报》2001年第5期，第20页。

的新形式，湖北传媒在这两个新的新闻实践活动中，为社会呈现建设性记者、建设性媒体与建设性报道。

"我是建设者"新闻理论实践活动的创新机制关系图如图20—1所示。

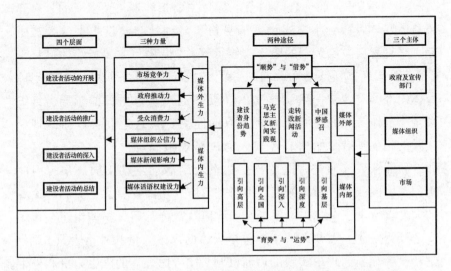

图20—1 "我是建设者"新闻理论实践活动的创新机制关系图

四　路径机制

"路径"在"百度"词条中指"道路"，也指"到达目的地的路线"，还可指"比喻办事的门路、办法"等。在本研究中"路径"专指"到达目的地的路线"。"我是建设者"新闻理论实践应该有属于该理论特有的实现路径。

（1）政策导向型路径。"中国的社会政策时代已经来临，尤其是当前金融危机席卷全球，党和政府越来越认识到社会政策的重要性。"① 政策是执行路线的保证，"我是建设者"新闻理论实践在第

---

① 查明辉、谭小军：《试论问题导向型政策》，《三峡大学学报》2009年第3期，第23页。

一阶段应该采用政策导向型路径。政策导向型就是宣传部、媒体主管部门及媒体组织通过制定一系列政策、制度、计划等来干预、调节、指导"我是建设者"新闻理论的实践，且干预、调节、指导力度较强。其中政策作为一种生产要素，对理论的实践具有重大影响。不同的政策导向会产生不同的实践绩效。政策导向型路径能够对"我是建设者"新闻理论的实践产生积极的作用。特别是实践初期，它能够将政府、市场、媒体企业三者紧密地结合起来，相互配合、相互作用，并由此产生出其特有的社会效益。湖北省委宣传部以及相关政府和党政部门多次发文，制定相关政策以保证"我是建设者"活动的顺利开展，坚定不移地把"我是建设者"大讨论引向深入。通过政策的导向作用保证"我是建设者"实践活动全省覆盖、全媒体覆盖、全员覆盖。但也要防止政策的失误性、政策的间断性和政策的僵化。

（2）问题导向型路径。所谓问题导向型是指当某一问题成为较严重的社会问题之后，党政宣传部门、媒体组织及媒体从业人员为解决问题而采取的各种媒体行动的总和。问题导向型路径因具有明确的问题导向特征，直接针对问题的解决，具有一定的优点。如它有利于媒体决策部门迅速地调动一些政策资源，集中媒体组织的人力、物力、财力解决问题。在面对严重社会问题的挑战时可使其他矛盾暂时处于缓和状态，凝聚各方面力量。问题的解决也容易为媒体决策部门赢得一些声誉等。"我是建设者"活动的实践可以寻找当前社会的突出问题（浮躁情绪严重，舆论环境的无序、非理性，新闻从业者方向迷失等社会问题）为突破口。在寻找突出问题中用建设者立场，建设者眼光，建设者心态、姿态、状态，把理性奉献社会，真正体现媒体建设者的作用，实现建设者的价值。

（3）培训学习型路径。培训学习是时代赋予媒体工作人员的迫切任务，也是社会发展对媒体工作人员的基本要求。"我是建设者"新闻理论活动的开展与实践是媒体工作人员长期培训学习的过程。"我是建设者"新闻理论活动的培训学习首先要建设培训学习型党组织。培训学习型党组织是建设马克思主义新闻实践观的基础工程。"建设马克思主义学习型政党的战略任务必须落实到基层，每一个党组织都要认真履行组织党员学习的职责。"① 新闻传媒必须按照科学理论武装、具有世界眼光、善于把握规律、富有创新精神的要求，以提高全媒体组织和媒体队伍理论水平为基本目标，深入学习马克思主义新闻实践观，指导新闻实践、推动新闻工作上取得新成效；强调坚持用"我是建设者"新闻理论体系武装头脑，深入学习实践科学发展观，学习总结"我是建设者"新闻理论实践中的成功经验。发挥媒体基层党组织在培训学习中的示范作用。其次，要建设培训学习型团队。培训学习型团队是指通过培养整个媒体团队的学习气氛、充分发挥媒体团队成员的创造性思维能力而建立起来的一种有机的、能持续发展的团队。这种团队最大特点在于具有持续学习的能力。它要求全员培训学习、终身培训学习、全过程培训学习、全团培训学习。媒体团队的决策层、管理层、生产层等都要全心投入学习，尤其是管理决策层，他们是决定媒体团队发展方向和命运的重要阶层，因而更需要培训与学习。如在深化"我是建设者"新闻理论实践阶段，湖北省委宣传部 2013 年 6 月初在武汉开办"我是建设者"新闻理论实践活动研讨班，并举行了"树立建设者主体意识，为实现中国梦传递正能量"的辅导报告，培训学习对象是全省主要新闻媒体负责人和业务骨干。通过培训学习型途径，新闻工作者更加明确了自己的角色定位、职责意识、大局观念，"我是建设者、坚守建设性"的学习氛围在全省新闻战线更加浓厚。

（4）全媒体覆盖型路径。"我是建设者"新闻理论实践活动还必须借助传播渠道。现在的传播渠道是传统纸质媒体、电视广播媒体和网络等新媒体的立体渠道。传播渠道的多元给一种新理论的实践带来了机会。传统媒体要充分加大与新媒体结合的力度，要善于进行传播渠道优化整合，将"我是建设者"新闻理论实践活动的内容通过多元化渠道传播给市场，再进行传播策略和传播机制的转型。湖北省委宣传部长尹汉宁强调："要把'我是建设者'大讨论引向深入，伸下去，深进去。伸下去，即进入到各类媒体，进入到高校新闻院系，全

---

① 胡锦涛：《努力开创新形势下党的建设新局面》，《求是》2010 年第 1 期。

省覆盖、全媒体覆盖、全员覆盖。"① 不同类型的媒体，可以通过不同的路径来推动"我是建设者"活动的深入。传统主流媒体可以凭借公信力、传播力和影响力推出有一批有建设性的报道，培养一批有建设性的记者。网络媒体可以凭借传播快速、影响范围广、受众参与性强的特点，打造一批能正确引导舆论、弘扬社会主流价值观、传递社会正能量的具有建设者立场的新媒体。全媒体新闻人的建设者角色的转型，需要全媒体机构在路径策略上做出更多的思考。"在全媒体框架内，把传媒人身份的想象改换为身份的现实，消除'身份焦虑'、角色迷茫与观念的'具体迷思'，并据此逐步建构起全媒体'职业共同体'，对任何新闻业的意义是颠覆性的。"② 因此，把"我是建设者"角色作为湖北媒体未来的"职业共同体"，是全媒体时代社会给予媒体人的身份的重新架构。

五 结论

新闻媒体作为建设者身份参与新闻实践，是"走转改"新闻实践活动的专业要求，是实现中国伟大复兴的"中国梦"的政治任务，是对马克思主义实践观的坚守和传承。2013 年 3 月下旬，刘奇葆在江苏、山东调研时强调，要深化党的十八大精神学习宣传贯彻，把坚持和发展中国特色社会主义作为聚焦点、着力点、落脚点，组织开展形式多样的宣传教育，在干部群众中展开，在全社会展开，引导人们始终坚持中国特色社会主义道路、中国特色社会主义理论体系、中国特色社会主义制度。③ 要想让"我是建设者"新闻理论活动真正深入下去，让"我是建设者"理论真正指导新闻实践，巩固现阶段大讨论的成果，解决实践中存在的问题，就必须从"我是建设者"新闻理论实践活动的长效机制、激励机制、创新机制、路径机制四个维度

---

① 尹汉宁：《坚定不移地把"我是建设者"大讨论引向深入》，《湖北日报》2013 年 6 月 7 日第 2 版。

② 麦尚文：《全媒体融合模式研究》，中国人民大学出版社 2012 年版，第 269—270 页。

③ 《刘奇葆强调深入开展中国特色社会主义宣传教育》，2013 年 3 月，新华网（http：//news. xinhuanet. com/politics/2013 – 03/28/c_ 115200233. htm）。

来推动"我是建设者"理论的实践性、持续性、创新性。

　　"我是建设者"新闻理论实践活动的长效机制的建立是实现新闻"走转改"活动常态化的客观要求，是新闻战线立足当前、着眼长远、取得实效的长久举措。建立健全的"我是建设者"新闻理论实践的长效机制的主要内容，重点应在于构建长效的规范的制度机制、责任到人的落实机制、严格的检查评估机制。"我是建设者"新闻理论实践的激励机制可以提高媒体的管理水平，可以调动媒体人员的最大积极性，可以形成媒体的团队精神。其激励机制建设关键是抓住"目标激励"意蕴，活用活化，其重点又在于新闻理论实践的目标设置。"我是建设者"新闻理论实践的目标设置首先在于设置的具体性，其次在于设置更加行之有效的近期目标和长期目标。"我是建设者"新闻理论实践活动的创新机制是一种建立在两种途径、三个主体、六种力量、四个层次的新闻理论实践立体创新体系，它们综合性反映了"我是建设者"活动开展过程中，以媒体组织为主导的行为主体，通过运筹媒体内外发展力量，而形成的"我是建设者"新闻理论实践活动的创新机制。创新机制的建立保证了理论与实践的相互推动，是实践活动的丰富的不竭动力。"我是建设者"新闻理论实践的路径应该采用政策导向型路径、问题导向型路径、培训学习型路径和全媒体覆盖型路径。只有这样，作为党的重要执政资源的新闻事业，才能更好地面对竞争，处理好竞争与合作、批判与探讨的关系，才能在不断变化的时代背景下，当好一个合格的建设者。

第二十一章　长江中游区域省级新闻评论栏目改革

——以湖北卫视《长江新闻号》和湖北日报《东湖放评》为例

　　是否具有强有力的评论是衡量其是否主流强势媒体的重要参数之一。在互联网、手机等第四媒体异常迅速发展的"全民记者"时代，广大受众缺少的不是信息资讯，而是对待新闻事件的态度。在全球化的背景下，中国面临的国际环境风云变幻，加剧了受众对国际时事的关注度；此外，网络技术迅速发展，受众获取国际新闻资讯的渠道不仅仅是国内的主流媒体，还可以是国外的知名媒体，比如 CNN、BBC等。同时，在国内，区域经济发展，催生了传媒区域化的服务和竞争。"要在激烈的媒介竞争中出彩，各大电视台比拼的是原创信息的整合力与报道"①。因此，一档具有公信力、说服力的国际新闻评论节目是满足受众需求的必然选择。虽然从央视到地方等各级媒体纷纷开设国际新闻类节目，但其仍然有很大的发展空间。

一　省级卫视国际新闻评论栏目的现状

（一）省级卫视国际新闻评论栏目发展与受众需求

　　目前，我国国际地位、国际威望与日俱增，受众的"媒介话语权"日益增强。在全球化步伐不断加快、国际交流活动日益频繁的国

---

① 梁云、张玮:《多媒体时代传统媒体如何赢得话语权——关于创新国际新闻报道视角的研究》,《媒体时代》2013 年第 9 期, 第 47 页。

际大背景下，拓宽国际视野，发出中国声音，争夺国际"媒介话语权"，让普通受众在"国际新闻公共领域"掌握自己的话语权成为大势所趋。电视是中国对外传播的重要渠道，因此，打造具有媒介公信力、权威性的电视国际新闻时事评论节目不仅是媒介市场化运作的要求，同时也是展示媒体责任与担当，增强国家文化软实力的必然选择。

国际新闻评论栏目在电视新闻界一度为空白，难以满足受众需求。2003 年央视全新改版，央视唯一一档直播的国际新闻评述节目《环球视线》诞生，但省级电视媒体国际新闻评论栏目仍然匮乏。随着全球化进程的深入发展，地方各级新闻媒体开始涉及国际新闻评论栏目。2006 年深圳卫视创办《直播港澳台》，剖析两岸时事风云；2009 年《东盟新视野》栏目正式亮相云南卫视，这是云南电视台建台以来第一个真正意义上的国际新闻节目，随后更名为《新视野》；2010 年广东卫视与新华社联手策划的周播国际新闻深度报道栏目《全球零距离》开播；2012 年湖北卫视《长江新闻号》开播；2013 年，东方卫视国际时评栏目《环球交叉点》、贵州卫视的《新闻延长线》开播，此外多档国际军事新闻类节目也纷纷登上舞台，如 2012 年北京卫视的《军情解码》、2013 年河南卫视的《最前线》等。

有学者认为，"从 2012 年开始电视国际新闻的战场进入激烈竞争阶段"①，虽然电视国际新闻评论得到了一定的发展，但是据笔者统计，除央视的 5 档国际新闻评论专栏以及凤凰卫视的 3 档国际新闻评论专栏外，至今全国省市级上星卫视的国际新闻评论相关栏目总共只有 13 档。而央视根据 CSM 全国测量仪的数据显示，中央级新闻评述类节目受欢迎度远远高于省级上星频道。2013 年上半年，所有频道播出的新闻类栏目中，收视排名前 20 的均为 CCTV 栏目，其中，《深度国际》收视跻身第 8 位，共有 4 档国际新闻报道栏目入选前 20。由此可见，受众对国际电视新闻评论节目的需求在不断增加。但是国内各级媒体屈指可数的国际时评栏目难以满足受众需求。而且国际新闻

---

① 梁云：《电视国际新闻栏目的节目形态分析》，《南方电视学刊》2013 年第 4 期，第 88 页。

评论栏目播出时间一般在晚上 10：30 之后，播出时间边缘化，使国际时评栏目难以形成"品牌效应"，其影响力也大打折扣。

（二）电视国际新闻评论栏目质量要求与省级卫视自办能力

全球化的背景下，"国际新闻"的含义不仅仅局限于国外时事新闻，还应该把国内新闻也放在国际化视野下观察。因此国际新闻的评论的内涵与外延也要延伸到国内。但国际新闻评论节目对新闻选题、策划、语态等各方面的要求更加严格。当涉及一些国际敏感话题，若"避重就轻"绕开话题则是新闻媒体的缺位，但是若评论观点偏执一隅，缺乏理性会陷入错位误区。因此，国际新闻评论栏目选题必须抓住时事热点，又能一语中的，既符合国家大政方针及主流对外价值观，又能传达多元化观点，满足多方的话语解释权。但是我国目前的电视评论的整体质量不高。

第二十四届中国新闻奖电视新闻评论类栏目唯一一档获奖的栏目是《海峡两岸》，电视新闻评论栏目在中国新闻奖的名单中踪迹难寻。这也说明了我国国际新闻评论节目的整体质量不高，影响力难以达到预期的传播效果。主要有几点原因：首先从评论的主体上看，不管是主持人还是评论员都必须有丰富的相关知识背景，才能站在全局的视角来解析事件的全过程，引领舆论。但是优秀的国际新闻评论人才却恰恰是省级媒体发展的"瓶颈"，这也是栏目影响力难以扩展的主要原因之一。从信息资源上看，不同于具有庞大的资源网络，有遍布世界各地的记者站网络，有丰富的资深评论员，以及丰厚的资金技术，能抓住"新闻第一落脚点"的央视，省级媒体在国际新闻评论栏目的创办上这些条件先天性不足。从评论时效性上看，在"微博""微信"盛行的"微评论"时代，作为传统媒介的电视远远落后；从评论内容上看，评论同质化现象严重，难以寻求差异化的评论切入点，易陷入"千人一观"的尴尬局面；节目定位不明确，内容混乱，严肃的国际时事与娱乐性事件相混杂，节目趋于娱乐化。

（三）省级国际新闻评论栏目形态

我国电视新闻评论栏目的发展程度还不高，但是栏目的整体基本形态还算完善。传统电视新闻评论的节目形态一般分为四大类，即谈话型、述评型、即时现场型、电视辩论型等。但是省级卫视国际新闻时评节目的形态较为单一。

目前我国省级的国际新闻评论形式主要有以下几种新闻节目形态：

一是"资讯＋快评"形式类。"资讯＋快评"是指在国际新闻资讯报道的过程中，主持人充当评论员的角色或者邀请专门的国际问题专家对相关的时事做出评论。如《直播港澳台》就是在记者深入港澳台新闻现场进行采访获得新闻信息后，再邀请港澳台地区名嘴对时事进行点评。这类形式是当前情况下主要的评论节目形态。

二是专门的新闻评论类。由资深评论员或专业人员对给出的新闻做出点评。如《长江新闻号》，新闻短片只是充当新闻评论的一个由头，引出新闻的背景故事、专家的观点，而主持人充当的是节目的纽带，引出话题但不参与评论之中。

三是脱口秀深度评论类。这类形式主要针对时代大背景下国内外有重大影响的新闻时事进行演讲，链接多维知识背景及先锋观点，打造思想界公开课。如贵州卫视 2011 年开播的《领航客》，每期邀请一位高端学者、社会精英进行演讲。但这类节目形态影响力甚微。

此外，在一些地方媒体综合类新闻栏目中，在国际新闻资讯的播报中间，会以专家联系或者采访专家的形式，穿插一些专家对国际时事的观点，如各地方媒体的新闻联播等。

二　湖北卫视《长江新闻号》栏目特色分析

（一）国际新闻评论《长江新闻号》背景介绍

2011 年在"限娱令"的大背景下各地方媒体纷纷打出"新闻立台"的大旗，一时间注重立足于本土的社会民生新闻栏目纷纷设立。而湖北卫视坚持差异化路线，立足受众对信息的关注度，打造一档国际新闻评论栏目。2012 年 1 月 1 日，《长江新闻号》正式亮相。这是湖北卫视全新改版后重磅推出的一档国际新闻时事评论日播节目，栏目开办之际以"中国心世界观"为理念。力求立足湖北，用全球视野，发出湖北的声音，发出中部的声音。

2013 年 2 月 24 日，全国首个运用虚拟前置演播室的《长江新闻号》全新上线。改版后其整体风格更加清晰时尚，全新的播报语态、呈现效果更加多元、立体化。其节目内容定位于"全球视野、中国视角、解读事件、纵论天下"，节目的核心价值是"强观点，精秘闻"。目前《长江新闻号》聚集了 100 多位一流的国际、军事问题专家，而且与国内一流的国际战略研究机构都建立了合作关系。[①]《长江新闻号》不仅是全国为数不多的日播国际新闻评论节目，而且在媒介技术手段、播报语态、节目内容等各方面都是值得研究的，特别是立足于"中部城市群"话题、服务长江区域经济发展方面，起到了舆论的引领作用。

（二）《长江新闻号》栏目特色分析

1. 节目内容数据统计分析

本章抽取数据来源于 2014 年 7 月 1 日到 7 月 31 日为期一个月的节目。主要是因为 7 月处于年度中旬，内容受节假日的影响不大，而且在此期间国际重大新闻事件频发，选取样本具有一定的合理性。本章将评论议题按照地域分布与具体内容两方面来划分；其中由于《长江新闻号》属于湖北卫视中的一档国际新闻时事评论节目，其受众对象是面向湖北省以及其辐射区域的广大受众。因此，本选题按区域划分，国内区域把湖北地区与中国大陆其他地区分开；而国外划分主要根据节目内容分为美国地区、欧洲地区、日本及其他邻国，以及其他国家，见表 21—1。由于新闻评论选题题材较为广泛，要将所有的分门别类是有难度的，有学者曾按照国际新闻的分类以及国际评论的功能将国际新闻评论分为政治经济类、文化体育类、生态环保类[②]，也有学者按评论对象分类，分为时事评论、军事评论、经济评论，以及

---

① 参见傅先萍《全新评论态 抢占观点阵地——对话湖北广播电视台新闻中心主任、〈长江新闻号〉总制片人梁云》，《南方论坛》2013 年第 3 期。

② 参见徐盟《让世界听见中国——电视国际新闻评论的特色以及价值》，《声屏世界》2012 年第 8 期。

社会新闻和娱乐新闻的其他类评论。① 笔者根据以上分类方法以及《长江新闻号》具体内容，按照评论对象，大体将其分为几大类：政治外交类、文化艺术类、生态环保类、军事热点类和国际经济类。其中政治外交类包括国际关系、地缘政治、国际外交、时事政治等；文化艺术类包括国际文化交流与碰撞，国际体育赛事等题材；国际经济类主要包括国家间的商业交流；生态环保包括国际生态环境问题、国际气候问题以及与生态有关的科技新闻等。

表 21—1　　　　　　　　　节目评论对象所在区域统计表

评论对象所在区域		节目数量	节目比例
国内	湖北之外（包括港澳台）	34	31.7%
	湖北	4	
国际	美国	14	68.3%
	欧洲	15	
	日本	5	
	其他邻国	5	
	其他地区（或全球性问题）	43	
总数		120	100%

　　《长江新闻号》国内新闻选题比重较大，占32%。湖北本地的新闻由头占3%，说明其在选题上注重立足国内，但湖北本区域选题较少。而且国际新闻评论选题比较关注欧美等大国，比例约占24%。在选题的方向上，国际文化艺术类的比重最大，其次是政治外交类，显现《长江新闻号》在选题上更注重"软新闻"。与央视、凤凰卫视等媒体相比，省级卫视在"硬新闻"上显然后劲不足，国际突发事件和国际生态环保选题较少（表21—2）。

---

① 参见江爱民、吴敏苏《国际新闻报道》，中国传媒大学出版社2011年版，第269—270页。

表21—2　　　　　　　　　　节目评论议题内容划分

议题内容	节目数量	节目比例
国际政治外交类	41	约34%
军事热点类	11	约9%
国际生态环保类	6	5%
国际经济类	15	12.5%
国际文化艺术类	44	37%
其他突发事件	3	2.5%
总数	120	100%

2.《长江新闻号》节目特点分析研究

（1）国际新闻评论内容紧抓新闻的"第二落点"与"第三落点"。内容竞争是媒介竞争的重要因素。喻国明曾提出，"新闻媒介的价值逐渐由事实传播的第一落点（时效性）的竞争和第二落点的竞争（事实的完整与全面）逐渐转移到第三落点的竞争：眼光的竞争、标准的竞争、视角的竞争、观点的竞争和把握事实的方法与逻辑的竞争。"[1] 与央视以及凤凰卫视等国际新闻评论栏目相比，省级卫视很难把握住国际新闻第一落点"时效性"，《长江新闻号》根据自身的劣势，通过国际新闻受众分析，发现少量的背景新闻以及浅尝辄止简短的评论已经无法满足受众。受众对新闻发生的更多背景、影响，及其相关联的信息有充足的"新闻欲"。因此，《长江新闻号》充分利用网络资源，对相关信息资源进行精心的、有逻辑的整合，深度挖掘国际新闻背后的故事，延伸解析、深度解剖，从新闻第二、三落点入手掌控自身在国际重大事件的话语权。

《长江新闻号》内容紧抓新闻第二、三落点主要体现在以下几个方面：

一是采用横向空间或纵向时间上的关联对比，横向上注重新闻热点的背景故事，纵向上则注重因果联系。在横向、纵向关联对比上注

---

① 喻国明：《中国传媒业三十年：发展逻辑与现实走势》，《北方论丛》2008年第4期。

重事实的完整全面，打造立体化的新闻。所谓"立体化"也就是多层次、多视角的另辟蹊径的报道，为受众提供360°视角全方位揭示新闻的前因后果以及重要作用。其常用的叙事手法是，"1＋N"的解读模式，也即一个观点，多个事例支撑。20140725 期是关于"一周三起航空事故有何警示？"的报道，当时一周以来发生了 3 起空难，铺天盖地的空难报道造成了受众心理的恐慌，很多民众产生了"出行还能坐飞机吗？"的困惑，《长江新闻号》从国际新闻热点入手，从航空公司该如何管控风险以及暑期特殊时期空运量加大所造成的影响，明确指出问题在于航空公司的管控不周，全球飞行人员紧缺以及机场紧缺的市场现状。同时，《长江新闻号》利用国际民航发表的数据告诉受众，飞机的安全系数仍在正常范围，不必恐慌。从而完整全面地解读了新闻，并且从受众心理需求出发，起到了以正视听的效果，减少了受众不必要的恐慌，抓住了新闻的第二落点。

二是《长江新闻号》坚持"揭秘路线"。"揭秘"是在热点国际新闻由头下，在"发现—探索"发散模式下，用全球化视野，深度挖掘新闻相关的背后故事。20140624 期结合世界杯的热点，《长江新闻号》站在兴奋剂屡禁不止背后的利益的角度，一针见血地指出了兴奋剂事件背后深层的原因。有关兴奋剂的报道在每年的国际体育比赛中屡见不鲜，但是《长江新闻号》从旧闻中找准新的切入点，不仅仅看到事件的表面问题，而是立足于深层的根本原因；不仅还原事实，而且从事物本质的联系入手，实现了新闻价值的"二次传播"。

（2）注重选题本土化，评论视野国际化。"本土化"是相对于"全球化"的概念。有学者认为，新闻本土化不仅是一个地域概念，更是一个文化概念。① 它是地域文化在新闻报道中的集中反映，是当地的地理资源、历史资源、人文资源、生活资源以及在此基础上形成的风俗、习惯、语言、道德观念、审美取向等在新闻报道中呈现出的综合性特征。② 笔者认为，新闻本土化是指立足与本地社会媒介生态

---

① 参见王武荣《电视新闻本土化要避免"排他化"》，《研究与交流》2006 年第 4 期。
② 参见陈俊利《试论城市电视台强化新闻本土化途径》，《中国广播电视学刊》2008 年第 11 期。

环境，以本地的物质、精神文化为媒介产品元素，以满足本地受众的信息需求，占领本土受众市场的报道策略。

《长江新闻号》在节目的编排上非常注重新闻选题的本土化运作，运用"反向思维、反向操作"的手法①，不仅用全球化的眼光看世界，同时结合本地的实际情况，从本土新闻入手用全球化的国际视野来立论。从上文分析中可得知，国内与本省的新闻评论占了总数的32%。把本地重大的新闻以及中国的时事热点放在国际背景下感知，注重本土受众的信息获知需求，拉近了国际时评与受众的"接近性"。

（3）实现跨媒体合作。《长江新闻号》与新华社建立合作战略伙伴关系，共享国际新闻资源系统，充分利用新媒体资源。2013 年 6 月，《长江新闻号》携手新华社，实现战略合作。新华社作为全国性的媒体，有庞大的新闻资源系统，不仅有遍布全球的记者站以及采、写技能高超优秀记者队伍，而且还培养了一批有全球战略意识的资深评论员。在国际发生重大新闻之际，新华社很多资深媒体人为《长江新闻号》提供了"第一手资料"，提供了一些稀缺的评论资源。弥补了《长江新闻号》作为一家省级上星卫视的国际新闻评论节目"第一落点"的不足。《长江新闻号》与遍布全球的新华社相关分社建立战略性合作，拓宽了新闻评论资源渠道。

此外，《长江新闻号》充分利用新媒体资源。针对国内外重大事情，不仅只是寻求国内专家的观点，而且充分利用新媒体，引用一些外国主流媒体的观点。不仅用中国的观点洞察世界，同时也用世界的视野来体现中国的国际地位。2014 年 7 月 17 日《长江新闻号》播出的"金砖银行总部为何选在上海？"，节目中引用了英国《金融时报》中《金砖峰会确认中国核心》一文的观点，从国外权威金融媒体的视野来观察中国在金砖国家中的重要地位。接着中国社科院的相关专业人员黄薇，从上海本地的经融状况以及中国经济状况来多层次地解读其背后的原因，并阐述落户上海对上海以及金砖各国产生的影响、

①　参见钱曦《跨文化传播的本土化策略——兼谈财经频道国际报道的本土化运作》，《现代传播》2011 年第 4 期。

成立后面临的问题等，使受众对金砖银行总部设在上海的事件有一个全面深度的认识。

（4）节目话语形态平民化。"语态，即说话的方式"，通过个性化的语言对新闻信息进行处理是适应受众需求的①。笔者认为，新闻"语态平民化"是指新闻信息的传播，应该建立在语话双方平等的基础上，传者充分尊重受众的接受需求与审美趣味的叙述方式，是语形态传播由"传者本位"到"受众本位"的转变。

语态主要体现在叙述方式上。从叙述主体上看，《长江新闻号》主持人呈现着"年轻化"的趋势，平均年龄在 30 岁，使整个栏目体现出了朝气勃勃的生存状态和时尚之感。而且主持人时常巧妙地运用网络语言，如"给力"等，拉近了受众的"亲近感"，符合其受众青年化的定位，使受众更易接受，传播性、可看性更强。

随着高新技术的迅速发展，电视新闻评论的叙述方式已延伸到了电视的制播技术上。演播厅的设置与处理也是一种语态②。《长江新闻号》作为一档省级卫视节目，为克服缺乏国际新闻时事的"第一新闻落点"，采用了当时最先进的虚拟演播室，是全国首个运用虚拟前置的新闻直播类栏目，全新的播报语态弥补了节目的画面空白，主持人仿佛身临其境，使国际时评更加贴近受众的心理。

三 《长江新闻号》选题娱乐化与评论同质化

（一）国际新闻内容题材娱乐化倾向

新闻评论的题材是新闻节目的根本。一个好的题材是评论节目好的开始，是避免评论落入"无病呻吟"之态的前提。从表 21—2 看，"国际文化艺术类"新闻评论占据了 37% 的比例，《长江新闻号》的选题有娱乐化的趋势。其新闻评论的内容无论是严肃的国际时政新闻，还是国际文化交流，选材都趋向于软性的国际新闻。《长江新闻

---

① 参见孙玉胜《十年——从改变电视的语态开始（修订版）》，人民文学出版社 2012 年版，第 42 页。

② 参见张玲玲、李鼎鑫《央视新闻评论发展空间的拓展策略》，《新闻界》2007 年第 6 期。

号》几乎每期片尾部分都会插播一些世界各地的奇闻趣事，并由主持人做出简短风趣的评论，时长约2分钟。即使是对于一些国际政要人物，其取材也趋向于娱乐化。如2014年7月17日这期特别策划的"默克尔六十大寿"的评论报道，由默克尔生日为题材由头，深挖了其他国家政要名人的趣闻。虽然能让受众从侧面了解各国政要的人物特征，但是这种娱乐性的评论报道手法，转移了受众的注意力，遮掩了背后的政治意义。国际新闻时政热点评论的重要性，主要体现在它严肃的时政性。如果国际时事评论新闻取材过分地注重于"猎奇媚俗"，其娱乐性的话语传播就会大大降低评论节目的权威性，也难以达到预期的传播效果。

（二）评论内容同质化严重，评论逻辑缺乏辩论性，评论话题冲突性不强，评论话语缺乏互动性

《长江新闻号》"1＋N"立体化评论的模式时常演变成了"N＝1"同质评论模式，也即N个人论证同一种观点。单一重复的评论内容使节目陷入僵化模式。本来国际新闻评论节目选题本身具有的冲突性与评论观点的弹性空间是时评的一大亮点。因此"突出观点，更突出观点的冲突"① 是国际时评新闻节目做好、做强的重要路径之一。

《长江新闻号》的评论形式主要有两种：一是主持人同声期的幕后短评；一是专家、学者或资深媒体人对热点事件的解读。主持人的评论多是转引国内外知名学者或媒体的观点，大部分是充当"传声筒"的作用，缺乏自己深刻独到的见解。而专家学者的解读多数是对主持人观点的补充，但大体上的观点一致，整个节目缺乏差异性、冲突性的观点。而且评论嘉宾出场方式是简单地以音频连线的方式对主持人抛出的问题提出自己的观点。这种方式一方面缺乏现场感，显得单调乏味；另一方面，针对一个问题虽然有不同的评论嘉宾提出评论，但是嘉宾之间的观点是各圆其说，思想之间不会产生碰撞，缺乏关联性与冲突性，这样不仅造成了节目的"不好看"，同时削弱了评论的权威性。主持人只是充当观点的提供者，话语权完全被评论员掌控，观众缺乏参与对话的

---

① 梁云：《电视国际新闻栏目的节目形态分析》，《南方电视学刊》2013年第4期。

机会，甚至连主持人与评论员互动的机会也较少，传播的双向互动性不强。在当今网络时代，这种以"传者本位"的单向性传播的评论形式显然是不适合观点传播潮流的。

四 《长江新闻号》区域化发展边界

（一）拓宽受众范围：评论视野由立足本土扩展到立足"长江经济带"

长江经济带是指由四川、重庆组成的长江上游经济区，由湖北、湖南、江西组成的长江中游经济区，由安徽、江苏、浙江、上海组成的长江下游经济区，共七省二市。湖北经济区则位于东西部连接的枢纽位置，可谓是长江经济带的"龙腰"，是长江经济带区域发展的重要节点。区域间经济文化的合作与发展为区域内各地方媒体之间的合作提供了前提基础。而且随着互联网等新兴媒体的发展，区域之间条块分割的壁垒逐步打破，区域间媒体的竞争性合作趋势越来越明显。在长江经济带大背景下，作为省级卫视国际新闻时评节目，国际视野的本土化不仅仅要立足于本省内的本土化，也应该立足于区域本土化，将长江经济带区域内城市的文化元素融入其中，并且着重关注与区域相关的国际组织、地区、国家等政治、经济、文化时事。不仅可拓宽国际新闻时事选题范围，同时还可拓宽节目受众接受渠道，有利于增强其影响力的辐射范围。

（二）加强新媒体合作：实现多媒体互动，拓宽观众参与渠道

新闻评论在微博2.0技术背景下已经进入4.0时代。评论4.0是指"一种网络社会语境下一种全新的媒体传播范式，充分重视网络媒体的新闻评论，融合传统媒体的新闻评论，是各种媒体评论内容'打包'的舆情传播平台与媒体互动传播；形成网络媒体与传统媒体之间媒体新闻报道与评论的全面互动、积极互动与和谐互动"。[1]《长江新

---

[1] 尹韵公、王凤翔：《新闻评论传播范式的话语转型与构建——以中央电视台〈今日观察〉栏目为例》，《现代传播（中国传媒大学学报）》2010年第1期。

闻号》国际时评紧抓"第二落点",借助新媒体庞大的信息资源数据库进行资源整合,打造出独特的"精秘闻",走揭秘路线,在一定程度上抓住了受众的眼球。但是节目的互动性不强,话语权几乎掌握在传者手中,受众处于一种被动接受地位。如果加强与新媒体如"新浪""搜狐"等网络新闻门户网站的合作,在网络媒体上开辟国际时事评论专栏,并邀请网友参与评论互动,使不同观点在网络平台上交流,并且在电视新闻节目编排中,融入网络评论专家以及网民的观点,可以增强不同观点的互动性与冲突性。

省级电视国际新闻时评节目进一步加强网络国际舆情的评论,实现"电视—新媒体"之间的双向联动,形成"意见领袖—受众"的双向互动方式,拓宽受众的话语空间,同时也拓宽评论员的话语层次,打破"精英主导"话语权的垄断局面,改变"传播者本位意识"语态形式,实现话语传播的多元互动。2010年8月2日浙江卫视开播全国首创的电视、网络视讯实时互动的新闻深度评论节目《新闻深一度》,该栏目以关注热门焦点话题为定位,在新闻调查的基础上,引入专家点评、记者快评、网友"酷评"等环节。借助互联网的优势,通过栏目特有的网络视讯平台,让观众参与到新闻评论的话语权当中,参与观点的互动。《新闻深一度》的创新,既避免了新闻评论的单向性传播,同时也避免了网络时评的传播无序性;省级电视国际新闻评论实行多媒体互动,不仅满足了受众对深度信息的需求,而且使"乱弹性"的国际新闻网络时评的舆论导向回归主流价值观,建立起客观的国际舆情。

(三)多元化评论模式:培养主持人、评论员个性化风格

"通过个性化的语言对新闻信息进行处理,是适应大众的需求。"① 在当今信息爆炸时代,国内急需的是具有独特个性的专业性评论人才。虽然很多资深媒体从业人员具有敏锐的新闻敏感性以及针砭时弊的气概与睿智,但是国际新闻评论人才还必须深谙国际大政治

① 孙玉胜:《十年——从改变电视的语态开始(修订版)》,人民文学出版社2012年版。

背景，能把握国际时事大方向的来龙去脉，有丰富的知识背景。凤凰卫视的《时事开讲》栏目在国际新闻评论中拥有重要话语权的重要因素在于拥有何亮亮、邱震海等一批优秀的主持人以及权威评论员。何亮亮是国际问题专家，并出版了多部时政类专著；而邱震海尤其擅长于欧洲内部事务以及中欧国际关系等国际问题研究。因此，在很多国际新闻上他们的评论很具有权威性，而且这也有利于与受众建立起"约会意识"，培养受众的忠诚度。因此《新闻长江号》的主持人在评论素养以及培养独特的个人主持风格方面还有待加强。主持人不是万能的，在专业性非常强的国际性问题上，让相关领域的专家对时事进行点评，这在一定程度上能满足"精英受众"的需求，但是相对于"普通受众"专业性太强，必然会造成传播的障碍。因此打造一种"主持人评论＋专业嘉宾评论＋资深媒体人评论"的"1＋N"的多元化、多观点、多角度的评论模式，可打破评论内容单一化的局面。

传播要带有强烈个性色彩，首先必须建立起"与话双方"的平等。[①] 一方面能充分展现传播者鲜明特色，同时也能与观众建立起亲近感。话语形态是节目的一个重要元素。《长江新闻号》在虚拟演播室设置上，可把音频连线改为视频连线，并使评论员能在同一时间段，"面对面"对同一问题提出自己的见解，产生观点的交流与碰撞，建立起双方的话语解释权。

（四）进一步整合经济带内的卫视资源，加强区域内媒体间的合作

区域经济的合作会促进文化上的交流与合作。加强区域内媒体资源的合作交流，充分调动各地媒体的新闻资源与人力、物力资源，不仅能够促进媒介资源的优化整合，而且能扩大节目的影响力，避免资源的重复浪费。随着网络技术飞速发展的4G时代的来临，跨媒体合作增强国际时评的互动性，打造全新多角度"立体化"评论模式是

---

① 参见孙玉胜《十年——从改变电视的语态开始（修订版）》，人民文学出版社2012年版。

媒体紧跟时代潮流的必然趋势。在多媒体共生竞争的时代，省级卫视创办国际新闻评论节目存在先天性的不足并不是难以破除的瓶颈。以共同价值取向为基础，以专业化内容为合作主线①，统合多种媒体形式的新闻评论资源，实现跨媒体合作，扩大影响力是解决瓶颈问题的重要突破口。不仅国内媒体之间要合作，省级卫视还可以利用资源将媒介触角延伸到国外，与国外权威媒体建立合作关系，拓展评论的广度与深度，构建更加多元化的评论视角。

电视国际新闻评论是未来新闻评论深化发展的一个重要趋向。在媒体竞争日益激烈的大数据时代，各省级卫视必须在坚持正确方针政策的背景下，根据本地文化习俗、接受习惯等因素，以受众信息需求为导向，在国际新闻选题上做出差异化选择的策略，对受众喜闻乐见的新闻热点进行评论解析。

五　公众在党报评论中的话语空间

——从《东湖放评》专栏评论看
党报如何"抓住"公众

美国社会学者莱特·米尔斯在其《社会学的想象力》书中，认为公众与大众有五大不同点：（1）就说话者的意见在听话者的接受比率而言：公众接受的比率高，为一比一；大众接受的比率低，为万分之一。（2）就对传播反应的可能性而言：公众可能有立即反应；大众反应比较困难。（3）就意见转变为行动的难易而言：公众将意见变为行动较为容易，大众将意见变为行动较困难。（4）就在社会中自治的程度而言，公众将维持自治；大众没有自治。（5）就传播统治方式而言：公众参与民主运作讨论；大众是由传播掌控社会，人民很少参与讨论。

对于信息社会而言，大众与公众有诸多不同，但变化却在一瞬间，理论上参与表达意见的人，已成为"公众"。作为信息传播对象

---

①　参见吴志明《我国传媒跨行业、跨媒体、跨区域发展研究》，硕士学位论文，武汉大学，2005 年。

的"大众"与"公众",其最大的区别在于兴趣取向、目标认知、注意力关注、意见表达的参与性和互动性等方面不同。具体区别为:"大众"表现为缺乏相同的兴趣,没有统一的目标,缺乏对信息的参与动力和互动能力,对他人的影响力和行动指导力较低。"公众"的组织性、共同目标性、对信息的参与动力和互动能力以及对他人影响力和行动指导力明显较高。信息的传播已从大众传播时代进入公众传播时代,信息社会已进入"大众"小众化专业化分众化后的"公众"群体时期。未来新闻评论存在的价值在于面向"公众"而不是"大众"。

作为党报《湖北日报》的《东湖放评》专栏评论在凸显"公众"群体、扩张"公众"话语空间方面主要有以下几方面的特点:

(一)贴近生活:聚焦"焦点"选题,抓住"公众"软实力建设

作者对 2012 年《东湖放评》专栏 1—4 月共 99 篇评论选题进行了分类(表 21—3):

表 21—3　　　《东湖放评》2012 年 1—4 月评论选题分类

选题类型	突发事件	社会	环境	公共卫生	时政	科技与经济	会议与改革	精神文明建设
篇数(99)	0	10	6	2	18	9	7	47

从表 21—3 看,在 99 篇评论中,精神文明建设选题最多,为 47 篇,占到所选样品中的 47.5%,;时政选题 18 篇,占到所选样品中的 18.2%;其次依次为:社会选题 10 篇,科技与经济 9 篇,会议与改革 7 篇,环境为 6 篇,公共卫生 2 篇,突发事件选题最少,为 0 篇。精神文明建设所面临的问题是当前举国上下关注的"焦点"问题,更是传媒着力的任务之一。在精神文明范围中,《东湖放评》评论选题主要集中在社会的和谐、幸福、团圆、公平、正义、平等、道德建设、节约诚信等方面。这些选题都是与公民日常生活息息相关的,最易在"公众"群体之间形成舆论场,最大限度地拉近了"公众"与党报的距离,打破了过去党报中政治一统评论的格局,也是评论选题贴近实际的实践之举。

（二）贴近实际：聚焦"中观"选题，立足"公众"需要和接受力

一个好的评论选题往往在于能结合社会实际，能触动读者神经，同时也要符合评论载体身份。但贴近不是附和，不是照相，不是献媚，更不是放弃舆论引导与职责。对于依附于《湖北日报》的专栏评论《东湖放评》来说，其选题不能停留于就事论事"微观"选题，或者高高在上、激不起"公众"话语欲的"宏观"选题。而是要选择那些社会关注度大、易形成"公众"话语参与性强的"中观"选题。在99篇样品作品中，立足于社会责任、公平正义平等、道德建设、节约诚信等中观选题评论占到绝大多数。这些选题共同特点是有由此及彼的开放性，有窥斑见豹的典型性，有发人深思的引导性。选题满足了"公众"兴趣、目标认知、注意力关注、意见表达的需要，也能让湖北地区"公众"对选题有效地接受、参与和互动。

（三）贴近群众：聚焦"民生"选题，促进社会稳定与发展

新闻和评论的"走基层"，要求媒体深入到群众之中，调查研究，掌握实情。新闻评论更是加强与受众互通的桥梁。虽然《东湖放评》评论专栏不像一些都市报评论的选题那样直接针对"民生"的衣食住行，但像《布衣风采》《生命的从容》《爱的奉献》等选题都是从公民的角度呼唤人的社会性。群体如何影响人们，特别是人们如何被他们的社会所影响是社会学的一个重要问题。评论关注、研究社会民生，可以运用整体性思维，立足社会背景去认识、分析与判断各种问题，以摆脱狭隘的个人视野，提供更具深刻性与力量型的意见性信息，从更深层拓展公众在党报评论中的话语空间，从而促进社会的稳定与发展。

《东湖放评》专栏在成长过程中也有不足，从选题的角度看主要体现在以下几方面。

其一，选题的批判性与质疑精神不够。当下中国社会处于社会发展矛盾的多发期，社会分配的不公、环境与经济发展的冲突、政治权力的扩张、官员的腐败、社会精神文明建设的矛盾等应该是新闻评论

特别是党报评论不能回避的问题，应该针对这些问题，进行深层次的思索，提出独立新颖、引发深思的观点，从而呈现出对社会生活批判与质疑的特点，最终引起社会各界的关注、重视并解决。在 99 篇抽样作品中，只有 9 篇选题具有质疑和批判性。《千湖之鉴》《词鉴当铭》《东湖生伤不起》3 篇是关于环境的批判与质疑；《治乱当出重拳》《警惕"火柴"之烈》2 篇是关于贪污腐败的批判与质疑；《文明的碎步》《除恶务尽》《莫赌人生》《谁也不要大牌》4 篇是关于社会、精神文明建设等方面的批判与质疑。无论选题数量还是范围，其批判与质疑精神都不够。

其二，选题的策划意识不足。新闻评论的传播效率受选题的针对性和选题的整合性的影响。选题策划者要善于把内容相关相连或相对的选题整合在一起，最大效应地发挥选题策划在传播效应方面的作用。每个选题都应讲究舆论引导和议题设置，发挥评论在社会责任上促进社会和谐和稳定的作用。每个选题都要有它的思想和内涵的深度，通过评论，可以阐明道理或者总结规律，这样的选题评论才会吸引受众的眼球，抓住受众的心理，启迪受众的思想。在 99 篇样品分析中，很难看到选题具有策划的痕迹。加上《东湖放评》评论文章大多在 200 字左右，除了其语言具有诗歌的特质，甚至有的完全是散文外，在内容上"公众"很难有强烈的阅读印象，恐怕选题的策划是评论专栏必须注重的问题了。

六　网络新闻评论与大学生舆论阵地

新闻院校作为培养新闻人才的摇篮，承担着向社会输送意见领袖的重要责任。在"互联网＋"时代，思想敏锐、活跃的大学生是网络舆论的主要生产者。因此，在"互联网＋"时代新媒体发展趋势下，如何利用网络新闻评论主导大学生舆论阵地，成为当前高校新闻教育的一项重要课题。

新媒体环境下，为更好利用网络新闻评论主导大学生舆论阵地，新闻院校选择以新闻评论课程为中心，以大学生为主体，以地方网络评论专栏为平台，创建了独特适用的高校—网络媒体联营的新闻评论人才培养模式，探索出以高校网络文艺评论为突破点的评论人才新路径。

2014 年至今，湖北大学东湖评论社团 20 余人，共发表 300 余篇网络评论文章，且大部分被"人民网""新华网""光明网"等全国知名网站全文转载，主导了大学生舆论阵地，取得一定社会影响力。

（一）网络新闻评论为工具

据第 36 次中国互联网络发展状况统计报告（2015 年 7 月）得知，截至 2015 年 6 月，我国 20—29 岁年龄段网民比例为 31.4%，在整体网民中占比最大，其中，大学生无疑是主要网络用户。互联网成为当代大学生联通社会的主要工具，也是大学生关注社会的主要窗口，其提供了大学生关注社会公共议题的渠道，搭建了大学生议论社会热点、焦点和敏感点的平台。正接受高等教育的大学生社会责任感强、思想活跃、思维敏锐，关心国家社会发展和网络事件，并积极参与公共事务讨论，更易成为网络舆论主力军。同时，在网络时代，新媒体受众大多是年轻一代，其更愿意接受活泼、新颖的表达方式；大学生接受能力强，知识储备足、观点原创性强；评论语言更符合网络特性，更易在互联网上形成意见领袖，直接引导舆论走向。所以，在当前思想多元、价值多元和舆论多元的新媒体环境中，网络新闻评论必将成为大学生舆论的主要阵地。

（二）网络评论专栏为平台

新闻评论课程是高校新闻传播学科专业必修课，也是应用新闻学的一个重要分支。当下大部分高校新闻评论课培养方案和教学计划还在沿袭传统培养模式，仍偏重传统媒体评论的讲授。尽管国内部分有影响力的新闻评论教材已在修订版中加入网络新闻评论部分，但依然对其重视不够。目前高校培养评论人才的体系严重滞后，所培育的评论人才难以应对新旧媒介融合发展的现实需求。因此，改革高校网络新闻评论人才培养模式意义重大。

首先，高校新闻教育不应与社会脱节，应顺应传统媒体和新媒体融合发展的时代需要。高校要在新闻评论课的教学目标、理念等方面不断探索培养新闻评论人才，以弥补市场空缺，符合社会需求；其次，高校向社会输出的网络评论人员的整体素养、职业操守应有所提高，能为未来以网络媒体为特征的社会输送合格网络舆论人才，成为网络评论人才培训的重要阵地。

在"互联网＋"时代，高校网络新闻评论人才培养，离不开优质新闻评论课程教学，更离不开网络评论专栏平台。新闻院校的优质新闻评论课程教学新模式就是以新闻传播学院的新闻评论课程为中心，以新闻系大学生为主体，以地方网络评论（如荆楚网《东湖评论》）名评论专栏为平台的高校—网络媒体联营的新闻评论人才教学模式。

（三）网络文艺评论为突破点

在实践中树立学生主体意识，将文艺评论作为教学实践改革突破点。文艺评论在一些高校有悠久历史和强势学科优势，能为新闻评论课程教学提供丰富评论理论资源。同时，当前文艺市场乱象，易引起大学生评论兴趣和关注。大学生平时知识积累也较多在于文艺范畴，易从知识上把握，不会触碰评论底线，评论空间较大。另外，2014年10月的北京文艺座谈会上，文艺繁荣更是被提到了民族复兴的高度，作为政府网络新媒体，必须牢牢守住文艺导向。所以，在教学实践中，将文艺评论作为新闻评论实践改革的重要突破点，既利用了大学资源，又集合了大学生兴趣，更能得到网络媒体支持。

在理论课程设置上，对网络文艺评论予以侧重，系统讲授在互联网时代文艺评论新的理论架构，不断提高学生独立思考能力和敏锐性，介绍不同媒体尤其是网络媒体的写作特点，夯实学生理论基础；在教学方法上，针对网络新闻评论发声速度快的特征，通过网络新闻评论经典案例激励学生进行课堂实践模拟点评，以此更好地锻炼学生在网络信息不断更迭中快速反应能力、思维能力和表达能力；在教学内容上重视学生在具体实践中结合学院自身特色，将当前网络文艺现象、文化娱乐化和快餐化等作为教学讨论内容，依托新闻评论课程，联合地方新媒体评论专栏，开掘课堂内外联盟的网络新闻评论人才培养路径，以此守住大学生网络舆论阵地。

第二十二章　湖北传媒业和旅游业
互动融合改革

一　湖北传媒业现状分析

随着文化体制改革的推进，湖北传媒业实现了较快发展。目前拥有湖北日报传媒集团、长江日报报业集团、湖北知音传媒集团和湖北长江出版传媒集团及湖北广播电视总台等传媒机构，媒介形态涉及电视、报纸、期刊杂志、网络等。据《中国传媒发展指数报告（2008）》显示，湖北省传媒发展总指数得分 2.78，在全国 31 个省市自治区中，名列全国第 17 位，处中等偏下水平。而湖北省媒介生产能力和媒介广告收入绝对额方面的指标都比较靠前，日报印数与报纸杂志广告收入都排在全国第 8 位。① 具体来说，湖北传媒业发展有如下特点：

（一）传媒产业内部，发展水平参差不齐

湖北传媒产业内部，不同类型的媒体发展速度参差不齐，发展阶段呈现出明显的"错位"，可概括为：纸质媒体增长迅速，电视媒体徘徊不前，新媒体尚处于起步阶段。首先，从全国范围来看，湖北的纸质媒体在全国是比较靠前的，并处于逐年上升趋势。以湖北日报传媒集团和长江日报报业集团为首的报纸方阵、以湖北知音传媒集团为首的期刊方阵和以湖北长江出版集团为首的出版方阵，均取得了不俗

---

① 参见喻国明《中国传媒发展指数报告（2008）》，社会科学文献出版社 2008 年版，第 143 页。

的业绩，比如"日报期印数、报纸杂志广告收入分别在全国第8，千人日报拥有量排在全国第9，这也是仅有的3个排进全国前10名的指标"。这些数字都肯定了湖北报业的发展速度。其次，再反观湖北的电视媒体，曾在有线电视和卫星电视起步阶段有不少创新之举，但均因为各种原因未能坚持创新，以致目前电视业徘徊不前，节目内容和品牌营销均未能实现较大突破，综合实力在全国排名不容乐观。相比中部省份的电视台水平也有一定差距，这使通过电视媒体争夺话语权有很大困难。再次，湖北的新媒体发展尚处于起步阶段，借力于转型阶段的湖北报业与网络媒体融合，网络媒体的发展迎来了新的契机。2008年7月，湖北日报传媒集团与腾讯集团合资创办的腾讯·大楚网上线，标志湖北有别于传统传媒体制的纯商业网站正式运行，网站以"最武汉、最生活"为网站定位，上线10个多月来，成为武汉最受欢迎的网站，日流量超千万。① 此外，位居全国省级重点新闻网站第7位的荆楚网，目前已拓展为荆楚网、省人民政府门户网、湖北手机报等3家网络媒体，建起了全省市县新闻网站、各地市县政府门户网站等三大网络基地，并努力筹备网络电视和网络出版这两个前沿文化产业。可见，新媒体的发展虽处于起步阶段，但若能充分依托湖北的传媒产业环境优势，仍可期待有厚积薄发之势。

（二）湖北省内部，地域间发展不平衡

受全省经济环境影响，湖北传媒业呈现出省会武汉市"一枝独秀"的格局。据CTR监测数据显示，武汉市2006年报纸日累计达到率75%，在全国32个中心城市排名第7，远高于全国主要城市平均水平65.5%；2006年报纸广告刊例额为20.48亿元，居全国36个中心城市第5；电视广告刊例额为56.41亿元，居监测的全国35个中心城市的第10；2006年全市广告额总计91.39亿元，在36个被监测城市中排名第8。可见优势传媒资源主要被位处武汉市的几家省级传媒机构所垄断，造成地市级传媒市场因人才、资源等因素制约，均未能

---

① 参见陈书华《锐意创新 不断进取——湖北日报传媒集团领跑传媒市场》，《中华新闻报》2009年4月14日。

有深入发展。同时，随着政策放开，处于强势地位的省级媒体开始在地市级媒体"跑马圈地"，争夺地级传媒市场的潜在资源。以湖北日报传媒集团为例，先后收购了宜昌的《三峡晚报》，创办了《楚天都市报·襄樊版》，轻松坐上当地商业广告的头把交椅。以平面媒体为例，湖北传媒市场的广告类型主要涉及房地产、机动车、旅游、医疗服务机构、商业零售及餐饮、中介服务机构、教育、通信和计算机等行业。但受全省经济布局影响，地市级传媒市场的蛋糕并不庞大，仅能维持媒体的生存和发展，谈较大盈利和再投资有一定困难。而省级媒体则进一步加大对优势广告资源的垄断地位。传媒区域间发展的不平衡在湖北省尤为明显。

（三）传媒经营方式亟须提高，广告增长持续走低

湖北省媒介生产能力和媒介广告收入绝对额方面的指标虽然都比较靠前，但广告增长率与广告占 GDP 的比重，这两个指标在全国排名比较靠后，尤其是广告增长方面，"2006 年广告收入比 2005 年下降 10.5%，增长率排全国最后一名"①。这充分说明了湖北传媒的经营方式仍然以粗放型为主，市场细分不够，媒体过于同质化，从而直接导致了广告增长速度缓慢，传媒缺乏对自己读者的精准定位，因此也没有相应地得到高质量的广告投放。这从一个侧面也说明，湖北媒体与其他行业的融合度不高，媒体活跃度欠缺，从而间接地影响到传媒经营状况。

二　湖北旅游业现状分析

自 2007 年起，湖北旅游业发展速度开始加快，旅游各项经济指标创历史最高水平。当年，湖北省旅游总收入 640.87 亿元，同比增长 18.74%，占总产值的 7.00%，占第三产业的 17.64%。湖北旅游业已发展成第三产业的龙头和国民经济新的增长点，显示了较强的带

---

① 喻国明：《中国传媒发展指数报告（2008）》，社会科学文献出版社 2008 年版，第 141 页。

动辐射功能，这对促进经济结构优化、做大做强全省服务业、支撑全省服务业较快发展、提高湖北服务业在 GDP 中所占比重起到了重要作用。① 具体来说，湖北旅游业特点如下：

（一）旅游市场结构、产品结构不断优化

目前，湖北旅游业的市场结构正在经历一次重要的结构转型，即从单一注重国际市场发展到国内国际并重。从国际市场上看，初步形成相对稳定的、逐步恢复的、正在开发的三个旅游市场梯次结构和远、中、近相结合的市场格局，其中欧洲、美洲、亚洲是湖北国际市场的重要组成部分。从国内市场看，国内市场的开发近些年成了湖北旅游业振兴的"重头戏"，注重挖掘省内旅游市场和周边省份旅游市场。据湖北旅游业相关统计数据显示，2007 年湖北国内旅游市场结构有所优化，国内旅游接待人数 10134.53 万人次，同比增长 19.8%；国内旅游总收入 609.4 亿元，同比增长 18.5%。通过调整优化结构，湖北旅游产业的综合素质得到一定提升，正从旅游由数量规模型向质量效益型转轨。同时，旅游产品结构也正在优化。

（二）旅游服务基础建设日趋完善

近几年，湖北积极开展的一系列促进旅游发展的相关活动，如城市创优、旅行社创强、饭店创星、景区创 A、厕所创星、导游创佳的"六创"活动，使湖北整体服务质量有了较大提高，已经形成了分布面积广而且集中的旅游服务体系。餐饮部门初步形成了包容各种风味、各种菜式、各种档次的餐饮服务体系；住宿方面的条件进一步提升；全省基本形成了水陆空齐备的旅游交通条件和四通八达的交通网络；各景区基础设施建设得到了加强，环境质量得到了改善，经营秩序得到了好转，安全意识和措施得到了巩固，基本达到了带动旅游行业提质增效的目的。总之，湖北旅游服务体系日趋完善，食、住、行、游、购、娱各方面发展日趋完善。

---

① 湖北省统计局：《湖北省 2007 年国民经济和社会发展统计公报》，2010 年 1 月，湖北省统计局门户网站（http://www.stats-hb.gov.cn/wzlm/tjgb/ndtjgb/hbs1/12.htm）。

（三）各地区旅游发展不平衡

湖北各地区旅游发展不平衡，出现了武汉"一头独大"的格局。以国内旅游收入为例，2007 年全省共实现旅游收入 609.4 亿元。湖北一共 17 个市，其中武汉市接待国内游客 3889.07 次，占全省的 38.4%，收入 296.98 亿，占全省收入的 48.73%，而旅游资源十分丰富的宜昌、襄阳等市国内旅游收入分别只占到全省的 11.08% 和 6.48%，地区发展存在严重的不平衡，国际旅游方面也同样如此。

从全国区域经济发展态势来看，当前在全国的区域竞争当中，长三角、珠三角等城市圈中，一级城市上海、广州等发展是一马当先的，但其二级城市与一级城市发展的悬殊却不是很大。基于武汉一市独大，湖北省统筹规划，积极"东移""西进"，打造"武汉城市圈"和"鄂西生态文化旅游圈"，将重点城市的功能和旅游环境与周边地区丰富的资源、低成本的劳动力相结合，整合优势、统筹发展。当然，目前湖北旅游业处在战略转型阶段，中心城市辐射带动力日益增强，基础设施逐步改善，投资规模逐步加大，旅游功能的供应延伸链已经显现。但相比全省丰富的旅游资源，目前的旅游产品结构亟待升级。

三　湖北传媒业和旅游业互动融合现状

传媒业的发展离不开对信息的大量需求，而旅游业的发展则建立在对信息的大量输出的基础上，因此传媒业与旅游业的融合是一项双赢，甚至可以说是三赢的合作，不仅促进了传媒业、旅游业自身产业的发展，也有利于带动旅游地的基础设施建设、当地人民生活水平的提高。

近年来，湖北传媒业与旅游业的相互渗透逐渐增多，形式逐渐多元化。以平面媒体为例，目前湖北尚无专业性旅游类报刊，旅游类专业杂志有湖北画报社主办的《湖北画报·湖北旅游》和武汉市旅游局主办的《武汉旅游》，但以赠阅为主，影响力和传播范围很小。日报和期刊则安排旅游专页，《湖北日报》在节假日开辟旅行服务参考，其他日报则设立了较为固定的旅游周刊。从广播电视媒体看，湖北既无旅游专业电视频道，也缺少具有一定特色的专题节目。从网络媒体来看，旅游网络媒体分为四类别：旅游目的地网站，由政府（省旅游局）、旅游景区点建成旅游信息网，主要提供网上资讯；旅游咨询服务专线网，通过问讯中心、游客中心和旅游自助查询系统提供旅游咨询服务；旅行社和专业旅游网站建立的电子商务网络，开展网上订房、订票业务；门户网站通过"旅游论坛"等方式发挥互动优势，吸引网民参与讨论，提高点击率。湖北传媒对此均有涉足，但缺乏有影响力的品牌。总的来说，目前两个产业的合作还处于"渗透阶段"，尚未形成真正的你中有我、我中有你的"融合"局面，主要表现在以下方面：

（一）观念上，二者合作主动性有待提高

目前二者合作主要还是以传媒业"一厢情愿"为主和政府推动为主，旅游业除发布旅游产品信息外，并无其他合作之举。查阅湖北的报纸媒体，涉及旅游的信息发布主要还是传媒业从自己发展的角度出发，一方面刊登旅游出行信息，另一方面通过议程设置来提高读者对报纸的参与程度，促进报纸在特定节假日的销售。以《长江商报》为例，平时主要登载旅行社报价等广告信息，重要的节假日时则安排相关版面刊登出行参考。以武汉城市圈境外旅游宣传促销为例，该圈大型的境外专题旅游宣传活动极少，旅游的外文宣传资料不够系统，外文旅游宣传网站建设滞后，咨询和其他旅游信息服务有待加强，主要原因在于城市圈传媒业对旅游整体境外宣传意识缺乏。目前，用于武汉城市圈接待的宣传多见于与武汉城市圈相关的网站，如武汉城市圈门户网站（www.whcsq.gov.cn）和武汉城市经济圈（www.hbwhjjq.gov.cn），而外文旅游宣传网站建设则滞后。

在议程设置和旅游体验活动方面，旅游业主动参与不多。2008年8月后，逐步加强与传媒业的合作主要得益于新休假制度的出台和湖北省建设"鄂西生态文化旅游圈"，一定程度上改变了人们出游方

式、出游习惯和旅游行业对旅游宣传的认识，合作主动性有所提高。这期间，旅游消费券的发放、旅游产业论坛相继开展，对后续的合作起到很好的示范作用。

（二）内容上，以资讯传播为主，缺少人文关怀

传统媒体对旅游都是开菜谱式的介入，表现给受众的是丈量地球＋扫描景物，此种方式已难被业界所认同。针对后旅游时代的特点，旅游宣传应采用源头式媒体介入：体验自然，感知人文。这也是现代新兴旅游产品设计推广成功的因素。例如著名的道城，就是著名摄影家与媒体完美结合的典范，著名摄影师用他的激情、用他的相机、用他的心灵去感知，传达给受众，并对受众产生了巨大的冲击力，因此很快成功。它的成功是以山地、植被、冰雪等自然景观为主体。①

旅游应该是综合享受，是视觉＋身体体能付出＋经济付出的一种享受。人们最终回味旅游感受最大的是视觉表现，旅游场景给人印象最深。部分旅游节目或过于注重旅游区的参与性项目介绍或功能性景点的介绍，注重经济投入的项目营销，没有深入挖掘旅游文化内蕴。即使一些节目有这方面的考虑，也大多是做表面文章。景观只是区域旅游的外观，知识和文化才是旅游节目的灵魂。在旅游营销过程中，还存在单纯用广告引来的客源绝对量来评价营销效果的现象，忽视了区域文化传播对于区域旅游可持续发展的重要性。

对比，2007 年 4 月—2008 年 3 月和 2008 年 4 月—2009 年 3 月的《长江商报》旅游新闻报道可以发现，尽管其数量在增多，但囿于"观景"唱"四季歌"，旅游报道"年年岁岁花相似"，多是旅游景点、饭店、旅游交通路线等信息，大旅游观念明显不足（表 22—1）。分析 2008 年 4 月—2009 年 3 月的《长江商报》旅游版面可发现，80% 以上的版面为旅游产品报价广告，导致旅游类版面单调乏味（图 22—1）。

---

① 参见刘月珍《旅游业媒体如何牵手》，《中华工商时报》2002 年 7 月 26 日商旅版。

表22—1　　　　　　《长江商报》旅游新闻对比分析　　　　　　（条）

	2007. 4—2008. 3	2008. 4—2009. 3
旅游业资讯报道	120	170
旅游景区和景点展示	20	30

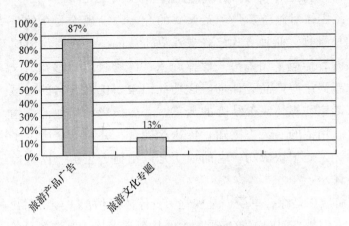

图22—1　《长江商报》旅游新闻版面比例分析

（三）效果上，旅游受众群体定位单一

旅游之美在于深入其间的"体验过程"，旅游节目也不例外。不同的旅游方式传达的是不同的旅游体验和旅游理念。当前因为缺乏对上述概念的深层挖掘，影响了广播电视旅游节目的体验特性，影响了平面媒体旅游版面的美感体验。

同时，受众集中，目标过于窄化。当前，大多数媒体的受众群体选择具有一定消费实力的年轻人和中年人，但是旅游发展有其自身规律，对老年、少年儿童旅游市场也不可忽视。时下，人口老龄化的现象日趋严重，与之相伴随的是一个新兴经济景观的加速形成，人们形象地称之为"白发经济"。所谓白发经济，就是专门满足老龄人学习、娱乐休闲、医疗保健等各方面需求的经济产业。大力发展白发经济是日本、欧洲等已有突出老龄化社会特点国家的普遍做法。发展"白发经济"既是在老龄社会为老年人提供丰富多彩的生活选择、关爱老年人的重要表现，也不失为扩大内需、寻找新的经济增长点的好途径。2009年中秋，杭州的一些旅行社从传统节日里掘金，推出了一些带有浓郁传统风情的特色线路。如"打着灯笼漫步白堤，一起品尝甜美的月饼"活动。其主要针对人群就是具有浓浓怀旧情结的"白发一族"。针对老年人的需求，张家港国泰国际旅行社推出了专为老年人度身定制的"夕阳红"线路。据国泰国旅资深导游孔小姐介绍，"夕阳红"每年推出春秋两季，一共精选了国内19条精品线路。这些线路都是根据历年来老年人的出游意向和喜好设计的。

受众定位片面化、窄化，不能满足不同层次受众的多样需求，也不利于大旅游的长期发展。以《长江商报》和《长江日报》为例，其旅游信息传播定位单一，不少其他群体只能局限地接受相关旅游产品报价信息，对旅游产品的深层次理解不够，影响其出游兴趣。同时，随着国际化程度提高，在湖北工作的外国人士越来越多，他们的出行兴趣也值得好好关注。

（四）软件上，缺乏高级专业人才

随着旅游业的迅速发展，旅游的内涵与外延越来越丰富，它所包含的社会层面越来越广泛，这对旅游人才与旅游教学提出了越来越高的要求。目前，湖北旅游从业人员专业背景比较单一，外语、传媒、营销等技能性专业比重不足10%，旅游及管理专业背景从业人员比重较大。[1] 在相关复合型专门人才引进和培养方面，湖北要远远落后于旅游业发达省份，同时，受旅游人才"洼地效应"影响，相关行业背景的旅游人才大量流失，造成既懂传媒运作、又懂旅游经营管理的复合型人才紧缺。

当前，旅游学科建设还没有与其他学科交叉融合，例如新闻传播学科。从目前来看，旅游业高级人才供给远远跟不上发展的步伐，高级管理人员、高级专业技术人员成了湖北乃至中国旅游业最紧缺的抢手资源。当然，高级专业技术人才包括既懂传媒也懂旅游的人才。这个现状让旅游院校实力强劲的湖北高校有所思考，特别是在本科生、硕士生、博士生的培养当中，必须培养行业内的高级人才。毕竟，优

---

[1] 参见刘承良、熊剑平、章晴《湖北省旅游人力资源发展评析与趋势预测》，载《2007年湖北省旅游发展研究报告》，科学出版社2008年版，第102页。

秀人才的注入，是旅游行业快速发展的保障，是行业发展的希望所在。

（五）硬件上，旅游资源开发深度不够

湖北地处长江中游，中国腹地，万里长江自西向东横穿荆楚大地，纵横交错的河流和星罗棋布的湖泊，构成了"水乡泽国"的绮丽景观；山脉的多样性和差异性，使湖北自然景观异彩纷呈。同样，湖北历史悠久，文化发达，楚文化根基深厚，特色鲜明，影响很大。应该说，不管是自然景观还是人文景观，湖北的旅游资源均相当丰富，但因为管理体制、配套建设等历史原因影响，开发利用缺乏深度，层次不高，满足一般观光和视觉需要的自然及人造景点较多，而参与娱乐、陶冶情操的高档次旅游项目比较缺乏。如此一来，传媒业与旅游业的合作缺乏必要的硬件基础。

透过传媒看到旅游业中蕴藏巨大潜力，借用旅游这面镜子，折射出传媒得天独厚的影响力。旅游业要做大、做好、做强，离不开市场，而走向市场关键一步就是借用传媒的公信力和影响力。同样，旅游景观作为旅游者吸引物，无论它本身具有多大的文化、社会和观赏价值，如果没有国内外游客的观光、欣赏和消费，就会造成极大的社会资源浪费，何况旅游资源开放得不够好。比如，东方明珠电视塔作为上海市地标性建筑物，吸引了大量的中外游客，2006 年已达到了350 万人次，日均接待近万人，最高客流量达到 3.5 万人。为了应对观光旅游向休闲旅游的转变，东方明珠对下球体进行了综合改造，修建了太空馆、综合演出区、餐饮娱乐广场和凌空漫步区，同时新增动感影院、F14、模拟战斗机、单轨滑车和眩晕舱等时尚娱乐项目。这些项目经过众多传媒的大力宣传，为其带来可观的经济收入。[1]

---

① 参见王梦捷《谈旅游与传媒的和谐发展》，《发展》2008 年第 6 期。

参考文献

一 中文著作

［1］卜宇：《区域性主流媒体策略研究》，人民出版社 2009 年版。

［2］陈力丹：《马克思主义新闻思想概论》，复旦大学出版社 2003 年版。

［3］《邓小平文选》第 2 卷，人民出版社 1994 年版。

［4］《邓小平文选》第 1 卷，人民出版社 1994 年版。

［5］《邓小平文选》第 3 卷，人民出版社 1993 年版。

［6］黄凤祝：《城市与社会》，同济大学出版社 2009 年版。

［7］黄升民、宋红梅等：《广电媒介区域化进程研究——中国城市广播电视媒介区域化生存与发展》，中国国际广播出版社 2009 年版。

［8］黄旦：《传者图像：新闻专业主义的建构与消解》，复旦大学出版社 2005 年版。

［9］《江泽民文选》第 1 卷，人民出版社 2006 年版。

［10］冷述美：《媒体管理案例研究》，中国传媒大学出版社 2006 年版。

［11］刘福垣：《中原城市群战略与规划》，经济科学出版社 2011 年第 1 版。

［12］李玉江主编：《城市群形成动力机制及综合竞争力提升研究——以山东半岛城市群为例》，科学出版社 2009 年版。

［13］李捷理：《社会网络与族裔经济的发展——社会学》，中国人民大学出版社 2007 年版。

[14]《毛泽东文集》第 1 卷，人民出版社 2004 年版。

[15]《毛泽东选集》第 4 卷，人民出版社 1991 年版。

[16]《毛泽东新闻工作文选》，新华出版社 1983 年版。

[17] 庞晶：《城市群形成与发展机制研究》，中国财政经济出版社 2009 年版。

[18] 秦尊文：《长江中游城市群构建》，湖北人民出版社 2010 年版。

[19] 秦尊文：《第四增长极：崛起的长江中游城市群》，社会科学文献出版社 2012 年版。

[20] 任平：《交往实践的哲学》，苏州大学出版社 1999 年版。

[21] 邵培仁、杨丽萍：《媒介地理学》，中国传媒大学出版社 2010 年版。

[22] 宋红梅：《中国区域媒体发展研究》，中国传媒大学出版社 2007 年版。

[23] 孙旭培：《中国传媒的活动空间》，人民出版社 2004 年版。

[24] 温强洲主编：《长江流域城市经济布局》，中国地质大学出版社 1992 年版。

[25] 王秉安等：《区域竞争力理论与实证》，航空工业出版社 2000 年版。

[26] 谢咏才、李红艳：《中国乡村传播学》，知识产权出版社 2009 年版。

[27] 余秀兰：《中国教育的城乡差异——一种文化再生产现象分析》，教育科学出版社 2004 年版。

[28] 喻国明：《中国传媒发展指数报告（2011）》，人民日报出版社 2011 年版。

[29] 张昆：《大众媒介的政治社会化功能》，武汉大学出版社 2003 年版。

[30] 张宁：《媒介社会学》，中山大学出版社 2010 年版。

[31] 钟瑛：《网络传播管理研究》，中国社会科学出版社 2014 年版。

[32] 张国良：《新闻媒介与社会》，上海人民出版社 2001 年版。

［33］周鸿铎：《区域传播学导论》，中国纺织出版社 2005 年版。

［34］曾万涛：《中国城市群联市制研究——以长株潭为例》，东南大学出版社 2010 年版。

［35］中国社会科学院新闻研究所、中国新闻学会联合会编：《中国新闻年鉴（1990）》，中国社会科学出版社 1991 年版。

［36］中国社会科学院新闻研究所、中国新闻学会联合会编：《中国新闻年鉴（1995）》，中国社会科学出版社 1995 年版。

［37］中国社会科学院新闻研究所、中国新闻学会联合会编：《中国新闻年鉴（1997）》，中国社会科学出版社 1997 年版。

［38］中国社会科学院新闻研究所、中国新闻学会联合会编：《中国新闻年鉴（2002）》，中国新闻年鉴社 2002 年版。

［39］中华文化学院编：《区域文化与中华文化》，知识产权出版社 2010 年版。

二　中文译著

［40］马克思、恩格斯：《马克思恩格斯全集》第 39 卷，人民出版社 1974 年版。

［41］马克思、恩格斯：《马克思恩格斯全集》第 7 卷，人民出版社 1961 年版。

［42］马克思、恩格斯：《马克思恩格斯全集》第 1 卷，人民出版社 1971 年版。

［43］马克思、恩格斯：《马克思恩格斯全集》第 2 卷，人民出版社 1975 年版。

［44］马克思、恩格斯：《马克思恩格斯全集》第 43 卷，人民出版社 1961 年版。

［45］马克思、恩格斯：《马克思恩格斯全集》第 1 卷，人民出版社 1962 年版。

［46］［美］阿列克斯·英克尔斯：《从传统人到现代人》，顾昕译，中国人民大学出版社 1992 年版。

［47］［美］彼得斯：《交流的无奈：传播思想史》，何道宽译，华夏出版社 2003 年版。

［48］［美］丁尔苏：《符号学与跨文化研究》，谢天振、陈思和、宋炳辉编，复旦大学出版社 2011 年版。

［49］［美］戴维·迈尔斯：《社会心理学》，张智勇等译，人民邮电出版社 2006 年版。

［50］［英］迪克·赫伯迪格：《亚文化：风格的意义》，陆道夫、胡疆锋译，北京大学出版社 2009 年版。

［51］［美］弗朗西斯·福山：《历史的终结及最后之人》，黄胜强等译，中国社会科学出版社 2003 年版。

［52］［法］古斯塔夫、勒庞：《乌合之众》，冯克利译，中央编译出版社 1998 年版。

［53］［美］克利福德·格尔茨：《文化的解释》，韩莉译，译林出版社 1999 年版。

［54］［美］利贝斯、卡兹：《〈达拉斯〉的跨文化解读》，刘自雄译，华夏出版社 2003 年版。

［55］［加］马歇尔·麦克卢汉：《理解媒介：论人的延伸》，何道宽译，商务印书馆 2000 年版。

［56］［法］皮埃尔·布迪厄、［美］华康德：《实践与反思——反思社会学导引》，李猛等译，中央编译出版社 2004 年版。

［57］［法］皮埃尔·布迪厄：《论符号权力》，吴飞译，载贺照田编《学术思想评论》第 5 辑，辽宁大学出版社 1999 年版。

［58］［美］沃尔特·李普曼：《舆论学》，林珊译，华夏出版社 1989 年版。

［59］［美］沃尔特·李普曼：《公众舆论》，阎克文、江红译，上海人民出版社 2006 年版。

［60］［美］约翰·费斯克：《传播研究导论：过程与符号》，许静译，北京大学出版社 2008 年版。

三　中文论文

［61］陈庆华：《省地电视台片头包装与区域文化的符号学分析》，《西南民族学院学报》（哲学社会科学版）2001 年第 7 期。

［62］陈富清：《新闻宣传工作的纲领性文献——学习习近平总

书记在全国宣传思想工作会议上的重要讲话》,《中国广播电视学刊》2013 年第 11 期。

[63] 陈世海:《农民工回流辨析:基于现有研究的讨论》,《农林经济管理学报》2014 年第 3 期。

[64] 陈藻:《我国农民工就业代际差异研究——以成都市为例》,《人口学刊》2011 年第 2 期。

[65] 陈刚强、李郇、许学强:《中国城市人口的空间集聚特征与规律分析》,《地理学报》2008 年第 10 期。

[66] 陈益元:《新中国成立初期中国共产党农村政权建设研究述评》,《中共党史研究》2014 年第 3 期。

[67] 陈晓莉:《农村社会管理中基层党组织的社会整合功能》,《理论探讨》2011 年第 3 期。

[68] 陈浩天:《回应性治理:农户需求与国家政策整合的基层面向》,《西北师大学报》(社会科学版)2014 年第 6 期。

[69] 陈雁、郑宏范:《唱响主旋律,打好主动仗》,《人民日报》2000 年 1 月 12 日。

[70] 丁柏铨:《论胡锦涛讲话对中共新闻思想的继承和发展》,《当代传播》2008 年第 4 期。

[71] 邓大才:《社会化小农与乡村治理条件的演变——从空间、权威与话语维度考察》,《社会科学》2011 年第 8 期。

[72] 狄金华、钟涨宝:《从主体到规则的转向——中国传统农村的基层治理研究》,《社会性研究》2014 年第 5 期。

[73] 邓大才:《在社会化中研究乡村——中国小农研究单位的重构》,《社会科学战线》2009 年第 5 期。

[74] 丁柏铨:《论公众意见表达及与政府、大众传媒的关系》,《西南民族大学学报》(人文社科版)2009 年第 4 期。

[75] 邓宗豪、甘悦:《城镇化进程中农民工的城市融入问题》,《甘肃社会科学》2014 年第 6 期。

[76] 方华、刘洋:《新生代农民工将来都不愿意从事农业吗——基于六省份新生代农民工调查的分析》,《农业技术经济》2012 年第 10 期。

［77］付建军：《精英下乡：现代国家整合农村社会的路径回归——以大学生村官为例》，《青年研究》2010 年第 3 期。

［78］管艳霞：《中山流动人口社会融合与大众传媒报道策略——以〈中山商报〉关于流动人口的报道为例》，《中国报业》2012 年第 24 期。

［79］高巍：《以加强流动党员管理引领流动人口管理》，2011 年 12 月，人民网。

［80］顾东东、杜海峰、刘茜等：《新型城镇化背景下农民工社会分层与流动现状》，《西北农林科技大学学报》（社会科学版）2016 年第 4 期。

［81］尕锋盘山：《中国共产党典型宣传工作研究》，《西南大学》第 2011 期。

［82］黄灿：《城镇化进程中农民的思想状况分析——基于河南省滑县瓦岗寨乡的调查》，《中共郑州市委党报》2011 年第 1 期。

［83］黄晓军：《竞合背景下传媒的区域化和区域传媒》，《国际新闻界》2011 年第 1 期。

［84］黄振华：《城镇化进程中的农民需求——基于 7687 位农民的实证分析》，《社会科学》2014 年第 6 期。

［85］胡伟、柯新利：《中国城镇化、工业化协同发展的区域差异及演变路径》，《城市问题》2015 年第 10 期。

［86］黄辉祥：《"民主下乡"：国家对乡村社会的再整合——村民自治生成的历史与制度背景考察》，《华中师范大学学报》（人文社会科学版）2007 年第 5 期。

［87］胡锦涛：《始终坚持先进文化的前进方向，大力发展文化事业和文化产业》，《人民日报》2003 年 8 月 13 日。

［88］胡锦涛：《在人民日报社考察工作时的讲话》，《人民日报》2008 年 6 月 21 日。

［89］贾绘泽：《关于农村主流意识形态宣传的思考》，《思想政治教育研究》2010 年第 26 卷第 6 期。

［90］金三林等：《新时期农民工总体特征及发展趋势》，《开放导报》2011 年第 4 期。

［91］江峰：《中国红色文化生成的系统要素透析——以大别山红色文化为例》，《北京师范大学学报》2010 年第 5 期。

［92］江峰：《大别山红色文化资源保护与利用的影响因子透析》，《黄冈职业技术学院学报》2011 年第 4 期。

［93］康治民、王岩：《加强农民思想政治教育 促进农村城镇化进程》，《黑龙江科技信息》2009 年第 27 期。

［94］李荣启：《谈谈宣传思想工作的新意识》，《群众》2002 年12 期。

［95］罗峰：《流动中的农民异质化及其社会治理》，《湖北大学学报》2014 年第 1 期。

［96］梁书民：《中国城镇化区域差异的原因分析与发展对策》，《人口与发展》2015 年第 21 期。

［97］李增元、程又中：《赋权、放权与维权：转型期的农村基层善治及其实现途径》，《华中师范大学学报》（人文社会科学版）2014 年第 1 期。

［98］李增元：《开放、流动社会中的农村社区治理改革与创新》，《社会主义研究》2014 年第 2 期。

［99］罗峰：《农民、社区与服务：三维视野下的农村社区服务边界》，《华中农业大学学报》（社会科学版）2015 年第 1 期。

［100］李增元、葛云霞：《集体产权与封闭乡村社会结构：社会流动背景下的农村社区治理——基于温州的调查分析》，《甘肃行政学院学报》2014 年第 3 期。

［101］李娟：《"文化整体论"：中国当代红色文化研究的视角转换》，《文艺理论与批评》2014 年第 6 期。

［102］吕玉辉：《影响公民政治社会化的大众传播媒介因素分析》，《重庆邮电学院学报》（社会科学版）2004 年第 8 期。

［103］李增元：《乡村社区治理研究：分析范式、分析方法及研究视角的述评》，《甘肃行政学院学报》2012 年第 4 期。

［104］李良荣、张春华：《论知情权与表达权——兼论中国新一轮新闻改革》，《现代传播》（中国传媒大学学报）2008 年第 4 期。

［105］李帆、王振伟：《湖北省新型城镇化发展水平测度及区域

差异分析》,《统计与决策》2016 第 19 期。

[106] 李向阳:《论政治文明与媒体权利》,《现代传播》(中国传媒大学学报) 2013 年第 6 期。

[107] 刘慧媛、黄月梅:《中国城镇化的区域差异及与经济增长的相关分析研究》,《上海金融学院学报》2016 年第 2 期。

[108] 吕文明、刘海燕:《湖南省城镇化区域差异与协调发展对策》,《经济地理》2007 年第 3 期。

[109] 罗小龙、许骁:《"十三五"时期乡村转型发展与规划应对》,《城市规划》2015 年第 3 期。

[110] 梁晓:《建国初期土地改革运动中宣传动员研究综述》,《内蒙古农业大学学报》(社会科学版) 2015 年第 4 期。

[111] 刘晔:《治理结构现代化:中国乡村发展的政治要求》,《复旦学报》(社会科学版) 2001 年第 6 期。

[112] 李雨宣:《论丛:充分尊重受众的知情权》,《甘肃日报》2008 年 9 月 17 日。

[113] 李宗建:《与时俱进的宣传思想工作——以天津市规划局宣传思想工作的调查为例》,硕士学位论文,南开大学,2010 年。

[114] 李孝祥:《再度阐释:社会学家从美国大众传播研究中"退场"之原因》,《武汉大学》2015 年第 15 期。

[115] 李浩:《农民工劳动力供给行为异动与或然走向》,《改革》2012 年第 6 期。

[116] 马广宁:《农村社会流动与"草根文化"二者之间相互影响》,《法制与社会》2008 年第 2 期。

[117] 齐淑伟:《关于如何做好基层宣传思想文化工作的思考》,《奋斗》2013 年第 12 期。

[118] 孙玉娟:《中国城镇化进程中农村精神文明的重构》,《山东农业大学学报》(社会科学版) 2005 年第 2 期。

[119] 田海舰、舒民、张晓光:《社会主义核心价值体系建设面临的思想挑战及对策》,《邯郸学院学报》2008 年第 3 期。

[120] 田心铭:《略论意识形态工作的几个问题——学习习近平总书记在全国宣传思想工作会议上的讲话精神》,《马克思主义研究》

2013 年第 12 期。

　　［121］佟光霁、关国才：《新型城镇化进程中地方政府与农民的利益博弈分析》，《内蒙古社会科学》（汉文版）2016 年第 1 期。

　　［122］陶德麟：《践行马克思主义的实践观为实现中国梦而奋斗》，《光明日报》2013 年 4 月 16 日理论版。

　　［123］王甫勤：《西方社会流动研究综述》，《兰州学刊》2008 年第 8 期。

　　［124］吴晓义、缴润凯：《转型时期的信仰缺失及其对个体心理健康的影响》，《东北师大学报》2006 年第 1 期。

　　［125］王玉珠：《新媒体、区域传播与文化软实力提升》，《重庆社会科学》2014 年第 3 期。

　　［126］魏丽莉、张明凡：《中国城镇化区域差异的影响因素分析》，《统计与决策》2014 年第 19 期。

　　［127］吴忠民：《中国社会主要群体弱势化趋向问题研究》，《东岳论丛》2006 年第 2 期。

　　［128］吴海峰：《我国农民工问题的现状与发展趋势》，《毛泽东邓小平理论研究》2009 年第 9 期。

　　［129］魏智慧：《乡土性与现代性：集镇社区动员机制的可行性分析》，《社会科学战线》2016 年第 8 期。

　　［130］王越、费爱华：《从组织传播到大众传播：国家治理乡村社会的策略演进》，《南京社会科学》2012 年第 4 期。

　　［131］王共蒙：《浅议中国共产党对农村社会的整合》，《内蒙古农业大学学报》（社会科学版）2014 年第 2 期。

　　［132］王洪涛：《我国城镇化发展的区域差异及对策》，《中国商贸》2013 年第 10 期。

　　［133］徐勇：《"宣传下乡"：中国共产党对乡土社会的动员与整合》，《中共党史研究》2010 年第 10 期。

　　［134］行俊文：《加强基层宣传思想工作的实效性》，《市场周刊》（理论研究）2013 年第 11 期。

　　［135］许振波：《自媒体时代农村宣传工作面临的新问题与对策》，《理论学习》2014 年第 8 期。

［136］徐勇：《"政策下乡"及对乡土社会的政策整合》，《当代世界与社会主义》2008 年第 1 期。

［137］习近平：《意识形态工作是党的一项极端重要的工作》，2013 年 8 月 20 日，新华网。

［138］徐光春：《深入学习研究实践江泽民的新闻思想》，《光明日报》2002 年 9 月 27 日。

［139］叶苗：《让 40 万新市民融入和谐新北仑——从徐义胜典型宣传看北仑区流动人口宣传思想工作的探索与实践》，《宁波通讯》2008 年第 2 期。

［140］闫振寰、吕利雅：《先进基层党员宣传以何信服群众?》，《采写编》2011 年第 6 期。

［141］杨平：《做好少数民族地区宣传思想工作的思考》，2009 年 9 月，红网。

［142］叶苗：《让 40 万新市民融入和谐新北仑——从徐义胜典型宣传看北仑区流动人口宣传思想工作的探索与实践》，《宁波通讯》2008 年第 2 期。

［143］姚亚伟、吴佩：《城镇化进程中被征地农民的社会保障现状及对策分析》，《安徽农业科学》2005 年第 7 期。

［144］杨浩昌：《中国城镇化对经济增长的影响及其区域差异——基于省级面板数据的分析》，《城市问题》2016 年第 1 期。

［145］杨晓军：《农民工对经济增长贡献与成果分享》，《中国人口科学》2012 年第 6 期。

［146］严卿：《新中国成立以来中国共产党与农民政治信任关系演进的历史经验》，《湖南师范大学社会科学学报》2016 年第 1 期。

［147］袁小平、潘明东：《农村社区建设中社会动员的现状、问题与对策——来自江西省 9 个村的实地调查》，《南昌大学学报》（人文社会科学版）2016 年第 5 期。

［148］尤琳、陈世伟：《国家治理能力视角下中国乡村治理结构的历史变迁》，《社会主义研究》2014 年第 6 期。

［149］张艳国、黄家顺、袁北星、徐龙福：《论当代宣传思想文化工作理念创新》，《江西师范大学学报》（哲学社会科学版）2011

年第 4 期。

[150] 张友庭：《污名化情境及其应对策略：流动人口的城市适应及其社区变迁的个案研究》，《社会》2008 年第 4 期。

[151] 张光辉：《新传播环境下主流媒体掌握舆论监督主导权的意义与路径》，《中国记者》2010 年第 12 期。

[152] 张昆：《大众媒介的政治属性与政治功能》，《武汉大学学报》（人文科学版）2006 年第 1 期。

[153] 张瑜烨、邱立：《网络新闻评论何以主导大学生舆论阵地》，《中国教育报》2017 年 2 月第 13 期。

[154] 张博：《大众传媒的变迁与政治社会化功能》，《湘潮》（下半月）（理论）2008 年第 6 期。

[155] 赵学强、程同顺：《中国乡村治理问题研究：历程、视角与展望》，《理论学刊》2014 年第 5 期。

[156] 赵双阁、艾岚：《论传媒参与公共政策的公民权利实现》，《国际新闻界》2010 年第 6 期。

[157] 张玉洁、唐震、李倩：《个人迁移和家庭迁移——城镇化进程中农民迁移模式的比较分析》，《农村经济》2006 年第 10 期。

[158] 赵社民：《中原经济区农民思想现状调查分析》，《学校党建与思想教育》2015 年第 16 期。

[159] 张车伟、蔡翼飞：《中国"十三五"时期劳动供给和需求预测及缺口分析》，《人口研究》2016 年第 1 期。

[160] 周平、孟艳鹏：《外出农民工流动规模变化：特征与意义》，《农业经济与管理》2016 年第 5 期。

[161] 张艳娥：《嵌入式整合：执政党引导乡村社会自治良性发展的整合机制分析》，《湖北社会科学》2011 年第 6 期。

[162] 周庆智：《基层治理：一个现代性的讨论——基层政府治理现代化的历时性分析》，《华中师范大学学报》（人文社会科学版）2014 年第 5 期。

[163] 朱丽萍：《农村政策宣传渠道与方法研究——以监利县周老嘴镇为例》，硕士学位论文，华中农业大学，2013 年。

四 英文著作

[164] Abercrombie, M. *The Anatomy of Judgment*, London: Hutchinson, 1960.

[165] Blumler, J. & Katz, E. eds. *The Uses of Mass Communications*, *Beverley Hills*, California: Sage, 1974.

[166] Buscombe, E. ed. *Football on Television*, London: British Film Institute, 1975.

[167] Cherry, C. *On Human Communication*, Cambridge, Mass.: MIT Press, 1957.

[168] Cohen, S. and Young, J. eds. *The Manufacture of News*, London: Constable, 1973.

[169] Corner, J. & Hawthorn, J. eds. *Communication Studies*, London: Arnold, 1980.

[170] Culler, J. *Saussure*, London: Fontana, 1976.

[171] De Saussure, F. *Course in General Linguistics*, Lobdon: Fontana, 1974.

[172] Evans, H. *Pictures on A Page*, London: Heinemann, 1978.

[173] Glasgow Media Group. *Bad News*, London: Routledge &Kegan Paul, 1976.

[174] Goffman, E. *Gender Advertisements*, London: Macmillan, 1979.

[175] Gerber, G., Gross, L. & Melody, T. eds. *Communication Technology and Social Policy*, New York: Wiley - Interscience, 1973.

[176] Hall, S., Hobson, D., Lowe, A., Willis, P. eds. *Culture*, *Media*, *Language*, London: Hutchinson, 1980.

[177] Hareley, J. *Understanding News*, London: Methuen, 1980.

[178] Hawkes, T. *Structuralism and Semiotics*, London: Methuen, 1977.

[179] Hodge, R. & Tripp, D. *Children and Television*, Cambridge: Polity Press, 1986.

[180] Smith, A. G. ed. *Communication and Culture*, New York : Holt, Rinehart& Winston, 1966.

[181] Sebeok, T. ed. *A Perfusion of Signs*, Bloomington: Indiana University Press, 1977.

[182] Wright, C. R. *Mass Communications: A Sociological Approach*, New York: Random House, 1959.

[183] Woollacott, J. *Messages and Meanings*, Milton Keynes: The Open University Press (DE 353, Unit6), 1977.

[184] Williamson, J. *Decoding Advertisement*, London: Marion Boyars, 1978.

[185] Williams, R. *Marxism and Literature*, Oxford: Oxford University Press, 1977.

[186] Walker, M. *Daily Sketches: A Cartoon History of British Twentieth Century Politics*, London: Paladin, 1978.

五 英文论文（析出文献）

[187] Gusfield, J. And Schwartz, M. "The Meanings of Occupational Prestige", *American Sociological Review*, 1963.

[188] Gerbner, G. & Gross, L. Living with television: the violence profile. *J. of Communication*, 26: 2, 1976.

[189] Matthew, P, et al. , "Measuring urban agglomeration economies with office rents", *Journal of Economic Geography*, Vol. 11, No. 3, 2011, pp. 481 – 507.

[190] Stephen D. Perry, "Mass Communication and Society Continues Growth and Strength", *Mass Communication and Society*, Vol. 14, No. 1, 2011, pp. 1 – 2.

[191] Zeman, J. (1970) "Peirce's Theory of Signs", in Sebeok, T. (ed.), 1977.

后 记

　　长江中游区域承东启西、连南接北，是长江经济带三大跨区域支撑之一，也是实施促进中部地区崛起战略、全方位深化改革开放和推进新型城镇化的重点区域，在我国区域发展格局中占有重要地位。长江中游区域在中国经济地理发展区域中主要指湖北、湖南、江西三省区域。

　　2008年以来，笔者开始关注"长江中游区域发展与大众传媒"的互动关系，并做了些相关研究。2008年，参加教育部重大攻关项目"新闻传媒与和谐社会的经济发展研究"，并和导师强月新老师合作完成"新闻传媒发展与构建和谐社会关系研究"子课题；2011年，参加导师强月新老师主持的教育部人文社会科学重点研究基地重大项目"传媒生态变革与新闻传媒发展体制和机制研究"课题组，并完成了课题的相关研究工作；2012年，主持湖北省教育厅人文社科重点项目"大众传媒镜像下的湖北形象"；2013年，主持湖北省社会科学基金项目"大众传播语境下湖北革命老区社会流动与老区文化传播研究"；2014年，主持湖北省委宣传部重点调研课题"如何在城镇化进程不断加快、社会流动性显著增强情况下实现宣传思想工作的有效覆盖"；2015年，主持湖北省社科基金项目"湖北卫视'长江中游城市群'区域发展影响力评价研究"；2016年，主持武汉市社科基金项目"长江中游城市群区域发展新闻报道对武汉市城市发展作用研究"；2016年，主持国家社会科学基金一般项目"扶贫传播与革命老区贫困人口社会发展研究"。同时，在《中国电视》《当代传播》《华中科技大学学报》《湖北大学学报》等CSSCI来源刊发表了有关"长江中游区域发展与大众传媒"方面的文章20余篇，还完成了3个调研报告。这本拙著，就是这些研究的主要成果。

　　这本书分为五个部分。第一部分"长江中游城镇化社会流动与大众传媒"，主要想回答"长江中游区域城镇化发展与大众传媒"的相互影响问题，主要研究内容为2014年笔者主持的湖北省委宣传部重点调研课题"如何在城镇化进程不断加快、社会流动性显著增强情况下实现宣传思想工作的有效覆盖"；第二部分"长江中游区域文化发展与大众传媒"，主要回答"长江中游区域文化发展与传播"的问题，第三部分"长江中游区域城市发展与大众传媒"，主要回答"长江中游区域城市发展与大众传媒"的良性互动问题；第四部分"长江中游区域革命老区发展与大众传媒"，主要回答"大众传媒如何促进长江中游区域革命老区社会发展"的问题；第五部分"长江中游区域传媒发展改革"，主要回答"长江中游区域传媒如何通过自身的改革推动区域经济发展"的问题；第二部分至第五部分主要内容来自笔者和笔者带的硕士生和本科生撰写的相关文章，并且大部分已发表，这里不一一署名了。

　　感谢导师强月新老师的殷殷教诲和鼓励，没有导师十几年手把手的传授，就没有笔者今天的学术生涯，更不奢望有书籍出版！感谢湖北大学新闻传播学院廖声武院长的大力鼓励和支持，感谢边湘义书记的鞭策和激励，感谢胡远珍副院长和杨翠芳副院长平时对笔者工作懈怠的谅解！感谢老大哥余艳波老师的提携和督促，感谢《湖北大学学报》陈道德老师、熊显长老师和雷丹老师多年对笔者学术研究的耳提面命！感谢湖北大学新闻传播学省级重点学科及新闻传播学学位点的经费支持。还要特别感谢湖北大学新闻传播学院的研究生望丽红、黄龙、潘漩、邱立、陈博文、费然，本科生黄伟、朱茜、柯玉乾、朱青、汪梦丽等同学，他们为本书的出版付出了劳动！最后，要感谢我的爱人张明芳女士，她多年为家默默地付出、操劳和担当，令我愧疚万分，也鞭策我无畏前行！

张瑜烨

2017年3月于武汉沙湖逸夫楼